Michael Schultze
KulturSchock Laos

„Allgemein gesprochen sind die Laoten,
in Übereinstimmung mit dem Klima und ihrem Heimatland,
sehr fügsam, sehr gutherzig
und große Liebhaber von Ruhe und Frieden."

Giovanni Filippo de Marini, „A New and Interesting Description of the Lao Kingdom", 1642–1648

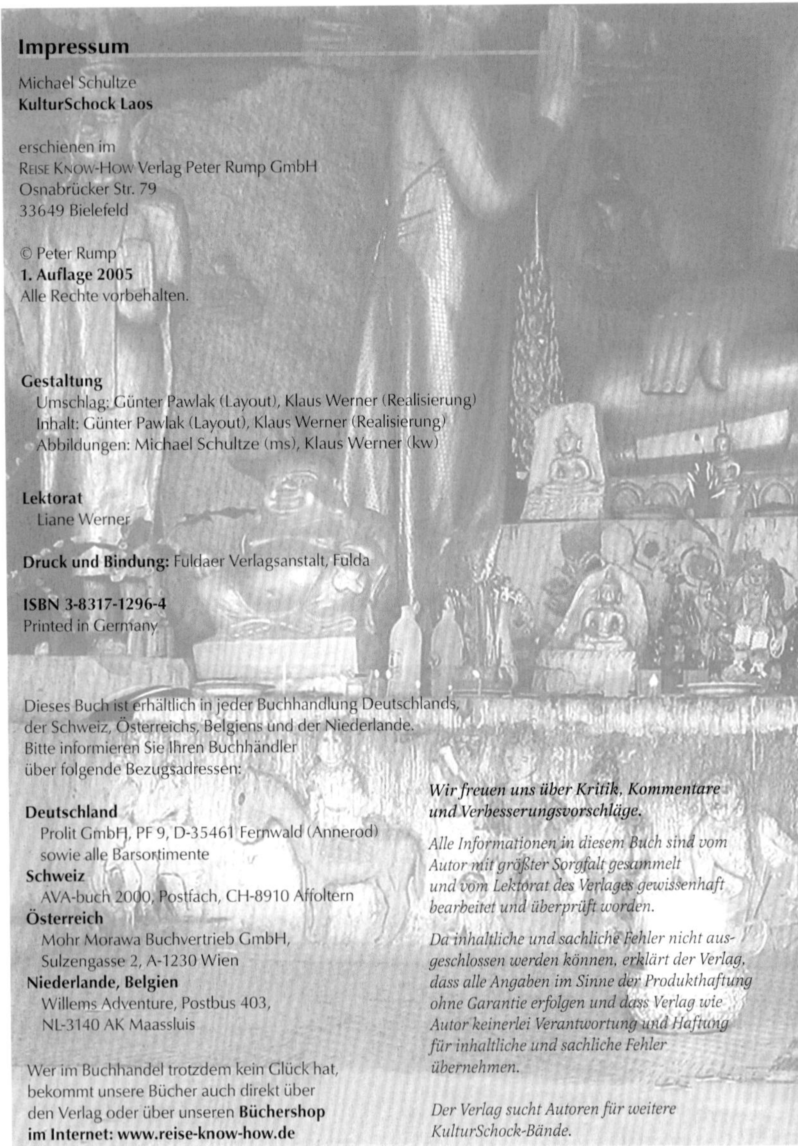

018la Foto: ms

Impressum

Michael Schultze
KulturSchock Laos

erschienen im
Reise Know-How Verlag Peter Rump GmbH
Osnabrücker Str. 79
33649 Bielefeld

1. Auflage 2005

Gestaltung
Umschlag: Günter Pawlak (Layout), Klaus Werner (Realisierung)
Inhalt: Günter Pawlak (Layout), Klaus Werner (Realisierung)
Abbildungen: Michael Schultze (ms), Klaus Werner (kw)

Lektorat
Liane Werner

Druck und Bindung: Fuldaer Verlagsanstalt, Fulda

ISBN 3-8317-1296-4
Printed in Germany

Dieses Buch ist erhältlich in jeder Buchhandlung Deutschlands, der Schweiz, Österreichs, Belgiens und der Niederlande. Bitte informieren Sie Ihren Buchhändler über folgende Bezugsadressen:

Deutschland
Prolit GmbH, PF 9, D-35461 Fernwald (Annerod) sowie alle Barsortimente
Schweiz
AVA-buch 2000, Postfach, CH-8910 Affoltern
Österreich
Mohr Morawa Buchvertrieb GmbH, Sulzengasse 2, A-1230 Wien
Niederlande, Belgien
Willems Adventure, Postbus 403, NL-3140 AK Maassluis

Wer im Buchhandel trotzdem kein Glück hat, bekommt unsere Bücher auch direkt über den Verlag oder über unseren **Büchershop im Internet: www.reise-know-how.de**

Wir freuen uns über Kritik, Kommentare und Verbesserungsvorschläge.

Alle Informationen in diesem Buch sind vom Autor mit größter Sorgfalt gesammelt und vom Lektorat des Verlages gewissenhaft bearbeitet und überprüft worden.

Da inhaltliche und sachliche Fehler nicht ausgeschlossen werden können, erklärt der Verlag, dass alle Angaben im Sinne der Produkthaftung ohne Garantie erfolgen und dass Verlag wie Autor keinerlei Verantwortung und Haftung für inhaltliche und sachliche Fehler übernehmen.

Der Verlag sucht Autoren für weitere KulturSchock-Bände.

Michael Schultze

KulturSchock Laos

Inhalt

Der Alltag von A bis Z 144

Als Fremder in Laos 186

Anhang 224

Vorwort

Es ist keine kleine Herausforderung, die kulturellen Besonderheiten von Laos zu beschreiben. Laos ist zwar auf den ersten Blick ein recht überschaubares Land mit nicht einmal 6 Millionen Einwohnern, doch diese Menschen gehören gleich einem halben Hundert teilweise grundverschiedener Völker an. Die Anzahl der Sprachen erinnert an Babylon, die der Volkstrachten an ein Museum der Ethnologie. Die Glaubensvorstellungen sind so verschieden wie die Formen der Häuser. All das wird einzig von einer Klammer namens Laos zusammen gehalten. Zudem haben Unterentwicklung, Krieg und lange Jahre der Abschottung von der Außenwelt dazu beigetragen, dass diese Völker noch weitgehend in Verhältnissen leben, die in anderen Teilen der Welt längst der Vergangenheit angehören.

Das ist nicht zuletzt der Grund dafür, dass sich Laos heute wachsenden Interesses von verschiedenen Seiten erfreut. Dieses Interesse trägt aber über unterschiedliche Wirkungsmechanismen eifrig dazu bei, das Land so rasch wie möglich zu verändern. Zum einen sind da umfangreiche Entwicklungsprojekte einer weltweiten Gebergemeinschaft, die sich unter dem Anspruch der Überwindung von Armut und Unterentwicklung anschicken, das Land gründlich umzukrempeln. Zum anderen wächst die Zahl der Touristen, die eigentlich genau das Gegenteil wollen, nämlich das ursprüngliche, traditionelle Laos sehen und erleben, aber letztlich durch ihren Besuch an dessen Abschaffung teilhaben. Auch die Regierung von Laos befindet sich in dem Dilemma, einerseits das Land und seine Traditionen erhalten und andererseits den Anschluss an die Moderne erreichen zu wollen. Öffnung nach außen und Umschwung in Richtung Marktwirtschaft tragen dazu bei, dass die Globalisierung auch Laos erfasst, zumal sich die Bewohner des Landes ebenfalls mehr und mehr am Wohlstand der westlichen Welt orientieren.

Das vorliegende Buch versucht, all diesen Themen Rechnung zu tragen. Es ist aber allenfalls eine Momentaufnahme, dazu verurteilt, in recht kurzer Zeit zur historischen Beschreibung zu werden. Dabei ist es selbst unter diesem Gesichtspunkt nicht möglich, die Vielfalt der heutigen laotischen Realität komplett wieder zu geben – in erster Linie aufgrund der Vielzahl unterschiedlicher Völker, aber auch wegen der regional unterschiedlichen, aber generell sehr schnellen Veränderung vieler Verhaltensmuster und Gewohnheiten. Das Buch konzentriert sich daher auf die Beschreibung der Verhaltensweisen und Charakteristika der Lao, die in ähnlicher Weise auch auf die rund 17 Millionen ethnischen Lao im Nordwesten Thailands, dem Isaan, zutreffen. Mit diesen gibt es oft weit mehr Gemeinsamkeiten als mit den anderen Völkern in Laos. Wann immer möglich, wird allerdings versucht, auf die anderen Kulturen der Völker von Laos einzugehen oder zumindest hinzuweisen.

Schließlich handelt es sich auch nicht um eine wissenschaftliche Abhandlung, obwohl der Autor reichlich Zeit auch zum Studium über Land und Leute aufgewandt hat. Persönliche Erfahrungen aus mehr als einem Vierteljahrhundert Beschäftigung mit Laos und seinen Menschen sollen vielmehr im Mittelpunkt der Beschreibungen stehen. Sie haben natürlich auch eine subjektive Sichtweise geprägt, die sich in vielen Aussagen wiederfindet. Das Buch soll dem Leser eine Hilfestellung sein, sich in der laotischen Realität zurechtzufinden, soll Verständnis und Toleranz wecken, indem es Hintergründe und Ursachen für Verhaltensweisen der Menschen und Erscheinungen der laotischen Gesellschaft aufzeigt. Der Kulturschock in der Praxis, den jeder erlebt, wenn er unmittelbar mit der fremden Kultur konfrontiert ist, kann dadurch zwar nicht völlig vermieden, aber zumindest abgemildert werden. Schließlich und endlich soll das Buch aber auch neugierig machen auf das Land am Mekong und dazu einladen, Laos und seine Menschen selbst kennen zu lernen.

Michael Schultze

Hinweise zu Umschrift und Aussprache

Viele laotische Begriffe haben über die einstigen Kolonialherren aus Frankreich Eingang in die westlichen Sprachen gefunden, angefangen mit Vientiane, das richtig *Viang Tjan* heißt. Heute tauchen auch öfter englisch beeinflusste Schreibweisen auf. Um dem deutschen Leser eine verlässliche Handreichung zu geben, ist in diesem Buch weitgehend eine deutsche Umschrift benutzt worden. Lediglich bei einigen über die Grenzen von Laos hinaus bekannten Orten und Namen wurde die traditionelle Umschrift beibehalten. Die so bedeutungsvolle unterschiedliche Länge der Vokale wurde generell durch eine Verdoppelung als Kennzeichen für die langen Laute dargestellt. Einfache Vokale stehen also grundsätzlich für eine kurze Aussprache. Auch die deutschen Umlaute finden Verwendung, sind sie doch lautmäßig näher am Original als viele andere Umschriften. Allerdings werden im Laotischen „eu", „ö" und „ü" nicht mit gespitzten Lippen, sondern weit im Rachen gebildet. Sicher ist auch dieses System nicht perfekt, lässt es doch beispielsweise die Unterschiede zwischen offenem und geschlossenem „o" unberücksichtigt. Doch sollte es dem deutschen Leser ermöglichen, die im Buch vorkommenden Begriffe auch ohne Kenntnis der Lautregeln anderer Fremdsprachen Laoten gegenüber anzuwenden.

001la Foto: ms

DIE GESCHICHTLICHEN WURZELN

625 Jahre Königreich

Laos, mit offiziellem Namen *sathaalanalat pasaatipatai pasaason lao* (Demokratische Volksrepublik Laos) ist heute ein recht kleines Binnenland im Herzen der indochinesischen Halbinsel. Der **Name des Landes** leitet sich von dem der herrschenden Volksgruppe ab – den Lao. Wie das S an das Ende des Namens kam, darüber streiten die Gelehrten. Weitgehend einig sind sie sich aber darüber, dass erst mit den Lao Staatlichkeit und Geschichtsschreibung hier Einzug hielten, obwohl die Gegend schon lange zuvor von Menschen besiedelt war. Dabei stellte sich das Gebiet des heutigen Laos als das dar, was der Name der Halbinsel verspricht: einen Kreuzungspunkt der Wanderbewegungen vieler Völker, einen Schnittpunkt der Kulturen. Kein Begriff könnte dies wohl treffender verdeutlichen als

Der König ist zurück – Einweihung eines Denkmals
zur 650-Jahr-Feier der Krönung von König Fa Ngum

Indo-China. Laos, das kleine Land mittendrin, lebte stets von und mit starken äußeren Einflüssen.

Der Widerstreit der beiden großen alten asiatischen Kulturen bestimmte das Werden und Wachsen der gesamten Region. Chinesisch orientierte Reiche entstanden ebenso wie indisierte, meist entlang der Meeresküsten. Den Lao aber blieb es vorbehalten, mit ihrer etwa im 8. Jahrhundert beginnenden Zuwanderung aus dem Norden auch im Innern der Halbinsel zunächst kleinere Fürstentümer, so genannte Müang (in der Literatur oft auch auch Muong), und später ein ausgedehntes Königreich zu schaffen. Die Lao zogen nach Süden, um dem wachsenden Druck der Chinesen und Mongolen auzuweichen.

Vereinigt wurden die kleinen Müang vom großen **König Fa Ngum,** der deshalb auch heute noch zu den herausragenden Figuren der laotischen Geschichte zählt. Spross aus dem Fürstentum Luang Prabang (damals Müang Swa), aufgewachsen am Hof von Angkor im benachbarten Kambodscha und vom dortigen König mit dessen Tochter vermählt und einer starken Armee versehen, zog *Fa Ngum* Mitte des 14. Jahrhunderts von Süden her (aus dem weitgehend indisierten Khmer-Reich) kreuz und quer durch die von Lao besiedelten Lande und verleibte sich ein Müang nach dem anderen ein, bis er sich schließlich am 5. Januar 1353 selbst zum König des geeinten Reiches der Lao ausrief. In die Geschichte ging das neue Königreich ein unter dem Namen **Lane Xang Hom Khao,** gemeinhin übersetzt als „Reich der Million Elefanten und des weißen Schirms". 650 Jahre später, am 5. Januar 2003, wurde dem Reichsgründer in Vientiane ein Denkmal gesetzt.

Zwischen beiden Daten liegt eine Spanne turbulenter Geschichte, die von den kulturellen Eigenheiten der Völker des Landes und ihrer Nachbarn geprägt war. Den größten Einfluss auf die kulturelle Entwicklung von Laos hatte jedoch ein Mann, der niemals selbst den Fuß hierher setzte: *Siddharta Gautama,* besser bekannt als **Buddha.** Denn es ist seine Lehre, die das Leben der Lao und einiger weiterer kleiner Völker des Landes bis auf den Grund durchdrang und über alle Geschehnisse hinweg prägte. Vor diesem Hintergrund vollzog und vollzieht sich laotische Geschichte.

Die längste Zeit der 650 Jahre lebten die Laoten unter Monarchen, unter einem, wenn die Zeiten gut waren, gleich unter mehreren, wenn es Zank und Streit gegeben hatte. Stolz bis auf den heutigen Tag sind die Laoten, dass sich alle ihre **Könige** in direkter Linie auf den Urkönig aller Tai-Lao, den legendären *Khun Bolom,* zurückführen lassen. Und nicht selten hat es den Anschein, als seien sie mit der Republik weniger glücklich, als sie es mit einem König wären, als neideten sie den Thais und den Khmer ihre Monarchien.

Einige der laotischen gekrönten Häupter sind auch heute noch besonders verehrt, etwa **Samsenthai,** der Sohn und Nachfolger des Kriegskönigs *Fa Ngum. Samsenthai* festigte das junge Reich und sorgte dafür, dass der noch von seinem Vater frisch aus Kambodscha eingeführte Hinayana-Buddhismus gepflegt und verbreitet wurde. 1376 ließ König *Samsenthai* seine Untertanen zählen, ausschließlich die männlichen Lao wohlgemerkt, nicht etwa die zu den Mon-Khmer-Völkern zählenden Ureinwohner, von den neuen Herren des Landes verächtlich *khaa* (Sklave) genannt. Die Zählung kam auf stattliche 300.000 Freie, auf laotisch *saam sään thai* – woher der König auch seinen Namen hatte.

Der nächste Monarch von bleibendem Ruhm war **Setthathirath,** der zunächst das Reich Lan Na im heutigen Nordthailand beherrschte, dann aber den Thron von Lane Xang vorzog und schließlich dem Trend jener Zeit nach Süden folgte. Von Norden drohten die Burmesen mit Krieg, Thais und Vietnamesen bewegten ihre wirtschaftlichen Zentren weiter nach Süden. Auch *Setthathirath* verlegte schließlich 1560 die Hauptstadt von Lane Xang aus dem strategisch ungünstig gelegenen Luang Prabang nach Vientiane. Ihm verdanken die Laoten das Symbol ihres Landes, den großen Stupa That Luang, aber auch eine stattliche Zahl buddhistischer Klöster und Kultstätten. Der König selbst verscholl 1571 auf einem Feldzug in Attopeu in Südlaos, wo man ihm bis heute größte Ehre erweist. Vielleicht, weil sich seitdem laotische Herrscher nur sehr selten in jenen entfernten Landstrich verirrten.

Dann ging es abwärts mit dem Reich Lane Xang. Äußere Bedrohung und innerer Zwist setzten dem Land 60 Jahre lang heftig zu, ehe im 17. Jahrhundert König **Souligna Vongsa** das Land zu neuer, ja zu seiner größten Blüte führte. Unglaubliche 57 Jahre regierte der Monarch Lane Xang und brachte territorialen Gewinn und wirtschaftlichen wie kulturellen Aufschwung. In der gesamten Region gehörte es zum guten Ton jener Zeit, buddhistische Studien an den Klöstern von Vientiane zu betreiben. Das beeindruckte selbst die ersten Europäer – holländische Händler und italienische Missionare, die just in jenen Jahren der Blüte nach Laos kamen und der Nachwelt von ihren Erlebnissen berichteten. Dass der Jesuitenpater *Leria* Ende des 17. Jahrhunderts kein gutes Wort an dem barbarischen Götzenglauben der Lao ließ, zeugt einerseits von seinem – weitgehend erfolglosen – missionarischen Eifer, andererseits von Unwillen oder Unvermögen, sich mit der Kultur des Landes auseinander zu setzen.

Souligna Vongsa starb ohne Thronfolger. Seine Erben taten das, was in solchen Fällen üblich war: Sie stritten um das Erbe. So heftig, dass Laos in **drei Teilreiche** zerfiel, die über kurz oder lang alle unter ausländische Oberhoheit gerieten. Dabei war **Siam** gegenüber Vietnam erfolgreicher

002la Foto: ms

und die ethnisch den Lao sehr nahe stehenden Siamesen machten sich den größten Teil von Laos untertan. Die lokalen Herrscher wurden über 200 Jahre lang von Bangkok eingesetzt und Laos zu einem entfernten Hinterhof des aufstrebenden Siam. Ein Stück Geschichte, das in den Köpfen der Lao bis auf den heutigen Tag Wirkung hinterlassen hat und zu einem sehr ambivalenten Verhältnis zum größeren und mächtigeren Nachbarn führte.

Eine besondere Rolle spielte dabei die Geschichte des Königs **Anouvong** (auch kurz *Anou*), eines Musterbeispiels für laotischen Patriotismus. Dabei war auch *Tiao* (König) *Anou* von den Siamesen auf den Thron von Vientiane gesetzt worden. Sein Ziel war aber, Laos wieder in die Unabhängigkeit zu führen. Das Selbstbewusstsein der Lao stärkte er mit dem Bau neuer Pagoden, wie Wat Sisaket in Vientiane, und der Restaurierung alter Pagoden, mit der Wiederbelebung nationalen Brauchtums und einem versuchten Bündnis der drei großen Reiche Vientiane, Luang Prabang und Champasak. Zunächst versuchte er, seine Ziele politisch durchzusetzen. Es gelang ihm, einen Sohn auf den Thron des südlichen Champasak zu lancieren. Doch als die politischen Bemühungen auf Widerstand stießen, sah er seinen Ausweg nur noch im bewaffneten Kampf. Todesmutig marschierte der Laotenkönig 1827 gegen Bangkok. Weit kam er nicht. Schon vor Korat, am westlichen Rand des alten Lane Xang, wurden seine Truppen vernichtend geschlagen. *Tiao Anou* konnte fliehen und unternahm mit dem Mut des Verzweifelten einen zweiten Versuch, der schon im Ansatz erstickt wurde. Als Folge verlor nicht nur der König sein Leben, sondern auch Vientiane wurde von den Siamesen dem Erdboden gleich gemacht und entvölkert. Die noch vorhandenen heiligsten Buddhastatuen der Laoten wurden aus ihren Pagoden entfernt und nach Siam entführt (eines der Wahrzeichen von Laos, der Jadebuddha „Pha Keo", war schon 1778 gemeinsam mit dem später zurückgegebenen „Pha Baang" nach Bangkok gebracht worden). Das war eine Schmach für die Laoten, die bis heute nicht vergessen ist und unterschwellig die Haltung zum großen Nachbarn Thailand mit bestimmt.

Damit waren für Laos eigentlich die Würfel gefallen. Doch es sollte anders kommen. Die europäischen Kolonialmächte schickten sich an, die Welt endgültig unter sich aufzuteilen und lieferten sich einen Wettlauf in Richtung China. Die Briten hatten Indien unter Kontrolle und näherten sich dem Ziel über Burma. Frankreich mochte dies nicht so einfach hinnehmen und etablierte seine Herrschaft zunächst über Vietnam. Dann folgte Kambodscha und schließlich 1893 auch Laos, das von Süden her den Weg nach China öffnen sollte. Daraus wurde zwar nichts, aber die **Kolonie Französisch-Indochina** selbst war mit ihren rund 10 Millionen Einwohnern und immensen Naturressourcen von nicht geringem Wert.

Dass das spärlich besiedelte und sehr schwach erschlossene Laos überhaupt dazu gehörte, war weitgehend dem Eifer des *Auguste Pavie* (französischer Forscher und Kolonialbeamter, der die französische Regierung vom Nutzen der Eroberung von Laos überzeugte) geschuldet. Die Auffassungen der Beteiligten zur Kolonialisierung von Laos durch die Franzosen können unterschiedlicher nicht sein: Die Siamesen beschuldigten Frankreich, ihnen ein Stück ihres Reiches geraubt zu haben, die Franzosen spiel-

Setthathirath thront vor seinem That Luang

ten sich als Retter von Laos auf und die Lao waren unzufrieden, weil sie die bevölkerungsreichsten und wirtschaftlich bedeutendsten Teile ihres alten Reiches westlich des Mekong auf immer an Siam verloren.

In vieler Hinsicht beeinflusste *la grande nation* Kultur, Selbstverständnis und Verhältnis der Lao zu ihren Nachbarn. Nicht nur, dass die Bildungselite des Landes bis auf den heutigen Tag francophon ist und herrliche Baguettes lebendiger Hinweis auf französisches kulinarisches Erbe sind, auch das wenig herzliche Verhältnis zu den Vietnamesen wurde neu geprägt. Die Franzosen brachten nämlich mehrere Tausend der gegenüber den Laoten als arbeitsamer und regierbarer eingeschätzten Vietnamesen als Verwaltungsangestellte oder Arbeiter ins Land. Die Herrschaft der Lao über die anderen Völkerschaften im Land wurde dagegen weitgehend unberührt gelassen, was bei der herrschenden Elite der Lao das Gefühl der eigenen Überlegenheit weiter stärkte und die ohnehin als minderwertig betrachteten Bergvölker doppelter Ausbeutung unterwarf. Bis die Hmong dagegen revoltierten und fortan in den zweifelhaften Genuss kamen, ihre Steuern und Abgaben über lokale Fürsten und Steuereintreiber aus den Reihen ihres eigenen Volkes an die Franzosen zu zahlen.

Krieg und Revolution

Ein weiterer Ausländer, der wesentlichen Einfluss auf die Entwicklung von Laos und vor allem seiner politischen Kultur nahm, ist *Ho Chi Minh*. Ideen von *Marx* und *Lenin* kamen in Laos durch den vietnamesischen Filter an und führten 1934 zum Entstehen der ersten laotischen Zelle in der **Kommunistischen Partei Indochinas.** Auch da waren es vor allem in Laos siedelnde Vietnamesen, die den Kern der Bewegung ausmachten. Immerhin bewirkte die Ausbreitung sozialistischer Ideen – wie auch die japanische Losung der asiatischen Co-Prosperität, die unter dem Siegel „Asien den Asiaten" antikoloniale, jedoch eine japanische Vormacht in Asien anstrebende Ziele propagierte – eine recht eigenartige und in ihren Wirkungen bis heute spürbare Reaktion der Kolonialherren. Sie begannen, einen laotischen, fast ausnahmslos von den Lao getragenen Nationalismus zu fördern und investierten auch in die zuvor recht spartanisch bedachten Bereiche Bildung und Gesundheit. Erstmals erfassten nationale und patriotische Gedanken breitere Schichten der städtischen Bevölkerung in dem Land, das bisher nur der weisen Führung der Obrigkeit zu folgen gewohnt war. Dem Kampf von Personen und Klans um Macht und Einfluss gesellte sich der im Namen von (importierten) Ideologien hinzu. **Nationalismus und Patriotismus** sind also sehr junge Erscheinungen, die bis auf den heutigen Tag nicht so fest im Volk verwurzelt sind wie die alten feudalen, auf Personen fixierten Abhängigkeits- und Gefolgschaftsstrukturen.

Ab Mitte des 20. Jahrhunderts wurde Laos von ausländischen Einflüssen kräftig durchgeschüttelt. Im **2. Weltkrieg** stand die Kolonialadministration nach der Niederlage Frankreichs gegen Deutschland formal im Bündnis mit Japan und dem mit den Achsenmächten sympatisierenden Thailand. Gerade die Siamesen versprachen sich von dieser Konstellation einiges, hatten sie doch 1939 im Zuge der panthaiistischen Politik ihr Land von Siam in Thailand umbenannt und bemühten sich nun, alle von Tai-Völkern besiedelten Gebiete anzuschließen. Was sogar in Laos zu Kämpfen führte, denn Siam besetzte die Gebiete westlich des Mekong, was die Franzosen – Bündnis hin oder her – nun doch nicht hinnehmen konnten (1947 setzten die Franzosen die Rückgabe der von Thailand annektierten Gebiete westlich des Mekong durch). Den Japanern wurde wegen der Entwicklung auf dem europäischen Kriegsschauplatz der französische Partner suspekt und sie übernahmen am 9. März 1944 selbst die Macht in Laos.

Frankreichs Schwäche in der Region im Kopf, legten die Alliierten nach dem Ende des 2. Weltkrieges schließlich fest, dass Briten und National-Chinesen die japanische Verwaltung in Indochina ersetzen sollten. Ein Machtvakuum entstand, in dem am 12. Oktober 1945 gegen den Willen des frankreichfreundlichen Königs eine Gruppe national gesinnter Lao um Prinz *Phetsarath* die **Unabhängigkeit** ausrief. Wenn auch nur für kurze Zeit, denn Frankreich wollte seine Kolonie behalten und begann mit der militärischen Rückeroberung, die 1946 mit der **Wiedererrichtung der Herrschaft Frankreichs über ganz Laos** endete. Diese Ereignisse betrachten die mit den vietnamesischen Kommunisten verbündeten laotischen Revolutionäre, bekannt geworden unter dem Namen „Pathet Lao", als Beginn ihres 30-jährigen bewaffneten revolutionären Kampfes, der mit der Machtergreifung 1975 endete.

So folgte dem 2. Weltkrieg der **1. Indochinakrieg** (1945–54), von der „Pathet Lao" als Krieg um die nationale Unabhängigkeit geführt, von den Anhängern des Königs um den Erhalt der Macht und der bestehenden Verhältnisse kolonialer Abhängigkeit. Die Franzosen erhielten Unterstützung durch die USA, denen eine französische Kolonie allemal lieber war als ein kommunistisches Indochina. Der Konflikt wurde also immer stärker vom Streit der beiden Weltsysteme überlagert, was auch die ausländische Unterstützung im militärischen wie zivilen Bereich rasch zunehmen ließ. In der Schlacht von Dien Bien Phu errangen die mit der „Pathet Lao" verbündeten Vietnamesen den militärischen Sieg über die Franzosen. In der darauf folgenden Genfer Indochinakonferenz 1954 erhielten Vietnam, Laos und Kambodscha die volle **nationale Unabhängigkeit.**

Für Laos wurde die Bildung der ersten **Koalitionsregierung** aus Vertretern der königlichen Seite und der „Pathet Lao" vereinbart. Diese zerbrach letztlich am Bestreben rechter, von den USA unterstützter Kreise, die Kräfte der „Pathet Lao" von der Teilhabe an der Macht auszuschließen und letztlich ganz zu eliminieren. Diese Phase erlebte einen neuen Höhepunkt im Putsch des national gesinnten Fallschirmjägerobersten *Kong Le* 1960, der zur Rückkehr zu einer gemäßigten Politik aufrief und mit den Neutralisten eine neue politische Kraft schuf. Erneut wurde eine Koalitionsregierung geschaffen und erneut scheiterte sie, vor allem wegen des Druckes von außen.

Es schloss sich der **2. Indochinakrieg** (1964–73) an, in dem die Amerikaner offen an die Stelle der Franzosen traten und laotische Stellvertreter auf beiden Seiten die heißen Schlachten des Kalten Krieges schlugen. Die Kämpfe erhielten eine neue Dimension durch das direkte Eingreifen der amerikanischen Luftwaffe ab 1964. Obwohl Laos den zweifelhaften Ruhm erlangte, das am meisten bombardierte Land der Welt zu sein, führten die USA offiziell nicht einmal Krieg gegen das Land, was dem ganzen von der CIA geführten Unternehmen auch die Bezeichnung *secret war* eintrug. Nutznießer der Auseinandersetzungen waren besonders die Verbündeten der USA aufseiten der laotischen königlichen Regierung, die ihren Anteil an der immensen amerikanischen Unterstützung abzuzweigen verstanden. Leidtragende waren die einfachen Menschen, denen politische Zusammenhänge meist unverständlich blieben. Sie litten unter den im Namen der Freiheit abgeworfenen Bomben, verloren Hab und Gut und oft ihre Lebensgrundlage dazu. Arbeit auf dem Acker wurde wegen der allgegenwärtigen Kampfflugzeuge zur lebensgefährlichen Angelegenheit und Felder durch Blindgänger und Minen zu Todesfallen.

Der Riss ging nun quer durch das Land, durch viele Völker und selbst Familien. Dabei ist es unzweifelhaft ein Verdienst der „Pathet Lao", dass sie erstmals die Bergvölker als Teilhaber laotischer Geschichte betrachtete und ihnen nach dem Sieg die gleichberechtigte Teilnahme an der Entwicklung des Landes in Aussicht stellte.

Auf der Gegenseite hatten sich vor allem große Teile des Volkes der Hmong direkt den Amerikanern angeschlossen, was bis heute tiefe Spuren im Verhältnis der Sieger zu diesem Volk und stärker noch einiger Hmong zu den Herrschern in Vientiane, hinterließ.

1973 endete der 2. Indochinakrieg, 1975 die Monarchie in Laos. Die „Pathet Lao" feierte am **Gründungstag der Volksrepublik** (laot. *sathaala-*

Soldaten der „Pathet Lao" nehmen Gegner von der königlichen Seite gefangen

303la

nalat pasaatipatai pasaason lao – Demokratische Volksrepublik Laos) am 2. Dezember den Sieg ihrer Revolution, an der Macht ist seitdem die Laotische Revolutionäre Volkspartei. An die Stelle amerikanischer Unterstützung trat die des Ostens. Dem Versuch, in einem derart unterentwickelten Land den Sozialismus aufbauen zu wollen, folgte schon vor dem Zerfall des Ostblocks eine Wende zum wirtschaftlichen Realismus. Das Ende des sozialistischen Weltsystems beschleunigte dann auch den Übergang zur **Marktwirtschaft,** ohne jedoch die politischen Machtverhältnisse anzutasten. Die Weichen in Richtung **Rechtsstaatlichkeit** und Entwicklung der Zivilgesellschaft sind gestellt. 1991 gab sich das Land eine Verfassung und die Nationalversammlung verabschiedet seitdem eine wachsende Zahl von Gesetzen. Pragmatismus ließ den Begriff Sozialismus als Fernziel ins Nebulöse rücken (der Begriff wird nur noch pateiintern und sehr selten genannt) und Armutsbekämpfung und Entwicklung stehen im Vordergrund. Bis 2020 soll Laos den Status eines der **am wenigsten entwickelten Länder** *(Least Developed Countries – LDC)* verlassen haben.

Bleibt als Fazit der jüngeren Geschichte: Laos ist als eines der am wenigsten entwickelten Länder der Erde seit den 1940er Jahren stets Empfänger umfangreicher ausländischer Hilfe gewesen, die mit den jeweiligen politischen wie kulturellen Einflüssen verbunden war. Einiges davon blieb hängen, dennoch ist bewundernswert, dass sich dieses kleine Land im Schüttelsieb der äußeren Beeinflussungen seine Identität erhalten konnte.

Geschichtstabelle

ab 5. Jt. v. u. Z.	Nassreisanbau und Büffelzucht durch Austroasiaten
um 6. Jh. u. Z.	Khmer-Reich Sikhotthabong (Sanskrit: Srigotapura) mit Zentrum in Thakhek im heutigen Laos
ab 8. Jh. u. Z.	Einwanderung der Tai-Lao von Norden
11.–13. Jh.	Gebiete bis Luang Prabang gehören zu Angkor
1353	Gründung des Lao-Reiches Lane Xang Hom Khao durch *Fa Ngum,* Einführung des Buddhismus als Staatsreligion, Erhalt der Buddhastatue „Pha Baang" aus Kambodscha
1376	Volkszählung unter König *Samsenthai*
1520	Verbot des Geisterglaubens durch König *Photisarath*
1547	Der spätere König *Setthathirath* wird Herrscher von Lan Na (heute Nordthailand)
1550	*Setthathirath* wird König von Lane Xang, Überführung des Jadebuddhas „Pha Keo" nach Luang Prabang
1560	Verlegung der Hauptstadt von Lane Xang nach Vientiane, Errichtung des That Luang und von Wat Ho Pha Keo für den Jadebuddha
1574	Burmesen erobern Vientiane, Lane Xang wird Vasall von Burma
1633–1698	Herrschaft von König *Souligna Vongsa,* Blütezeit von Lane Xang
1641/42	Besuch des Holländers *Gerrit van Wuyshof* in Vientiane
1642–48	Jesuitenpater *G. M. Leria* in Vientiane
1707	Zerfall von Lane Xang in drei Königreiche (Luang Prabang, Vientiane, Champasak) abgeschlossen
1735	Einnahme Luang Prabangs durch die Burmesen
1778	Einnahme und Plünderung Vientianes durch Siam, die Statuen „Pha Keo" und „Pha Baang" werden nach Bangkok gebracht
1805–28	*Anouvong* König von Vientiane
1824	Wat Sisaket fertig gestellt
1827	Feldzug gegen Siam, Niederlage und völlige Zerstörung von Vientiane
1866–68	Französische Mission unter *Doudart de Lagreé,* später *Francis Garnier,* sucht mekongaufwärts einen Zugang nach China
1873	Plünderung von Vientiane durch chinesische Ho-Banden

1879–95	Exkursionen unter *Auguste Pavie* durch ganz Laos
1887	Einfall der Ho in Luang Prabang
1893	Laos wird französische Kolonie bzw. Protektorat (Königreich Luang Prabang)
1903–1907	In mehreren französisch-siamesischen Verträgen wird die noch heute gültige Grenzziehung vereinbart
1941	Thailand annektiert Teile westlich des Mekong
1945, 19. März	Besetzung durch japanische Truppen
1945, 12. Okt.	Prinz *Phethsarath* erklärt die Unabhängigkeit von Laos
1946	Rückeroberung durch Frankreich
1949, 19. Juli	Teilweise Unabhängigkeit in der „Französischen Union"
1951	Gründung der „Neo Lao Itsala" (Front Freies Laos)
1953, 22. Okt.	Frankreich gewährt Laos die Unabhängigkeit
1954, 21. Juli	Genfer Indochina-Konferenz abgeschlossen, Unabhängigkeit von Vietnam, Laos und Kambodscha von Frankreich besiegelt
1955, 22. März	Gründung der Laotischen Volkspartei (heute Laotische Revolutionäre Volkspartei)
1956,	Gründung der „Neo Lao Haksat" (Patriotische Front von Laos)
1957	Erste Koalitionsregierung zwischen Vientianer Seite und „Pathet Lao"
1960, 09. Aug.	Putsch von Hauptmann *Kong Le*
1962	Genfer Laos-Konferenz zur Beendigung der Kämpfe und zweite Koalitionsregierung zwischen Rechten, Neutralisten und „Pathet Lao"
1964–73	Bombardierungen von Laos durch die USA
1973	Vientianer Abkommen zur Beendigung des Krieges
1974	Dritte Koalitionsregierung zwischen Vientianer Seite und „Pathet Lao"
1975, 23. Aug.	Machtübernahme der „Pathet Lao" in Vientiane
1975, 02. Dez.	Ausrufung der Demokratischen Volksrepublik Laos, Präsident wird *Souphanouvong,* Premier *Kaysone Phomvihane*
1985	Beginn der Politik des Neuen Ökonomischen Mechanismus
1991, 14. Aug.	Annahme der Verfassung
1997, 23. Juli	Mitglied der ASEAN
2004, Dez.	10. ASEAN-Gipfelkonferenz in Vientiane beschließt beschleunigte Integration in die Gemeinschaft

012la Foto: ms

DER KULTURELLE RAHMEN

Laos – Land der Lao?

Die Lao, nach denen das Land benannt ist, machen nur rund die Hälfte der Bevölkerung von derzeit etwa 5 Millionen aus. Das ist schon recht wohlwollend gezählt, weil die Lao nicht mehr in die eigentlich vorhandenen Unterstämme unterteilt werden. Offiziell leben in dem Land von der Größe der alten Bundesrepublik Vertreter von **47 verschiedenen Völkern;** zu den das Land beherrschenden Lao gehören die wenigsten davon. Das Völkergemisch bildet einen ethnisch-kulturellen Flickenteppich – und das auch im wörtlichen Sinne: Wegen der überwiegend gebirgigen Oberflächenstruktur zählt Laos zu den Ländern Asiens, in denen die Besiedlung besonders zersplittert ist, darüber hinaus weist Laos neben Bhutan die dünnste Besiedlung in Asien auf. Immerhin hat die Politik seit Mitte des 20. Jahrhunderts versucht, einen gemeinsamen Nenner in das ethnische

Wirrwarr zu bringen. So schufen der Bildung einer Nation verschriebene Politiker den Begriff „Lao" als große Klammer und die Kategorien Lao Lum, Lao Theung und Lao Sung als Unterverzeichnisse, denen die verschiedenen Völker zugeordnet werden. Ziel ist es natürlich, Gemeinsamkeit in den Vordergrund zu stellen, selbst wenn die historischen, ethnischen, kulturellen und sozialen Unterschiede krasser wohl kaum sein können. Zum Glück deckt sich die politische Kategorisierung weitgehend mit ethnischen Prinzipien.

Lao Lum heißt in etwa Tieflandlaoten. Dies sind Tai-Lao-Völker, die vor allem die Ebenen entlang des Mekong und seiner Nebenflüsse besiedeln, vorrangig Nassreis anbauen, traditionell in Pfahlhäusern wohnen und zu einem beträchtlichen Teil dem Buddhismus anhängen. Zu den Lao Lum zählen die Lao (die aber heute nicht mehr in ihre Untergruppen Phuan, Kaleng, Isaan, Yooy, Yo und Bo geteilt werden), die 1995 rund 2,4 Millionen Menschen zählten, die Tai-Lü, die Phu Tai (mit den bekanntesten Gruppen Tai Dam, Tai Daeng, Tai Khao, Tai Meuy) und die Tai Neua. Alle zusammen machten bei der Volkszählung von 1995 rund 66 Prozent der Bevölkerung aus.

Lao Theung meint die in mittleren Höhenlagen bis etwa 1000 m lebenden Völker. Sie lassen sich weitgehend der Mon-Khmer-Sprachfamilie zuordnen und sind die eigentlichen Ureinwohner des Landes. Erst durch die Zuwanderung der Tai-Lao wurden sie aus den Flusstälern in höhere Lagen verdrängt. Charakteristisch sind Animismus (siehe auch „Nichtbuddhistische Glaubensvorstellungen"), Reisanbau und Häuser auf vergleichsweise niedrigen Pfählen. Mit 32 Völkern sind die Lao Theung die heterogenste Gruppe, mit der größten Konzentration im Süden des Landes. Größtes Volk der Lao Theung sind die Khhmu, die es 1995 auf rund 500.000 Menschen brachten und vorrangig in Nord- und Zentrallaos leben. Insgesamt kommen die Lao Theung auf 23 Prozent der Bevölkerung (1995).

Dritte Gruppe sind schließlich die **Lao Sung** oder Hochland-Lao. Die Lao Sung lassen sich ethnisch in zwei große Untergruppen teilen, die Hmong-Mien (die mit den Tai-Lao sprachlich entfernt verwandt sind) und die tibeto-birmanischen Völker. Ihnen gemeinsam ist, dass sie erst in den letzten 200 Jahren aus China nach Laos und in die benachbarten Staaten einwanderten, überwiegend Brandrodungsfeldbau betreiben, meist in Höhen über 1000 m in den nördlichen Landesteilen siedeln und dort lange ungestört von den Lao Lum und den Behörden blieben. Auch der Anbau von Opium ist in beiden Gruppen verbreitet. Die Hmong und Mien leben

Frau aus dem Volk der Tai Dam, das zu den Lao Lum gezählt wird

in ebenerdigen Häusern. Den Mien (Yao) ist darüber hinaus eigen, dass sie einer Form des Taoismus anhängen und traditionell chinesische Schriftzeichen verwendeten. Die tibeto-birmanischen Völker bauen dagegen niedrige Pfahlhäuser und sind Anhänger des Animismus. Größtes Volk der Gruppe der Lao Sung sind die Hmong mit 315.000 Menschen (1995). Alle Lao Sung zusammen stellten 1995 etwa 10 Prozent der Bevölkerung.

Dieses Völkergemisch ist ein Dorado für Ethnologen und eine Attraktion für Touristen. Für die Beschreibung der Kultur von Laos ist es ein Albtraum. Laos ist ein gewaltiges interkulturelles Beziehungsgeflecht, in dem sich auch die Einwohner des Landes immer wieder verheddern. Ignoranz, Intoleranz, ein gerüttelt Maß an Vorurteilen und Voreingenommenheiten, Überheblichkeit, ja selbst Rassismus sind Erscheinungen, die keineswegs ausländischen Besuchern des Landes vorbehalten sind. Das Ausbrechen

007la Foto: ms

ethnischer Konflikte zu verhindern ist deshalb eine der größten Herausforderungen an die laotische Politik der kommenden Jahre und Jahrzehnte, wenn die Siedlungsdichte wegen der hohen Geburtenraten so weit zunimmt, dass sich die Völker nicht mehr aus dem Wege gehen können.

Die Regierung hat dies offenbar erkannt und ist von der einst betriebenen Politik der „Laotisierung" zu einem behutsameren Umgang mit den kulturellen Errungenschaften und **Traditionen der einzelnen Völker** übergegangen. Manchmal aber scheint der Einigungseifer wieder zu überwiegen, wenn zum Beispiel mit administrativer Macht versucht wird, Äußerlichkeiten wie den *sin,* den traditionellen Wickelrock der Lao, zu einem nationalen Symbol zu erheben. Heute ist ein Entwicklungstrend auszumachen, der sich an den Idealen der angeblich höher entwickelten Völker orientiert. So entstand eine eigenartige Entwicklungskette. Bergvölker bauen plötzlich Pfahlhäuser wie die Tieflandbewohner, ihre Frauen und Mädchen kleiden sich mit dem *sin* der Lao. Die Lao selbst, vor allem in den Städten, eifern dem Vorbild Thailands nach und die Thais wiederum kopieren den *American Way of Life.*

Doch damit ist es nicht genug. Neben den „einheimischen" Völkern drücken auch eindeutig als **Ausländer** zu bezeichnende ethnische Gruppen besonders dem Leben in den urbanen Zentren ihren Stempel auf. Die Rede ist von Vietnamesen, Chinesen, Thais und selbst Indern, die in wahrnehmbarer Zahl die Städte von Laos bewohnen und verschiedene Zweige von Handel und Handwerk ganz oder teilweise beherrschen. Bewohner westlicher Herkunft dagegen halten sich meist nur zeitweilig im Lande auf – als Mitarbeiter von Botschaften, Entwicklungsorganisationen und

Symbol der nationalen Eintracht – Lao Sung, Lao Lum und Lao Theung (von links nach rechts) schmücken den 1.000-Kip-Schein

Hilfsprojekten oder ausländischen Firmen. Nicht zu vergessen die Ausländer mit der kürzesten Aufenthaltszeit, die in wachsender Zahl das Land besuchen und wegen der knappen Zeit am wenigsten Gelegenheit haben, sich auf die kulturellen Besonderheiten von Laos einzustellen: die Touristen.

Dabei machen die laotischen Behörden deutliche Unterschiede zwischen verschiedenen Kategorien im Lande weilender Fremder. Touristen, Experten, Investoren und Fachkräfte fallen in die Rubrik *taang patheet* – Ausländer. Die oft schon seit Generationen hier lebenden Chinesen, Vietnamesen usw. haben in der Regel auch keine laotische Staatsangehörigkeit, als Residenten sind sie *taang daao* – wörtlich: „vom anderen Stern".

Der Buddhismus

Nichts prägt das Leben der Lao (sowie der Tai Lü und einiger kleinerer Tai-Lao-Völker) so sehr wie der Buddhismus. Schon kurz nach Gründung des Reiches Lane Xang Hom Khao im 14. Jahrhundert wurde der Buddhismus **Staatsreligion,** und zwar der Hinayana- oder Theravada-Buddhismus, auch bekannt als Buddhismus des kleinen Fahrzeugs. Das war schon der zweite Anlauf der Lehre des Erleuchteten unter den Lao. Erste Bekanntschaft hatten sie in ihrer alten Heimat weiter im Norden mit dem auf der nördlichen Route (Tibet, Mongolei, China, Korea, Japan) verbreiteten Mahayana-Buddhismus, dem Buddhismus des großen Fahrzeugs, gemacht. Die Mahayana-Buddhisten waren es auch, die den herabsetzenden Begriff vom kleinen Fahrzeug prägten. Die Anhänger des südlichen Zweigs der Lehre hören den Begriff Theravada viel lieber, bezeichnet er doch den ursprünglichen, unverfälschten Buddhismus. Dass die Lao nun dem südlichen Zweig (Verbreitung über Sri Lanka, Burma, Kambodscha) angehören, hat vor allem mit der Tatsache zu tun, dass der Gründer des ersten geeinten Lao-Reiches, **König Fa Ngum,** im theravada-buddhistischen Angkor aufwuchs und dort einen buddhistischen Mönch namens *Pasaman* als Lehrer hatte. Neben *Pasaman* holte *Fa Ngum* später auch seine Khmer-Gattin sowie zum Geleit die stattliche Anzahl von 10.000 Mönchen, Künstlern und Handwerkern ins Land. Der Buddhismus ist also eine Importreligion, die den ureigenen Traditionen der Lao fremd war.

Aber nicht umsonst gilt die Lehre Buddhas als die toleranteste aller Weltreligionen. Auch in Laos entwickelte der Glaube allerhand Eigenheiten und Sonderformen, die aus der Übernahme von und der **Verschmelzung mit vorbuddhistischen Glaubensvorstellungen** stammen. Das war nicht bei allen Anhängern des Buddhismus beliebt und schien zumindest König

Pothisarath mit dem reinen Glauben so unvereinbar, dass der von missionarischem Eifer beseelte Monarch im 16. Jahrhundert den Geisterglauben schlichtweg verbot, den Abriss aller Götzentempel und Kultstätten anordnete und an ihrer Stelle buddhistische Klöster errichten ließ. Doch bis in die Gegenwart feiern Geister- und Aberglaube fröhliche Urständ, meist unter stiller Duldung buddhistischer Mönche, oft aber sogar unter deren aktiver Teilnahme.

Bis heute ist der **buddhistische Tempel** Zentrum eines jeden Dorfes der Lao. Hier leben nicht nur die hoch verehrten Mönche, sondern im Wat (siehe auch „Was ist ein Wat?") werden Dorfversammlungen abgehalten, Feste gefeiert, Naturheilmittel hergestellt und vertrieben, Lebensberatungen erteilt, Alte und Gebrechliche gepflegt und Tote bestattet. Früher war der Tempel gleichzeitig Schule, waren doch die Mönche die Einzigen im Land, die über Bildung verfügten und diese vor allem an die männliche Dorfjugend weiter gaben. Die Tempel werden von den Mitgliedern der Gemeinde gebaut und erhalten und manchmal in den Augen westlicher Besucher, die oft mit dem Begriff Kirche altehrwürdige Gemäuer verbinden, zu Kitsch modernisiert. Für die Gläubigen des Dorfes sind aber Wellblech- oder Eternit-Dach, Keramikfliesen, bunte Plastikblumen und vielfarbig blinkende Weihnachtsbaumbeleuchtung Ausdruck von Wohlstand und Modernität, die sie vielen Pagoden angedeihen lassen, bevor sie sich solchen Luxus im eigenen Hause leisten. Auch so gesehen ist der Tempel Aushängeschild des Dorfes, zeigen sich Wohlstand und Fortschritt oft zuerst am Ausbau des Wat. Manche Wissenschaftler sehen genau aus diesem Grund im Buddhismus denn auch eher eine Entwicklungsbremse, da neu errungenes Geld nicht produktiv investiert, also zu Kapital gemacht wird, sondern lediglich die Pracht des Dorftempels erhöht.

Die Lehre Buddhas

Dabei hat die buddhistische Lehre in ihrem Ursprung wenig von einer landläufigen Religion. Das wichtigste Merkmal dafür: Der Buddhismus hat keinen Gott, sondern ist ursprünglich eine egozentrische, auf die letztliche **Erlösung des Einzelnen** gerichtete Lebensauffassung. Es gibt auch im Buddhismus eine heilige Dreifaltigkeit, die alles bestimmt und nicht zuletzt der Zahl drei eine besondere Bedeutung beimisst. Die **drei Säulen** des Buddhismus sind stark auf den Begründer zugeschnitten und umfassen sein Leben (Buddha), sein Werk (Pali: *dhamma,* laot.: *pha tham)* und seine Gemeinde (Pali: *sangha,* laot.: *pha sang).*

Begründer der Lehre war **Siddharta Gautama,** der Spross einer nordindischen Fürstenfamilie. Den Namen **Buddha** (der Erleuchtete) erhielt er erst, nachdem er die Grundideen seiner Lehre entwickelt und verkündet hatte und so das Rad der Lehre in Bewegung setzte. *Siddharta* lebte im 6. Jahrhundert vor unserer Zeit zunächst wohlbehütet und abgeschirmt von der Welt im fürstlichen Palast. Im Jünglingsalter von 16 Jahren wurde er standesgemäß verheiratet und er hätte ungetrübt und wohl behütet bis an sein Lebensende im Glashaus leben können. Doch seine Neugier war stärker und so entschloss er sich, die Welt außerhalb seines goldenen Käfigs zu erkunden. Was er zu Gesicht bekam, erschütterte ihn zutiefst. Krankheit, Verfall, Alter und Tod schienen die Welt zu beherrschen und sie zu einem Jammertal aus Leid und Tränen zu machen. *Siddharta* machte sich daran, einen Ausweg aus diesem ewigen Leiden der Menschheit zu suchen. Heimlich stahl er sich aus der Geborgenheit des Palastes und verließ seine junge Frau und den gerade erst geborenen Sohn. Lange Jahre verbrachte er als wandernder Asket, versuchte sich in Kasteiungen, fastete, bis ihm die Sinne schwanden und kam der Lösung seiner Fragen dennoch kein Stück näher. Bis ihm eines Tages bei der Meditation unter einem Bodhi-Baum schließlich die Erleuchtung zuteil wurde. Buddha hatte die **„vier edlen Wahrheiten"** entdeckt:

1. *Dukkha* – alles Leben ist Leiden
2. *Samudaya* – alles Leiden wird durch Begierden *(tanha)* hervorgerufen
3. *Nirodha* – das Leiden kann durch die Zerstörung der Begierden beendet werden
4. *Magga* – die Begierden können durch das Beschreiten des „edlen achtteiligen Pfades" zerstört werden und somit auch das Leiden.

Der **„edle achtteilige Pfad"** wiederum beinhaltet:
1. rechte Erkenntnis, d.h. das Erkennen der Grundprobleme des Seins;
2. rechtes Denken, d.h. Denken, ohne zu verletzen oder herabzusetzen, nur edle Gedanken hegen,
3. rechte Rede, d.h. ohne zu verletzen, zu lügen oder aus Eigennutz zu sprechen;
4. rechtes Tun, d.h. nicht zu töten oder zu verletzen, nicht zu stehlen usw.
5. rechte Lebensführung, d.h. eine Lebensführung, die nicht auf Kosten anderer geht;
6. rechtes Streben, d.h. mit eigener Kraft unheilvolle Gedanken zu überwinden.
7. rechtes Sich-Versenken, d.h. durch Meditation zur Selbsterkenntnis zu gelangen;
8. rechte Konzentration; d.h. durch starken Willen einen Gedanken beharrlich zu verfolgen, ohne davon abzuschweifen.

039la Foto: ms

Letztliches Ziel des Buddhisten ist es, das **Nirvana** (Pali: *nibbana*) zu erreichen, das heißt, alles körperliche Sein und damit alles Leiden endgültig hinter sich zu lassen. Der Buddhismus geht vom **Kreislauf der Wiedergeburten** aus. Das heißt, jedes Wesen wird solange in verschiedenen Körpern inkarniert, bis es das Nirvana erreicht hat. Das Schicksal in der nächsten Existenz wird durch Taten in diesem Leben beeinflusst. Gute Taten (Pali: *puña,* laot.: *bun)* bringen gewissermaßen einen „Aufstieg" auf dem Weg zum Nirvana, schlechte Taten (Pali: *papa,* laot.: *baap)* bewirken das Gegenteil. Seinen Ausdruck findet dies auch im Grundprinzip des Zusammenlebens der Laoten: *het bun – dai bun.* Wer Gutes tut, dem wird Gutes widerfahren. Leider meist nicht gleich, sondern zeitversetzt erst im nächsten Leben.

Der Buddhismus in seiner ursprünglichen Form breitete sich rasch über ganz Indien, Sri Lanka und Teile Südostasiens aus. Es war dies der **Theravada-Buddhismus,** der bis heute in Sri Lanka, Myanmar, Kambodscha, Laos und Thailand der vorherrschende Glaube ist. Im Gegensatz zum reformierten Mahayana-Buddhismus, der sich in Texten und Gebeten des Sanskrit, der neueren der altindischen Sprachen bediente, blieb der Theravada-Buddhismus dem älteren Pali verbunden und verdeutlicht so schon äußerlich seinen Anspruch auf die älteren und ursprünglichen Wurzeln. Charakteristisch ist für diese Form, dass jedes Wesen durch die verschiedenen Stufen der Wiedergeburt zur Erleuchtung und ins Nirvana gelangt. Die Bezeichnung Hinayana, „Kleines Fahrzeug“, deutet schon an, dass in ihm nur wenige Leute Platz haben und der Weg aus dem ewigen Kreis der Wiedergeburten lang, beschwerlich und nur durch Wenige zu erreichen ist. Im Regelfall ist die letzte Inkarnation vor dem Aufgehen im Nirvana die als hoch verehrter Mönch.

Später entstand, ebenfalls in Indien, die Form des **Mahayana** (Großes Fahrzeug). Im Zentrum dieser Lehre stand weniger das egozentrische Streben des Einzelnen nach dem Nirvana als vielmehr das liebende Mitgefühl mit allen Kreaturen. Bereits Erleuchtete verzichteten auf den Eintritt ins Nirvana, um als Bodhisattva anderen den Weg zur Erleuchtung zu weisen. Diese Lehre lässt das Ausscheiden aus dem Kreislauf der Wiedergeburten einfacher erscheinen und ist eher als der Hinayana-Buddhismus auf die Bedürfnisse der Laiengläubigen ausgelegt.

Grundlage der Lehre Buddhas ist nicht der Glaube an einen Gott, einen Schöpfer oder eine höhere Gewalt, die das Leben des Einzelnen bestimmt, sondern die kausale Verwurzelung des eigenen Schicksals in der „Leistungsbilanz“ des Individuums, Karma. Die Lehre führt den Einzelnen auf den Weg der Erkenntnis. Nur so, durch **Selbsterlösung des Einzelnen** dank Beschreiten des von Buddha vorgezeichneten achtteiligen Pfades, kann die Begierde besiegt und das Leiden beendet werden, indem das Individuum aus dem ewigen Kreislauf der Wiedergeburten ausscheidet. Erst später wurden, dem Bedürfnis der Gläubigen nach einem Objekt der Anbetung folgend, Schreine und Buddhastatuen errichtet.

Natürlich ist das Gedankengebilde ziemlich abstrakt, besonders für einen einfachen laotischen Reisbauern. Ihm, dessen Leben von guten oder schlechten Taten in früheren Existenzen vorbestimmt ist, beschert der Buddhismus ein gerüttelt Maß **Fatalismus.** Auch wenn das Schicksal nicht durch fremdes Tun, sondern durch das eigene festgelegt ist, die Wirkung bleibt die gleiche: Die Ordnung ist vorgegeben, ein Auflehnen gegen sie hat keinen Zweck. Der in der Hierarchie höher Stehende hat für seinen jetzigen Posten in einem früheren Dasein Verdienste gesammelt, und auch der Knecht ist heute zu Recht auf seinem Platz – wegen der schlechten Taten in früheren Leben. Murren bringt nichts, Meutern gleich gar nicht. Es gilt, durch den Regeln konformes Verhalten das eigene Karma, gewissermaßen die Summe allen guten und schlechten Tuns, allen *bun* und *baap,* für die nächste Existenz aufzubessern. Reges Spenden für Tempel und wohltätige Zwecke gilt weniger der Hilfe für Bedürftige als der Verbesserung der eigenen Ausgangssituation Richtung Nirvana.

Meist sind es Frauen, die ihr Karma durch Gebete aufbessern wollen

Dies hat auch ganz praktische Folgen im Alltag. Bringt jemand ein **Geschenk** oder eine **Spende,** so bedankt er sich dafür, dass seine Gabe angenommen wird. Schließlich eröffnet der Empfänger dem Geber die Gelegenheit, Verdienste zu erwerben. Der Beschenkte wird die Gabe scheinbar achtlos zur Seite legen. Demonstratives Interesse könnte als eine der schlimmen Begierden, nämlich als Gier, ausgelegt werden. Er wird vielmehr allein im trauten Kämmerlein die Verpackung öffnen, mehr oder weniger erfreut über den Inhalt sein und die Wohltat bei nächster Gelegenheit angemessen vergelten.

Was ist ein Wat?

Der Begriff Wat bezeichnet eine **buddhistische Tempelanlage** in ihrer Gesamtheit, als Synonym gilt auch der Begriff Pagode. Der Ursprung des Wortes geht auch auf die altindischen Idiome zurück, wobei gleich zwei Deutungen existieren: *Vatthu* (Pali) bezeichnet eine Liegenschaft, vorrangig religiöser Art, wogegen *vata* (Pali und Sanskrit) etwas in sich Abgeschlossenes meint. Zu jedem Wat gehören verschiedene Gebäude mit detailliert festgelegten Funktionen. Im Idealfall ist das Ensemble komplett, doch viele Wats lassen den einen oder anderen Teil vermissen.

Zentrales Gebäude allerdings ist der *sim* (von *sima,* Grenze), das am ehesten ins Auge stechende Bauwerk jedes Wats. Im *sim* befindet sich der

093la Foto: ms

Altar, der meist eine beherrschende und eine Vielzahl ergänzender Buddhastatuen enthält. Beim Bau von neuen *sim* wird oft als Erstes die auf einem Sockel ruhende große Buddhastatue errichtet, um die herum dann das Gebäude gebaut wird. Das hat meist schon ganz allein den praktischen Grund, dass die großen Statuen sich später kaum durch die schmalen Türen bugsieren ließen. Natürlich spielen Glaubensgründe die größere Rolle. Dazu weiter unten unter „Wie entsteht ein Wat".

Der *sim* kann zeitweilig als sehr einfaches Bauwerk aus Holz und Wellblech daherkommen, Ziel ist jedoch ein architektonisches Kunstwerk aus den besten zur Verfügung stehenden Materialien und in meisterhafter Ausführung wie die ehrwürdigen Pagoden Wat Xieng Thong in Luang Prabang oder Wat Sisaket in Vientiane.

Kuti (vom gleich klingenden Pali-Wort für eine separate Wohnzelle) bezeichnet die **Wohngebäude der Mönche** *(khuu baa),* die sich ausnahmslos in allen Wats finden. Oft verfügt der Abt *(aa-tjaan njai)* über ein eigenes Haus und Mönche wie Novizen *(aai tjua)* teilen sich Zellentrakte.

Weiterer wichtiger Teil eines Wat ist *hoo tai,* die **Bibliothek,** in der kanonische wie auch weltliche Schriften aufbewahrt werden. In weiten Teilen von Laos sind dies speziell die Palmblatt-Manuskripte *bai laan.* Wichtigste Schrift des Buddhismus ist die *Tripitaka* (Drei Körbe, laot. *pha tay*), von der ein Exemplar bereits vom Mönch *Pasaman* mit nach Laos gebracht wurde.

Saalaa long tham (Pali: *dhammasala* – wörtlich „Ort der Lehre") ist der Begriff für ein meist nach allen Seiten offenes **Gebäude, in dem die Mönche die buddhistischen Texte rezitieren** und lehren. Die *saalaa* dient auch weltlichen Zwecken wie Dorfversammlungen oder als Stimmlokal bei Wahlen.

Hoo kong ist der **Trommelturm,** der sowohl zu ebener Erde oder in luftiger Höhe Trommeln oder Gong oder beides beherbergt. Getrommelt wird an allen buddhistischen Sonntagen *(wan sin* jeweils zu Neu-, Halb- oder Vollmond). Dann geht es früh um 4 Uhr zum Wecken los mit der rituellen Klangerzeugung, die speziell in Luang Prabang hohe melodiöse Kunstfertigkeit erreicht.

Verschiedene **Stupas** *(thaat,* von Pali *dhatu)* finden sich in den meisten Wats, wobei die größeren von religiöser Bedeutung sind. That Luang, der große Stupa in Vientiane, soll beispielsweise ein Stück des Brustbeins von Buddha enthalten. Kleinere Stupas sind *thaat kaduuk,* am besten be-

Klassische Schönheit im Xieng-Khouang-Stil –
die „Pagode des Wohlklangs" (Wat Xieng Mouan) in Luang Prabang

schrieben vielleicht als Urnengräber, in denen Asche und Knochenreste von Äbten und bedeutenderen oder vermögenderen Mitgliedern der jeweiligen Gemeinde eingeschreint sind.

Manchmal finden sich auch kleine **Kapellen** – *hoo pha* – im Wat, die besonders verehrten Buddhastatuen separate Unterkunft gewähren. Ein ordentliches Wat schmückt sich auch gern mit einem Bodhi-Baum. Unter einem solchen Gewächs gelangte Buddha zur alles entscheidenden Erkenntnis. Selbst der lateinische Name des Feigengewächses trägt dem Rechnung: *ficus religiosa.*

Umgeben wird ein Wat normalerweise von einer **Mauer.**

Wie entsteht ein Wat?

An bestimmten Plätzen, etwa an Fußspuren Buddhas von seinen Wanderungen in einer seiner vielen Inkarnationen, einsamen Gebetsplätzen von Eremiten oder anderen heiligen Orten, entstehen Pagoden eher als ein Dorf. Oft sind es einzelne Mönche, die sich hier niederlassen und denen Bewohner umliegender Siedlungen dann nach und nach ein Wat errichten. In der Regel aber entsteht ein Dorf oder ein Stadtteil zuerst. Und wenn die Einwohner der Meinung sind, für das Wohlergehen ihrer Siedlung geistlichen Schutz und Beistand zu brauchen, errichten sie ein Wat.

Errichtet werden Wats durch **Spenden der jeweiligen Gemeinde.** Gemäß dem Prinzip *„het bun – dai bun"* ist Geben Ehrensache. Nicht der Mönch, der am Morgen mit der Opferschale zum *tak baat,* dem Einsammeln der Spenden der Gläubigen, durch die Gemeinde zieht, bettelt, sondern der Gläubige bittet den Mönch, seine Gabe anzunehmen. Weit größere Verdienste erwirbt sich ein Gläubiger natürlich mit einer kräftigen Spende beim Bau eines Wats. Damit die Wohltaten auch nicht in Vergessenheit geraten, sind in vielen Wats die Namen der edlen Spender deutlich sichtbar angebracht. Über die Kollekten wird genau Buch geführt.

Diese Art der Baufinanzierung bringt es aber auch mit sich, dass der Ertrag einer Sammlung meist nicht für einen kompletten Bau ausreicht. Also wird erst einmal begonnen und wenn die Kasse leer ist, ruht der Bau für eine Weile, manchmal gar Jahre. Bis eben die nächste Kollekte wieder so viel einbringt, dass sich der Weiterbau lohnt. Wenn Geld knapp ist oder bestimmte Arbeiten nur von bestimmten Fachleuten auszuführen sind, dann können diese auch für die Zeit der Arbeiten im Wat leben und so von der Gemeinde versorgt werden. In früheren Zeiten zählten die **Köni-**

038la Foto: ms

ge zu den Großspendern und buddhistische Eiferer unter ihnen legten regelrechte Pagodenbauprogramme an. Etwa 70 Pagoden gehen allein auf König *Setthathirath* zurück, darunter Wat Inpeng und der That Luang in Vientiane. Wat Sisaket wiederum ist eng mit dem Namen von König *Anouvong* verbunden, der nicht nur den Bau finanzierte, sondern zu dessen Abschluss eine 7-tägige Prachtfeier ausrichtete.

Außer bei den eingangs erwähnten besonderen Plätzen entstehen neue Wats in der Regel am Dorfrand. Als Erstes wird ein *kuti* errichtet, das dem oder den Gründermönchen Unterkunft bietet. Das kann anfangs ein sehr spartanischer Bau aus Bambus und Wellblech sein. In diesem Stadium ist oft von einem *wat paa,* wörtlich „Waldpagode", die Rede. Als Nächstes sieht der **Bauablauf** die Errichtung der *saalaa long tham* vor. Oft auch aus einfachen Materialien errichtet, dient die *sala* der Verbreitung des Glaubens und der Lehre. An einer Wand findet sich ein lang gestreckter Sockel, auf dem die Mönche zur Rezitation der Texte vor den Laien Platz nehmen. Die *saalaa* kann auch, meist zeitweilig, Trommel und Gong beherbergen und selbst einen Altar mit Buddhafiguren aufnehmen. Wenn aber endlich genug Geld zusammen ist, wird mit dem Bau des *sim* begonnen. Am Ende der oft mehrjährigen Bauzeit steht ein massiver Bau, der Buddha preist und zugleich von der wirtschaftlichen Potenz der Gemeinde kündet.

Der regelrechte Bauboom an Pagoden jüngerer Tage zeugt von großer **Spendenfreudigkeit,** die wiederum auf wachsenden Wohlstand zurückzuführen ist. Manchmal wird man aber den Verdacht nicht los, dass Spenden auch zu einer Art Ablasshandel wurde. Nicht immer ist der erworbene Reichtum Resultat ehrlicher Arbeit. Da legt man dann gern etwas für die Aufbesserung des Karma an. Nur einige wenige Wats wurden mit ausschließlich staatlichen Mitteln der jeweiligen Herrscher errichtet oder in jüngerer Zeit restauriert. Einige dienen dann auch eher als Museum denn als lebendige Kultstätte. Als Beispiel sei Wat Hoo Pra Keo in Vientiane genannt.

Buddhas Bonzen

Es scheint, als sei der **Begriff Bonze** heute speziell im Deutschen eher negativ besetzt. Doch die Bezeichnung für buddhistische Priester kam schon im 16. Jahrhundert aus dem Japanischen über das portugiesische *bonzo* und das französische *bonze* nach Deutschland. Den Ursprung hat das Wort im Sanskrit, wo die Kombination *bon + so* einen Priester oder Mönch bezeichnete. Es lässt sich also eindeutig dem Mahayana-Buddhismus zuordnen, ist aber genauso gut zur Bezeichnung der buddhistischen Mönche von Laos anzutreffen.

Fast könnte man sagen, dass es wieder zum guten Ton gehört, dass die **Jungen eine Zeit ihres Lebens im buddhistischen Kloster verbringen.** Früher war dies oft die einzige Möglichkeit, Bildung zu erlangen. Seit die staatliche Allgemeinbildung diesen Part übernahm, hatten die Pagoden weniger Zulauf. Hinzu kamen in den ersten Jahren nach Gründung der Volksrepublik von der Regierung verhängte Restriktionen, die die Zahl der Mönche und Novizen schrumpfen ließen. Heute scheint alles wieder an seinem traditionellen Platz, wenn auch oft in verkürzten Zeitläufen. Ein Drei-Tages-Dienst in der Pagode ist nichts Außergewöhnliches. Eine Woche, zwei Wochen, drei Monate sind weitere gängige Kurzzeit-Verpflichtungen, die junge Männer eingehen, um für sich und ihre nächsten Angehörigen Verdienste zu erwerben.

Als besonders wertvoll gelten dafür die Monate der **buddhistischen Fastenzeit,** die mit der Zeit der tropischen Monsunregen korrespondiert (Juli bis Oktober). Diese Zeit ist durch strengste Einhaltung der Riten und besonders ausdauernde Gebete und Meditationen charakterisiert. Zurück geht die Zeit des *phansaa* (literarischer laotischer Ausdruck für die Regenzeit, die auch speziell auf die Fastenmonate angewandt wird) auf Buddha selbst, denn während der Regenzeit ließ sich nur schlecht von einem Ort

Heute erteilen Pagodenschulen weltlichen und religiösen Unterricht

095la Foto: ms

zum nächsten ziehen, weshalb seit damals innere Einkehr und Reinigung angesagt sind.

Nach oben ist der **Zeitdauer des Mönchsdaseins** keine Grenze gesetzt, sodass mehrjähriger oder lebenslanger Aufenthalt im Wat ganz und gar nichts Ungewöhnliches ist. Auch die Zahl der Kinder im gelben Ornat steigt wieder. Vielleicht ein Ausdruck der wachsenden sozialen Differenzierung in Laos, wo nicht jeder Zugang zu Bildung hat oder sie sich nicht leisten kann. So kehrt die Pagodenschule auf Umwegen wieder stärker ins Alltagsleben zurück.

Auch das **Gelb der Roben** ist die direkte Weiterführung der Tradition des historischen Buddha. Auch er hüllte sich in gelbes Tuch und ließ die rechte Schulter frei.

Der **buddhistische Mönchsorden** ist in strenger Hierarchie organisiert. Doch anders als bei den christlichen Mönchen und Priestern sind sie nicht unbedingt auf Lebenszeit an ihr Gelübde gebunden. Zwar können Theravada-Buddhisten nur aus dem Möchstatus das Nirvana erreichen. Sollten sie aber noch zu stark mit den irdischen Freuden verbunden sein, können sie die gelbe Robe jederzeit an den Nagel hängen und ins weltliche Leben zurückkehren (laot.: *sik*). Und in der nächsten Existenz einen neuen Anlauf unternehmen.

Die untere Stufe im Mönchsorden nehmen die **Novizen** *(aai tjua* oder *nään)* ein. Sie unterliegen vereinfachten Ordensregeln, nur 10 an der Zahl.

Die Regeln der Mönche

Novizen können in jeder Pagode in Anwesenheit von mindestens fünf ordentlich ordinierten Mönchen, die frei von Verfehlungen sein sollen, geweiht werden. Meist sind die Novizen jünger als 20 Jahre und damit nicht in der Lage, zum Mönch geweiht zu werden. Sie werden von Mönchen in der Lehre und den Gebeten unterwiesen und unterliegen zehn Geboten der Enthaltsamkeit:

1. Enthalten vom Töten von Lebewesen
2. Enthalten vom Stehlen
3. Enthalten von geschlechtlicher Betätigung
4. Enthalten vom Lügen
5. Enthalten vom Genuss berauschender Getränke, die Nachlässigkeit hervorrufen
6. Enthalten vom Essen zwischen Mittag und dem Morgen des nächsten Tages
7. Enthalten von Tanz, Gesang, Musik und Unterhaltungsveranstaltungen
8. Enthalten vom Tragen von Kränzen, Parfüms und Schmuck, vom Schminken und allen Formen des Sich-Verschönerns
9. Enthalten von hohen und großen Betten
10. Enthalten von der Entgegennahme von Gold und Silber (gemeint ist auch der Umgang mit Geld).

Für Nonnen, im Buddhismus eine Art Ausnahmeerscheinung, gelten diese Regeln ebenfalls.

Für die Mönche stellt sich das Regelwerk für den Tages- und Lebensablauf erheblich komplizierter dar. Ein System verschiedenster Vergehen in sieben Kategorien und der auf sie folgenden Strafen einschließlich der sieben Verfahren der Streitbeilegung machen insgesamt 227 Regeln aus, die sich die Mönche stets und ständig zu Gemüte führen.

An der Spitze stehen die vier Todsünden *(parajikuddesa),* die durch den Fakt allein zum sofortigen Ausschluss aus dem Mönchsorden auf Lebenszeit führen. Diese Vergehen sind: (1) Geschlechtsverkehr, (2) schwerer Diebstahl, (3) Töten eines Menschen, Anstiftung zum Töten oder Aufmunterung zur Selbsttötung, (4) Vortäuschung des Erreichens höherer Bewusstseinszustände.

Die zweite Gruppe von Regeln *(sanghadisesuddesa)* umfasst 13 Vergehen, die eine mindestens 6-tägige Exkommunikation nach sich ziehen und danach zur Wiederaufnahme in den Orden führen. Zu diesen Vergehen gehören z. B. Masturbieren oder erotischer Körperkontakt mit einer Frau, aber auch das Errichten einer zu großen Mönchszelle *(kuti)* oder falsches Zeugnis gegen einen Mitmönch, eine der vier schweren Sünden betreffend.

Dem Tête-à-Tête mit einer Frau ohne das Beisein Dritter sind die zwei Vergehen der dritten Kategorie gewidmet. 30 Vergehen befassen sich mit der Annahme von Gegenständen entgegen den Regeln, 92 betreffen falschen Umgang mit Mensch und Tier. Vier weitere Vergehen sind mit der Beichte vergolten, 75 Punkte umfassen die Regeln für Kleidung und Betragen und 7 Regeln gelten für die Beilegung von Streitigkeiten, deren letzte die nicht unsympathischste ist: Einfach Gras über die Angelegenheit wachsen zu lassen.

Das Gewand der Novizen lässt stets eine Schulter frei. Bei religiösen Anlässen sind sie die Gehilfen der höher stehenden Mönche, doch immer noch weit über dem Laienvolk. Selbst der kleinste Knirps in der gelben Tracht genießt hohe Wertschätzung und Verehrung. Hauptbeschäftigung der Novizen ist lernen: Pali, die Sprache der Texte, *tham,* die altlaotische Schrift, und natürlich die Inhalte der Lehre sowie die Regeln der Mönche. Auch die Inhalte der staatlichen Lehrpläne der Allgemeinbildung werden heute in den Pagoden gelehrt. Ihre Lehrer sind in der Allgemeinbildung meist und in den religiösen Fächern immer selbst Mönche und heißen *khuu,* was vom weithin bekannten Guru abgeleitet ist. Die Kurzzeit-Mönche kommen meist nicht über das Stadium eines *aai tjua* hinaus.

Um **Mönch** *(khuu baa)* zu werden, muss der Kandidat über 20 Jahre alt sein und weitere formale Voraussetzungen erfüllen. Sein Leben ist von 227 Ordensregeln bestimmt. Bei Kälte kann er dafür beide Schultern in gelbes Tuch hüllen.

Die nächste Stufe ist die des **Lehrers** *(aa-tjaan),* die schon einen hohen Stand buddhistischer Gelehrsamkeit oder spezielle Fähigkeiten in Naturmedizin, Lehre oder in den Zeremonien verlangt.

Darüber steht der **Abt** *(aa-tjaan njai* oder – in Luang Prabang – *satu),* der aus der Reihe der *aa-tjaan* gewählt wird. Am Eingang zu jeder Stufe steht eine Ordination, die nach genau festgelegten Ritualen erfolgt.

Allen Mönchen gemeinsam ist die gelbe Robe, wie sie schon Buddha trug, und der kahl geschorene Schädel. Auch Augenbrauen und – wenn vorhanden – Bart werden mit **abrasiert.** Natürlich bedeutet das Mönchsdasein die Entsagung von Begierden, der Ursache allen Leidens. Neben der sexuellen Enthaltsamkeit (Mönche dürfen Frauen und Mädchen nicht einmal berühren) wird von den Mönchen vor allem **Besitzlosigkeit** verlangt. Jeder Mönch hat seine Robe *(phaa sabong),* seine Opferschale *(baat)* und seine Schlafmatte. Selbst diese Dinge wurden ihm von Gläubigen geschenkt. Essen erhält er auf den morgendlichen Rundgängen durch die Gemeinde. Meist sind es Frauen, die am Wegesrand darauf warten, dass die Mönche ihre Spenden annehmen. Eine Möglichkeit, Verdienste anzusammeln, die sie im nächsten Leben als Mann auf die Welt kommen lassen. **Essen** dürfen die Mönche nur am Vormittag. Danach sind nur noch Getränke – und Rauchen – erlaubt.

Gründe für den Einzug der Männer in die Pagode sind vielfältig. Neben dem allgemeinen Bestreben junger Männer, vor der Hochzeit eine Zeit innerer Einkehr zu verbringen und das eigene Karma zu verbessern, gilt es auch, auf diese Weise etwas für die Eltern zu tun, eines verstorbenen nahen Verwandten zu gedenken, für die Genesung nach schwerer Krankheit oder für überstandenes Missgeschick (etwa einen überlebten

Flugzeugabsturz oder einen glimpflich verlaufenen Überfall eines Tigers, auf jeden Fall aber eine derart außergewöhnliche Situation, dass ein Wink des Schicksals zu vermuten ist) zu danken. Manchmal ist es auch generelle Unzufriedenheit mit der Lebenssituation, die Leute auf Zeit in die Pagode einziehen lässt.

Bei Bestattungsfeiern findet sich noch eine Sonderform des Mönchseins - der **Halbtagsmönch.** Morgens in einer arg simplifizierten Zeremonie kahl geschoren, eingekleidet und ordiniert, sind diese Bestattungsmönche schon am Abend wieder zurück im weltlichen Leben.

Praktische Verhaltenshinweise für Besucher

Natürlich gibt es im Verhalten in Pagoden und gegenüber Mönchen eine Menge zu beachten, denn wer möchte schon gern in den Ruf des ungehobelten, vielleicht gar sich über die fremden Gebräuche mokierenden Ignoranten geraten. Mönchen gegenüber ist **Ehrerbietung** angesagt, die darin zum Ausdruck kommt, dass beim Passieren eines Robenträgers - egal, wer an wem vorbeigeht - zumindest eine leichte **Verbeugung** angebracht ist. Der Sitte nach sollte der Kopf des Laien niedriger als der des Mönchs sein. Wendet ein Mönch das Wort an „Zivilisten", so ist auch heute oft zu beobachten, dass Frauen in die Hocke gehen oder auf die Knie fallen und teilweise dabei auch die Schuhe ausziehen, bevor sie antworten. Angeredet werden die Mönche mit ihrem Titel, also *aai tjua, khuu baa* oder *aa-tjaan,* und der weltliche Gesprächspartner wird in der **Unterhaltung** auch verbal zum Sklaven – *khaa nooi.* Einzig akzeptable Reaktion auf die Bitte eines Mönchs ist die höflichste Form der Bejahung – *dooi* – und sofortige Ausführung des Gewünschten.

Frauen dürfen weder Mönche noch deren Kleidung berühren. Ein Tabu, dass unbedingt respektiert werden sollte. Gegenstände werden also über die Zwischenstation Mann (selbst ein dreijähriger Junge ist akzeptabel) übergeben oder in bequemer Reichweite des Mönchs abgelegt. Auch Speisen werden den Mönchen von Männern serviert, obwohl sie natürlich im Normalfall von Frauen zubereitet werden.

Sind Mönche bei Zeremonien zugegen, so sitzen sie stets erhöht – und sei es nur auf einer Bastmatte und einem dünnen Polster. Sie bewahren damit alle anderen Anwesenden davor, sich nur noch kriechend bewegen zu können, denn der Kopf des Mönches – siehe oben. Die **Sitzhaltung** vor Mönchen schreibt züchtig seitwärts untergeschlagene Beine vor. Der sonst verbreitete Schneidersitz ist nicht angebracht. Besonderes Augenmerk gilt der Ausrichtung der Füße. Sie, niedrigster und unreinster Part des Körpers, sollen auf keinen Fall in Richtung der Mönche weisen.

Die meisten der genannten Verhaltensweisen lassen sich in gleicher Weise auf **Buddhafiguren** übertragen, abzüglich der Übergabe von Gegenständen, versteht sich. Buddhastatuen verfügen meist schon über einen sie erhebenden Sockel. Unhöflich ist es, ihnen – wie auch Mönchen – den Rücken zuzuwenden.

Hinzu kommt die **Kleiderordnung.** Auch sie lässt sich auf Zeremonien in Anwesenheit von Mönchen und Pagodenbesuche gleichermaßen anwenden. Unangebracht ist alles, was Begierden erwecken oder Verführung signalisieren könnte. Kurze Hosen bei Männern sind ebenso daneben wie schulter-, nabel- und kniefreie Bekleidung der Damenwelt. Wobei ohne Zweifel das Bedecken männlicher Stachelbeerwaden schon allein aus ästhetischen Gründen angeraten ist. Manche häufig von Besuchern frequentierte Pagode hält gegen Entrichtung eines Obolus eigens Jacken mit Ärmeln und praktische Wickelröcke bereit. **Schuhe** bleiben bei buddhistischen Anlässen wie auch Pagodenbesuchen generell außen vor. Bei einer Wanderung durch die zahlreichen Tempel von Luang Prabang können Schnürstiefel jeden Zeitrahmen sprengen.

Bei Wind und Wetter – Mönche auf morgendlicher Sammeltour

Laute Geräusche, Eis am Stiel oder auch akribische Untersuchungen der Altarfiguren dagegen verbieten sich wohl nicht nur in buddhistischen Pagoden. Besondere Aufmerksamkeit gilt auch der **Türschwelle.** Sie wird überquert und nicht betreten.

Fotografieren ist generell erlaubt, im Einzelfall aber dennoch besser mit einer Respektsperson der besuchten Pagode/Zeremonie abzusprechen. Sind Pagoden **verschlossen,** was außerhalb von Feiertags- und Gebetszeiten sehr häufig vorkommt, so lässt sich meist nach kurzem Gespräch mit einem der Mönche ein Schlüssel beibringen. Was generell zu empfehlen ist, wird in einem solchen Fall schon fast zur Verpflichtung: eine kleine **Spende** in die in jeder Pagode bereitstehende *Donation Box.*

Nichtbuddhistische Glaubensvorstellungen

Von der Lebenskraft vorbuddhistischer Vorstellungen war schon weiter oben die Rede. Sie führt gar so weit, dass sich in einigen Pagoden **Geisterhäuschen** finden, aufgestellt, um den Erdgeist des Tempelgeländes zu versöhnen. Auch andere Sitten und Bräuche haben sich mit dem Buddhismus arrangiert und sind heute zumindest für die Lao fester Bestandteil dieses Glaubens. Dazu gehört zum Beispiel die **Zeremonie des suu khuan,** die auf der Auffassung fußt, dass dem menschlichen Körper 32 Seelen *(khuan)* innewohnen. Diese beieinander und bei guter Laune zu halten, bewahrt vor Krankheit und Missgeschick. Krankheiten, auch Depressionen oder Unglück, werden damit in Verbindung gebracht, dass sich eine oder mehrere der *khuan* vom Köper entfernt haben. Sie werden also in der Zeremonie zurück in den Körper gerufen, der dann mit Baumwollfäden um die Handgelenke verschlossen wird, um das erneute Entweichen der *khuan* zu verhindern. Dass diese Zeremonie ebenfalls vor größeren Reisen angesagt ist, versteht sich dann auch. Schließlich soll keine der Seelen zurückbleiben, sodass dem Reisenden in der Ferne Missliches widerfährt. Ein Brauch, den die Lao übrigens selbst bei den Ureinwohnern von Laos, den Lao Theung, entlehnt haben. Bei den Lao sind es heute buddhistische Mönche, die oft den ersten Teil der Zeremonie mit ihren Gebeten bestimmen und vor dem eigentlichen *mat khään,* dem Binden der Baumwollfäden, in ihre Pagode zurückkehren. Allerdings nicht ohne selbst den Hauptbeteiligten der Feier (gesegnete) Bändchen um die Handgelenke

Beim mat khään darf der Mönch den Körper der Frau nicht berühren

103la Foto: ms

gebunden zu haben. Bei Frauen übrigens mit akribischem Geschick, um sie auch ja nicht zu berühren.

Doch der Aberglaube reicht weiter. Für die Menschen in Laos ist die Welt von Geistern beherrscht. Sie, die *phii,* sind buchstäblich überall. Es gibt sie in der gutartigen und der boshaften Ausführung. Kulturwissenschaftler schreiben den **Geister-Kult** den Ureinwohnern der Region, den Mon-Khmer-Völkern zu, von denen ihn auch die Lao übernahmen, bevor sie buddhistisch wurden. Selbst buddhistische Pagoden haben ihren Geist, den *phii khun wat.* Ziel der Menschen ist es, beide Arten gleichermaßen in versöhnlicher Stimmung zu halten, um sich Glück zu bewahren und Unglück abzuwenden.

Von besonderer Bedeutung sind die Geister, mit deren Reich die Menschen am häufigsten und schicksalhaftesten zusammentreffen. Der **Hausgeist** zum Beispiel, *phii hüüan,* dem oft schon vor Errichtung eines neuen Hauses an einem speziell ausgewählten Platz auf dem Grundstück (er sollte u. a. nicht vom Schatten des Neubaus getroffen werden) eine Zuflucht errichtet wird. Diese Geisterhäuschen können sehr simple Unterkünfte sein, aber auch komplett eingerichtete und ausgestattete Puppenstuben.

Dabei können sich die Geisterhäuser auch von einem zum anderen Niveau entwickeln. Wenn nämlich unerklärliche Dinge geschehen, wird dies oft so interpretiert, dass der Geist mit der angebotenen Behausung unzu-

108la Foto: ms

frieden ist. Aber auch umgekehrt, wenn zum Beispiel der Geist die Zahlen der Lotterie richtig mitgeteilt hat (bzw. der Fragesteller die Hinweise richtig interpretiert hat), wird oft ein Teil des Gewinns zur Aufbesserung des Geisterhauses eingesetzt. Neben Wohnungen erhalten die Geister zu den *wan sin* (den buddhistischen Sonntagen zu Voll-, Halb- und Neumond) spezielle aus Bananenblättern, Studenten- oder Jasminblüten gefertigte Gestecke – laot. *maak beng* –, aber auch Speis und Trank, bis hin zu Zigaretten und einem Gläschen Hochprozentigen.

Von vergleichbarem Rang für das Leben der Menschen ist der **Feldgeist,** *phii naa,* dessen Wirken die Ernte beeinflusst. Er wird gebeten, das Bestellen der Erde, Felder und Gärten in seinem Machtbereich zu dulden und möglichst zu beschützen. Klar, dass ein getrübtes Verhältnis zum *phii naa* für das Leben der gesamten Familie dramatisch wenden kann. Also sind auch hier Zeremonien und Opfergaben gefragt, um den wichtigen Geist gewogen zu stimmen.

Nichts bestimmt das Leben der Menschen wohl nachhaltiger als das Wasser. So ist es dann auch kein Wunder, wenn auch den **Wassergeistern** spezielle Aufmerksamkeit gewidmet wird. Ihnen, die meist in Form einer Naga, eines schlangenartigen Fabeltieres, verstanden werden, gebührt höchste Ehrerbietung und fast schon angstvoller Respekt. Denn egal, ob Trockenheit oder Überschwemmung, tückischer Schlamm oder brodelnde Strudel – das aus dem Gleichgewicht gebrachte Wasser ist Sinnbild für Gefahr. Die Naga ist von ganz spezieller Bedeutung, leiten doch die Lao ihre Herkunft von diesem Fabelwesen ab.

Dass diesem Muster folgend auch **Naturbestandteile** wie Waldstücke, Felsen, einzelne Bäume und bestimmte Tiere mit den Geistern im Bunde sind, scheint logisch. In der Regel sind es äußere Besonderheiten wie zum Beispiel eine Kokospalme mit zwei Kronen, ein Felsen mit einem speziell geformten Gipfel oder eine Höhle mit geheimnisvollen Geräuschen, die

Spartanisches Geisterhaus mit Speisenopfer für die Verstorbenen

den Ruf des Übernatürlichen verbreiten und einen besonderen Umgang seitens der Menschen bewirken. Aber auch Sagen und Legenden (wie beispielsweise die der sich für den Bau der Pagode Si Muong in Vientiane opfernden Schwangeren) können einem Ort besondere Kraft verleihen. Opfergaben und Bittgebete lassen eine solche Stätte schnell zum Wallfahrtsort werden.

Eine andere Gruppe von *phii* sind die umherirrenden **Geister Verstorbener,** denen verschiedenste Gründe die Wiedergeburt versperren. Sie sind besonders gefürchtet, da sie sich Kobolden gleich in das Leben der Hinterbliebenen mischen. Grund dafür ist, dass sie sich nicht vollständig vom letzten Leben lösen können. Nicht zuletzt deshalb sind beim Ableben eines Menschen bestimmte Riten zu vollführen und Umgangsformen einzuhalten, die der Seele ein rasches Loskommen von dem beendeten Dasein ermöglichen (mehr dazu unter „Familie und Geschlechterrollen").

Doch damit ist der Glaube an Übernatürliches noch längst nicht erschöpft. Die Farbe der Kleidung an den einzelnen Wochentagen hat ebenso eine Bedeutung wie bestimmte Verrichtungen, die **Glück oder Unglück bringen** sollen. Da sich die Auffassungen regional unterscheiden, scheinen sich auch die Geister nicht ganz einig zu sein. In einigen Gegenden bringt ein Haarschnitt am Donnerstag Unglück, anderswo die gleiche Verrichtung am Mittwoch. Es ist also schwer, allgemein gültige Empfehlungen für ein auf höchstes Gelingen ausgerichtetes Verhalten zu geben. Nicht zuletzt deshalb erfreuen sich **Wahrsager** aller Art großen Zulaufs: Astrologen, Kartenleser, Handleser, Ahnenbeschwörer – kaum eine Zunft, die nicht vertreten ist. Die Themen für die Sessionen bewegen sich in ziemlich festen Bahnen: Gesundheit, Wohlstand und Liebe. Beim Thema Wohlstand spielt besonders die Vorhersage der Lottozahlen eine bedeutende Rolle. Hier, aber in weit stärkerem Maße bei der Liebe, ist der Übergang zur **schwarzen Magie** fließend. Nebenbuhler(innen) werden durch allerlei Zauber bis hin zur Ferntötung aus dem Felde geschlagen oder der oder die Angebetete durch allerlei Beschwörungen auf ewig emotional an den „Antragsteller" gekettet. Dieser Wunsch macht selbst vor unappetitlichen Kulten nicht halt – wie etwa das Untermischen von Menstruationsblut unter bestimmte Speisen. Klar, dass es für jeden Zauber auch einen Gegenzauber gibt. So bleiben alle Beteiligten in Bewegung und die Magier gut im Geschäft. Wobei die meisten mit Garantie arbeiten: Erst wenn das versprochene Ereignis eingetreten ist, wird die vereinbarte Summe fällig.

Wie tief diese Überzeugungen in den Menschen verwurzelt sind, mag folgende Anekdote veranschaulichen. Ein sehr gebildeter Mann, erzogen in einem katholischen Lyzeum, neun Jahre Studium im glaubensfeindlichen Osteuropa, erklärte mir auf die Frage, ob er an Geister glaube, ohne Augenzwinkern: „Nein, aber gesehen habe ich schon welche!“

Die ethnische Vielfalt des Landes bringt weitere Glaubensrichtungen mit sich. In diesem bunten Spektrum ist das Volk der Yao (Mien) das einzige, das einer Form des **Taoismus** anhängt. Der Glaube, ursprünglich ebenso wie der Konfuzianismus eine Lebensphilosophie, die sich später zum Volksglauben entwickelte, stammt wie das Volk aus China und brachte auch mit sich, dass die Yao als einziges Volk in Laos chinesische Schriftzeichen benutzen. Besonders dabei ist, dass der Taoismus der Yao etwa dem entspricht, der in China im 13. und 14. Jahrhundert praktiziert wurde. Die 17 Götter des hierarchisch geordneten Pantheon der Yao werden auf Papiertafeln gemalt, geweiht und stehen dann für taoistische Rituale zur Verfügung. Da diese sehr kostspielig sind, verwenden die Yao viel Zeit und Anstrengung darauf, genügend Geld, Vieh und andere für die Riten notwendige Dinge anzusammeln. Große Feste sind die Mannesweihen, die zwei Tage für die 1. Stufe *(kwa tang)* und sieben Tage für die 2. Stufe *(tou sai)* dauern. Für die 2. Stufe ist die Beteiligung hochrangiger Priester Pflicht, weshalb die Feier oft für viele Anwärter zugleich stattfindet.

Doch auch bei den taoistischen Yao haben die Geister der Umgebung großen Respekt. Nur hochrangige Priester sind in der Lage, mit den großen Geistern oberhalb des Himmels zu kommunizieren. Den niederen Priestern sind die Geister unterhalb des Himmels vorbehalten. Und die

098la Foto: ms

sind denen der Lao und der anderen Völker sehr ähnlich. Wenn sich auch der Umgang mit ihnen unterscheidet. So dauert das Fest zur Ehre der Schutzgeister der Region zwar nur einen Tag, doch ist es an den darauf folgenden Tagen niemandem gestattet, das Dorf zu betreten oder zu verlassen. Zweige auf den Zugängen zum Dorf weisen deutlich darauf hin. Wilde Geschichten machen die Runde über Besucher, die das Tabu brachen und nie wieder gesehen wurden. Wird dagegen der Berggeist verehrt, haben auch Fremde Zutritt.

Die meisten Völker von Laos sind Anhänger des **Animismus.** Besser sollte man sagen, ausschließlich oder überwiegend des Animismus, denn wie oben beschrieben, spielt auch bei den Völkern, die buddhistisch oder taoistisch sind, der Animismus eine Rolle. Vor allem die Mon-Khmer-Völker, aber auch einige Völker der sino-tibetischen Sprachgruppe sind überwiegend Anhänger von Glaubensvorstellungen, die die Beseeltheit (der Begriff Animismus leitet sich vom lateinischen Anima = Seele oder Atem ab) des Menschen oder von Gegenständen seiner Umgebung im Mittelpunkt haben. Tiere, Pflanzen, magische Wesen, Wasser-, Feuer- und Erdgeister – nahezu alle Kategorien animistischer Göttlichkeit sind vertreten. In den Dörfern sind es dann Priester oder Schamanen, die den Kontakt zur Geisterwelt herstellen, um um Beistand zu ersuchen oder um Besserung, wenn ein Dorfmitglied von allen guten Geistern verlassen und folglich krank ist. Beschwörungszeremonien zu verschiedenen Anlässen, jährlich wiederkehrende Rituale entsprechend der landwirtschaftlichen Saison mit dem Ziel der Sicherung einer guten Ernte, oft verbunden mit Opferriten, bestimmen das Leben der Menschen. So gibt es zum Beispiel bei einigen Völkern in Südlaos Büffelopfer.

Eine Vielzahl von Regeln und Tabus soll die Geister gewogen halten, was auch von Besuchern entsprechende Rücksichtnahmen verlangt. Ein Reisebüro beispielsweise hatte eine empfindliche Geldstrafe zu entrichten als Wiedergutmachung dafür, dass die Touristen auf dem Territorium des Dorfes in ihrem Zelt mit dem Kopf in die falsche Richtung gelagert hatten. Erst eine aufwendige Zeremonie konnte die Geister besänftigen und drohendes Unheil abwenden. Oft sind es sternförmige, aus Bambus geflochtene Zeichen, die an Häusern, Dörfern, Feldern oder Wegen auf außergewöhnliche Ereignisse und deren Überwindung durch Geisterbeschwörungen hinweisen und von Tabus künden. Dem Besucher sei dann geraten, diese Orte zu meiden.

Direkt am Dorfeingang der Yao fand eine Brückenzeremonie zur Versöhnung der Geister statt

Bei einigen Völkern eng verbunden mit dem Animismus ist der **Ahnenkult.** Speziell die Hmong entwickelten ein komplexes System des Umgangs mit den Vorfahren, das von Ahnenaltaren bis zur spiritistischen Kontaktaufnahme mittels spezieller Priester reicht. Die Vorfahren werden über die aktuellen Geschehnisse in der Familie oder im Klan unterrichtet und durch diverse Riten und Orakel holen die heutigen Generationen die Meinung der Altvorderen ein. Doch neben den Ahnen sind für die Hmong Geister und Götter ebenso von großer Wichtigkeit, sodass sich ein großes Spektrum von Natur-, Ahnen-, Geister- und Götterglauben darbietet.

Übrigens verehren auch die Lao die Seelen der Verstorbenen und bewahren Bilder und Relikte der Verstorbenen auf dem Hausaltar auf, dem regelmäßig gespendet wird. Zum buddhistischen Fest *hoo khau padap din* („Reispäckchen zur Verzierung der Erde") rufen sie die Geister der Vorfahren an, um sie zu versöhnen und so von Einflüssen auf das Schicksal der Lebenden abzuhalten.

In einer solchen Umgebung hat es das **Christentum** verständlicherweise nicht leicht, seine monotheistische Auffassung zu verbreiten. Ganz nebenbei: Christlich-missionarische Tätigkeit ist von den laotischen Behörden nicht sonderlich gern gesehen. Sie war es auch früher nicht, denn schon dem Jesuiten *Giovanni Maria Leria* war 1642 auferlegt worden, sich in eine gelbe Mönchsrobe zu kleiden und nur „im Rahmen des laotischen Glaubens zu lehren". *Leria* brachte es zu profunder Kenntnis der laotischen Sprache und des Buddhismus, doch seine Bemühungen um die Bekehrung der Lao zum Christentum waren von eher geringem Erfolg gekrönt. Die Bräuche der Lao erschienen dem Pater zu barbarisch und auch die erkleckliche Zahl der Frauen des laotischen Königs konnte er nur mit der unzivilisierten Wildheit dieser Götzenanbeter erklären.

Ähnlich erfolglos waren die meisten der folgenden Missionare. Erst die Franzosen konnten dem Christentum einen wahrnehmbaren Platz in der laotischen Gesellschaft verschaffen. Doch waren und sind bis auf den heutigen Tag die meisten Anhänger des christlichen Glaubens vietnamesischer Abstammung. Einige laotische Dörfer speziell in den Provinzen Bolikhamsay und Khammouane schlossen sich immerhin dem importierten Glauben an wie auch einige kleine Völker bzw. einzelne Dörfer von Bergvölkern im Süden (Provinzen Attopeu und Sekong) wie im Norden (Provinz Luang Namtha) des Landes. Generell wird dem christlichen Glauben weitgehend als etwas Fremdem, Ausländischem, wenn nicht gar der laotischen Kultur und Tradition Feindlichem begegnet, was durch die Kampagne der USA unter der Fahne der Glaubensfreiheit (was in der Praxis tatsächlich freilich vor allem die Freiheit für christliche Missionierung meint) in jüngster Zeit eher noch verstärkt wurde.

Die Feste feiern, wie sie fallen

Feste nationaler Bedeutung

In Laos wird ausnehmend gern gefeiert. Feste sind stets willkommen, bringen sie doch Abwechslung vom Alltagseinerlei. Gefeiert wird heftig und ausdauernd. Die Anlässe dafür sind so vielfältig, wie das Jahr Tage hat. Fest im Kalender verankert sind die großen Feiern, die bei den Lao meist mit dem Buddhismus verbunden sind. Allen voran das **Neujahrsfest.** Die ethnische Vielfalt des Landes bringt es mit sich, dass Laos inzwischen viermal jährlich Neujahr feiert. Kalendarische Vorreiter sind stets die Hmong und Khhmu, die Anfang Dezember das neue Jahr beginnen. Das Fest heißt bei den Hmong *peb caug* (von den Lao wird es *kin tjiang* genannt) und fällt auf den 30. Tag des 12. Mondmonats. Dies bezeichnet den letzten Tag des alten Jahres. Zu diesem Zeitpunkt ist die Ernte eingebracht und damit ein landwirtschaftlicher Jahreszyklus abgeschlossen. Guter Grund also, ein neues Jahr zu beginnen. Eine besondere Tradition bei den Hmong ist dabei das Ballspiel (siehe Exkurs „Brautsuche per Ballspiel").

Natürlich wird auch das **internationale Neujahr** gefeiert. Doch es sind überwiegend die in Laos lebenden Ausländer und einige der mit westlichen Bräuchen vertrauten Laoten, die bis Mitternacht ausharren, um das neue Jahr zu begrüßen. Eine derartige Fixierung auf die Minute ist den Menschen hier fremd, wenn auch die Astronomen den Beginn des laotischen Neujahrs auf die Sekunde genau berechnen. Gefeiert wird dann, wenn es am günstigsten ist. Im Falle von Silvester und Neujahr sind es dann eben zwei Tage, an denen heftig gegessen und getrunken wird, tagsüber wohlgemerkt. Immerhin haben die Behörden in den letzten Jahren soweit auf die westlichen Bräuche reagiert, dass die Schließzeit der Vergnügungsstätten auf 1 Uhr morgens ausgeweitet wurde. Knallerei und Raketenstarts bleiben jedoch untersagt.

Auch das nächste Neujahrsfest in der Reihe ist ein importiertes. Das **chinesisch-vietnamesische Neujahr** im Januar oder Februar, auf laotisch *kut tjiin* genannt, lässt dann vor allem in den Städten die Korken knallen. Die sonst so beliebten und Glück verheißenden Knallketten und Böllerschüsse sind inzwischen in Laos ebenso verboten wie im benachbarten Vietnam. Vor der Einführung des geräuscharmen Übergangs von einem Jahr ins nächste lagen die papiernen Überreste der Kracher oft knöchelhoch in den Straßen von Chinatown oder Straßenzügen mit überwiegend vietnamesischer Bevölkerung. Die Umzüge der chinesischen Theatergruppen mit ihren Trommlern und Drachentänzern bleiben dennoch interessant und farbenfroh.

Brautsuche per Ballspiel

100la Foto: ms

Das Neujahrsfest bietet die beste Gelegenheit zur Brautschau oder, wenn sich jemand schon verguckt hat, zur halboffiziellen Bekanntgabe der Liaison. Jungen und Mädchen im entsprechenden Alter - das heißt bei den Hmong oft schon in sehr jungen Jahren - stehen sich in zwei langen Reihen gegenüber. Alle tragen ihre Festtagskleidung, oft massiv mit Silberschmuck behängt. Die Mädchen haben ihre Haare zu einem Dutt aufgesteckt oder verbergen sie gänzlich unter einem Turban. Um die Hüften haben sie lange rote Stoffbahnen gewickelt und auch die plissierten Röcke und Überröcke lassen sie für das westliche Auge nicht unbedingt vorteilhaft aussehen.

Die Jungen tragen zu ihren meist schwarzen Beinkleidern bunt bestickte Jacken und Gürtel. Auch sie sind reichlich mit Silber dekoriert. Leider setzt sich gerade bei den männlichen Vertretern die Bequemlichkeit durch und ersetzt die traditionelle Kleidung zunehmend durch einfache Kombinationen westlicher Oberhemden und einfacher Stoffhosen meist chinesischer Produktion. Von den Mädchen gefertigte schwarze Stoffbälle fliegen nun zwischen den Reihen hin und her, wobei durch einige Platzwechsel die Paare zusammenkommen, die eventuell auch für das Leben zueinander finden wollen. Begleitet wird schon das Ballspiel von einem Singsang und allerlei Scherzen. Die nehmen natürlich zu, wenn der Ball auf die Erde fällt. Dann wird von dem gewollt oder ungewollt ungeschickten Fänger nämlich ein Pfand fällig, das am Abend gegen ein Liebeslied wieder zurückgetauscht werden kann.

Die so entstandene zarte Verbindung ist jedoch allenfalls der erste Schritt eines langen Weges bis zur Hochzeit. Als nächstes sind nun die Heiratsvermittler gefragt, die zwischen den Familien die Bedingungen aushandeln. Schließlich ist der Familie der Braut ein Brautpreis zu entrichten dafür, dass eine Arbeitskraft für immer das Haus der Eltern verlässt und zur Familie ihres Mannes zieht. Die Frau wechselt damit auch die Klanzugehörigkeit.

Dennoch hat das Ballspiel große Bedeutung, in einigen Gebieten von Laos anscheinend gar wachsende. Denn jedes Jahr zum Neujahrfest kommen heiratslustige Hmong in Scharen aus den USA, um eine Hmong-Frau fürs Leben zu suchen. Unter den recht zerstreut in den Staaten lebenden Hmong ist dies nicht so einfach. Hinzu kommt, dass auch eine wachsende Anzahl von in den USA aufgewachsenen Hmong-Mädchen ein neues Selbstbewusstsein entwickelt hat, das schwer mit den alten Bräuchen zusammenpasst. Für die Mädchen in den Bergen von Laos ist eine Heirat nach Amerika dagegen höchst erstrebenswert.

Bleibt schließlich das **laotisch-buddhistische Neujahr,** das sich abweichend vom sonstigen Mondkalender nach der Sonne richtet und zwar nach dem Zeitpunkt des Übertritts der Sonne vom Sternbild Fisch zum Widder. Ein wenig ungewöhnlich ist dies schon, denn die Zählung der Monate erfolgt nach dem Mondkalender, der den ersten Monat just zum gleichen Zeitpunkt wie den der Hmong und Yao beginnen lässt. Das Neujahrsfest fällt also in den fünften laotischen Monat, weshalb es von einigen auch *bun düüan haa,* Fest des fünften Monats, genannt wird. Andere Leute nennen das Fest ähnlich wie in Thailand *song kaan,* aber alle sind sich einig bei der Bezeichnung *bun pii mai lao,* laotisches Neujahrsfest. Meist dauert Neujahr drei, seltener vier Tage, und überwiegend fällt es auf den 13.–15. April des gregorianischen Kalenders.

Sang khaan luang oder *sang khaan pai* ist der letzte Tag des alten Jahres. Zwar sind die Traditionen in den einzelnen Landesteilen von Laos recht unterschiedlich, doch lassen sich einige allgemein gültige Züge der Feier feststellen. Am Vormittag wird auf Märkten verkauft, was noch übrig ist vom alten Jahr. Hausfeste sollen den Jahresabschluss bringen und Glück für das neue Jahr herbeirufen. Am Nachmittag bringen dann Prozessionen die in den Pagoden besonders verehrten Buddhafiguren aus den *sim* in speziell vorbereitete Holzkapellen, wo sie rituell mit Wasser begossen werden. Oft dienen kunstvoll geschnitzte *haang lin,* stilisierte Naga- oder Schlangenkörper, dabei als Wasserleitung.

Wan nau bezeichnet den einen oder seltener auch zwei Zwischentage zwischen den Jahren. Der Tag wird dazu benutzt, mit Eimerchen von einer Pagode zur anderen zu ziehen und überall die Buddhafiguren zu begießen. Wenigstens sieben Pagoden soll man besuchen, um ein Maximum an Glück und Gelingen für das neue Jahr zu sichern. In einigen Gegenden des Landes werden an diesen Tagen in Pagoden oder am Ufer der Flüsse Sandstupas errichtet.

Schließlich folgt *song khaan khün,* der erste Tag des neuen Jahres. Die Buddhafiguren kehren zu ihren ursprünglichen Plätzen zurück und die Menschen bereiten sich auf den Alltag des neuen Jahres vor.

Allen Tagen des Festes und meist einigen darüber hinaus ist gemeinsam, dass sich die Menschen gegenseitig mit Wasser beschütten. Seinen Ursprung hat dieser Brauch in vorbuddhistischen Fruchtbarkeitskulten, schließlich fällt Neujahr in die trockenste Zeit des Jahres. Das Wasser soll reinigen, aber auch dafür sorgen, dass reichlich davon für die bevorstehende Reisanbausaison zur Verfügung steht.

Was gegenüber den Buddhastatuen noch den Charme seichten Benetzens hat, kann unter den ausgelassenen und nicht selten auch alkoholisierten Menschen dann leicht zu regelrechten Wasserschlachten ausarten.

Das Blatt- oder Blütenbündel, mit dem älteren Leuten und Würdenträgern unter Glückwünschen der Rücken beträufelt wird, wird schnell gegen Wasserschöpfer, Schlauch oder gar Eimer getauscht und dann bleibt buchstäblich kein Faden trocken. Trotz alljährlich neu verkündeter Verbote wird gern mit nicht selten gefährlichen Folgen Wasser verteilend in den Straßenverkehr eingegriffen. Dabei entwickelte sich über die Jahre eine besondere Form des Wettrüstens. Schöpfer und handliche Wasserpistolen machten Hochdrucksprühern und Halbkilo-Plastiktüten Platz, die allesamt dazu dienen, den Krieg zwischen fahrzeuggestützten Wasserwerfern und schlauch- und fassbewehrten Bodenstationen auszufechten. Leicht vorzustellen, was eine prall gefüllte, aus einem nur 40 km/h schnellen Pick-up abgefeuerte Halbkilotüte bei einem entgegenkommenden Motorradfahrer anrichtet. Doch damit nicht genug, verwenden die nur auf Klamauk ausgerichteten Feiernden schmutziges oder gefärbtes Wasser, setzen zusätzlich Lippenstift oder Ruß ein, um zum Halten gezwungenen Passanten vor allem das Gesicht zu verzieren und stäuben sie schließlich noch mit Mehl ein. In den letzten Jahren versucht die Polizei verstärkt, dem nicht mehr feierlichen Treiben rigoros Einhalt zu gebieten, was auch zunehmend gelingt. Dennoch ist nach wie vor gut beraten, wer an den Feiertagen Kleidung trägt, die nicht nur schnell wieder trocknet, sondern die auch nach überstandenem Neujahr entbehrlich ist.

Ähnlich wie zu Weihnachten in Deutschland ist *pii mai* auch ein Familienfest, weshalb sich halb Laos auf den Weg zu Verwandten macht, was zunehmend ein Verkehrsproblem mit sich bringt. Zum Glück noch weit entfernt von dem, was sich alljährlich in Thailand abspielt.

Rund um *pii mai* richten viele Familien Feiern aus, sei es in Form von Hausfesten, zur Ehrung der Ahnen oder zur Unterstützung einer Pagode.

Die nächste große Feier der Lao fällt auf den Mai. Dann bereitet sich die Natur auf den Monsunregen vor und die Menschen auf die Reis-Aussaat. Damit der Regen zur rechten Zeit und ausreichend fällt, feiern die Lao das **Raketenfest,** *bun bang fai.* Zwar hat das Fest von Inhalt und Ablauf rein gar nichts mit dem Buddhismus zu tun, doch hat man sich die terminliche Nachbarschaft zu *visaakha buusaa,* dem Tag der Geburt, der Erleuchtung und des Eintritts Buddhas ins Nirvana zunutze gemacht, eines der wildesten Feste auch unter buddhistischer Vorherrschaft ausgiebig feiern zu können. Zu *visaakha buusaa,* das am Vollmondtag des 6. laotischen Monats begangen wird, wird die ganze Nacht über in den Pagoden gebetet und am Abend mit Kerzen um den *sim* prozessiert *(wien thien).* Die Tage gehören aber dem urigen Fruchtbarkeitskult, bei dem die Phalli symbolisierenden Raketen den Himmel befruchten und so den Regen auslösen sollen. Keine Frage, dass die Raketen von buddhistischen Mönchen gesegnet

Pii Mai in Luang Prabang

Das Neujahrsfest in Luang Prabang ist etwas ganz Besonderes. Hier sind die Traditionen am besten ausgeprägt und auch erhalten. Das Fest beginnt mit der Wahl der Neujahrskönigin, die dann die Festtage über auf ihrem mythischen Reittier einen gut Teil der Prozessionen bestimmt. Ihr prächtig geschmückter Festwagen ist immer im Mittelpunkt des Interesses. Dabei ist die Königin allenfalls Beiwerk. Zentraler Teil der Feiern sind die Prozessionen des *pha baang,* der wahrscheinlich aus Sri Lanka stammenden Buddhastatue, die Namens- und Schutzpatron der Stadt ist. In einem großen Zug wird die verehrte Statue von ihrem Platz im Museum, dem ehemaligen Königspalast, zu ihrem zeitweiligen Aufenthalt auf dem Vorplatz der Pagode Wat Mai begleitet. Dort bleibt sie bis zur Rückführung, um von den Gläubigen mit Wasser beschüttet zu werden.

Eine weitere Prozession von Wat That nach Wat Xieng Thong und zwei Tage später wieder zurück ist der Schönheitskönigin gewidmet. Doch bei allen Umzügen schreiten, tanzen und tollen drei zottelige Wesen umher. Es sind dies *phuu njöö, njaa njöö* und *sing thong.* Die hoch verehrten Figuren gehen auf eine Legende zurück, nach der nicht lange nach der Entstehung der Welt eine gewaltige Kürbispflanze in den Himmel wuchs und das Licht verdeckte. Niemand fand sich, Hand an die Ranke zu legen, wissend, dass die herabstürzende Pflanze den sicheren Tod bringt. Die beiden alten Eheleute *phuu njöö* und *njaa njöö* opferten schließlich ihr Leben und gaben der Erde das Licht zurück. Seitdem sind sie zumindest in Luang Prabang Gegenstand höchster Verehrung und Hauptbestandteil der Neujahrsfeiern, zu denen die Kostüme in einer extra Zeremonie Jahr für Jahr aus ihrer Truhe „gebeten" werden. Dritter im Bunde ist *sing thong,* der goldene Löwe, der sich erst später zu den zotteligen Menschen gesellte. Er symbolisiert die Herrschaft der Menschen über die Kräfte der Natur.

Aber auch neben den festlichen Umzügen, die vervollständigt werden durch den außergewöhnlichen Spielmannszug der *khaa* (diese herabwürdigende Bezeichnung für die Ureinwohner ist immer noch üblich) und die Prozession der bis zur Gesichtsstarre geschminkten und in wertvollstes Tuch gehüllten Jungfrauen, gibt es genug zu sehen und zu erleben beim Neujahrsfest in Luang Prabang. So zum Beispiel der Markt in den Straßen der Stadt am Vormittag des *sang khaan luang,* das Gewimmel im Flussbett des Mekong, wenn an *wan nau* dort Sandstupas errichtet werden und natürlich die zahllosen privaten Feste und Feiern, die neben der äußeren auch die innere Befeuchtung zum Ziel gesetzt haben. Vorsicht also auch hier vor trunkenen Verkehrsteilnehmern.

werden, bevor sie auf die meist recht wackligen Startrampen und dann auf den Flug gen Himmel gelangen. Die Raketenschießerei ist dabei auch sportlicher Wettbewerb. Flughöhe und -weite werden von einer Jury bewertet. Gekämpft wird in mehreren Klassen, wobei die zunehmende Besiedlung Feste mit Großraketen immer seltener werden lässt. *Bang fai müün,* 12-Kilo-Raketen, kommen recht häufig vor, aber *bang fai sään,* 120-Kilo-Raketen, sind schon seltener. Aufsehen erregte der Fund der Überreste einer 1,2-Tonnen-Rakete, *bang fai laan,* die vor rund 600 Jahren auf der Hochebene von Xieng Khouang abgefeuert worden sein soll und in der Nähe von Phonehong einschlug.

Das Raketenfest wird begleitet von wilden Bräuchen, die einen Vergleich zum Karneval katholischer Gegenden förmlich aufdrängen. Der Buddhismus, der sonst körperliche Begierden zu den Grundleiden und Hindernissen auf dem Weg der Erkenntnis betrachtet, sieht beim Raketenfest einer Zurschaustellung sexueller Symbolik gelassen zu. Schildkrötenpanzer verkörpern das weibliche Geschlechtsteil, die Phalli dagegen sind eindeutig und in beeindruckender Größe dargestellt. Als Frauen verkleidete Männer tragen Riesenpimmel unter oder über den Kleidern und er-

104la Foto: ms

schrecken damit mit Vorliebe junge Mädchen. Ab dem frühen Morgen ziehen die einzelnen Raketenteams, oft identisch mit einem Pagodenbezirk, von Haus zu Haus und fordern in unzüchtigen Gesängen Reis, Schnaps und schließlich die Reize der Liebe. Die ersten Gaben werden dabei so reichlich ausgeteilt, dass sich der Wunsch nach Letzterem rasch von selbst erledigt. Die recht hohe Zahl von Unfällen hat dazu geführt, dass wenigstens den Raketenanzündern Abstinenz oder zumindest Zurückhaltung auferlegt wurde.

Mit Tanz und Gesang geht der für die sonst nach außen eher puritanischen Laoten ungewöhnliche Festtag bis in die Nacht hinein. Und damit der Spaß potenziert werden kann, findet das Raketenfest nicht einheitlich an einem Tag statt, sondern über mehrere Wochen verteilt in den verschiedenen Orten, um so den Menschen gegenseitige Besuche zu ermöglichen.

In den Juli fällt *bun khau phansaa,* der **Beginn der buddhistischen Fastenzeit,** der am Vollmondtag des 8. laotischen Monats gefeiert wird. Der Reis ist gepflanzt und wächst der Ernte entgegen, der Monsunregen hat eingesetzt und weicht die Erde zu tiefem rotem Schlamm auf. Da hatte es schon Buddha selbst schwer, durch das Land zu ziehen, weshalb die Tradition der Fastenzeit auch auf ihn zurückgeführt wird. Der Erleuchtete verbrachte die drei Monate in der Grotte Jetavana. Auch die Mönche der Neuzeit bleiben während der Fastenzeit in ihren Pagoden und stellen selbst die morgendlichen Rundgänge zum Einsammeln der Spenden ein. Einher geht die Einkehr auch mit verstärkter religiöser Aktivität, weshalb viele junge Männer besonders in dieser Zeit die Mönchsrobe anlegen. Im Leben der Menschen ist *bun khau phansaa* eher unscheinbar. Gebete in den Pagoden, aber keine besonderen Feierlichkeiten im weltlichen Leben. Auf Verbesserung ihres Karma orientierte Anhänger des Buddhismus beginnen an *bun khau phansaa* auch einen Fastenabschnitt, der eigentlich für drei Monate den Verzicht auf Fleisch und Alkohol erfordert. Ein Nebeneffekt: In den drei Monaten finden traditionell keine Hochzeiten statt.

Einmal nicht zu Vollmond, sondern zum Neumond des 9. laotischen Monats, der in den August oder September fällt, begehen die Lao ihr **Fest der Ahnen.** Es ist dies die dunkelste Nacht des Jahres. Und um die Seelen der Verstorbenen fern zu halten von den Häusern der Lebenden, werden zu nächtlicher Stunde Opfergaben, bestehend aus Speisen und Getränken, einschließlich etwas Schnaps und Zigaretten, in den Ecken oder unter Bäumen auf dem Gelände der Pagoden deponiert. Es sind dies *hoo*

Die Reste der „Mittelstreckenrakete" sind heute Gegenstand heiliger Verehrung

106la Foto: ms

khau padap din („Reispäckchen zur Verzierung der Erde"), woher das Fest auch seinen Namen hat. Morgens findet dann in den Pagoden die unverzichtbare Opferzeremonie für die Mönche statt, *tak baat* (etwas in die Opferschüssel geben), wobei an diesem Tag die Mönche, die ja noch mitten in der Fastenzeit sind, nur die Mittler sind, denn die eigentlichen Adressaten der Gaben sind die Verstorbenen. Auch in den Familien gedenkt man an diesem Tag der verstorbenen Verwanten.

Im Oktober ist es dann soweit. Mit *bun ook phansaa* wird zum Vollmond des 11. laotischen Monats das **Ende der Fastenzeit** und damit auch der weitgehend festlosen Zeit des Jahres begangen. Von nun an steigt der Unterhaltungswert der laotischen Gesellschaft wieder ins nahezu Uferlose. Als hätten die jungen Leute nur auf ein Startzeichen gewartet, werden Hochzeiten am laufenden Band gefeiert. Auch allerlei andere Feten werden gefeiert: Haus-, Schul-, Pagodenfeste.

Der religiöse Teil von *bun ook phansaa* sieht neben Gebeten Kerzenprozessionen in den Pagoden vor, die damit enden, dass nach drei Umläufen um den *sim* die Kerzen nebst Blumen und Räucherstäbchen auf stilisierten Booten abgelegt werden. *Hüüa fai,* kleine Boote oder Flöße in Form stilisierter Lotusblüten, auch unter dem Thai-Namen *kratong* bekannt, werden mit brennenden Kerzen und Räucherstäbchen auf die Flüsse gesetzt und sollen die Sünden des vergangenen Jahres mit sich wegschwimmen lassen und so einen unbeschwerten Neubeginn ermöglichen.

Am nächsten Morgen fügt sich nahtlos das Vientianer **Ruderfest,** *bun suang hüüa,* an. Dies hat – fast ist man geneigt zu sagen: natürlich – einen vorbuddhistischen Hintergrund, sollen doch mit den Rennen der Langboote auf Flüssen und Teichen die Nagas, mythische, ganz speziell mit den Lao verbundene Wasserschlangen, beschworen werden. Beim großen Rennen von Vientiane sind die mit bis zu 70 Ruderern besetzten Langboote schon sehr beeindruckend, wenn sie den ganzen Tag über in K.-o.-Rennen die Sieger ermitteln. Begleitet wird das Fest von einem umfangreichen Jahrmarkt entlang des Mekong und Musik und Tanz bis in die Nacht. Ähnlich wie das Raketenfest ziehen sich auch die Ruderwettbewerbe über mehrere Wochen und verschiedene Orte. Von besonderer Bedeutung ist das Ruderfest in Luang Prabang, das auf *hoo khau padap din* fällt.

Neben den traditionellen und Volksfesten sind auch die **politischen Feiertage** von gesamtnationaler Bedeutung, allerdings nur wenig im Volk verankert. Es sind dies der Internationale Frauentag am 8. März, der 1. Mai und der Gründungstag der Volksrepublik am 2. Dezember. Der 8. März beschert eine große Besonderheit, denn offiziell haben an diesem Tag nur die Frauen frei.

Regionale Feste

An sich hat jedes Dorf, jede Pagode ein oder gar mehrere Feste im Jahr. Doch einige haben es zu überregionaler Bedeutung gebracht. Sie sollen deshalb kurz erwähnt werden.

Das wichtigste Fest dieser Kategorie ist ohne Zweifel *bun that luang,* das **Fest des That Luang von Vientiane.** Es wird begleitet von einem mehrtägigen Jahrmarkt, der inzwischen zu einer Messe entwickelt werden soll, von traditionellen und modernen Sportwettkämpfen und einer Prozession durch die Hauptstadt. Das Fest zum Vollmond des 12. laotischen Monats (meist im November) vereint Mönche aus dem ganzen Land zu einem der größten *tak baat,* der morgendlichen Gebets- und Spendenzeremonie. Auf das abendliche *wien thien,* das dreimalige Umschreiten des Stupa mit brennenden Kerzen und Räucherstäbchen, folgt ein traditionelles Feuerwerk, das den imposanten Bau illuminiert. Zurück geht das Fest auf König *Setthathirath,* der 1560 nicht nur den Stupa errichten ließ, sondern auch die Feier anregte als Zeremonie, in der die Fürsten der relativ selbstständi-

Sonderangebot: Die traditionellen hüüa fai aus Bananenblättern werden nachts auf dem Mekong schwimmen gelassen

gen Provinzen alljährlich der Krone ihre Treue schworen. Am gleichen Tag findet in Muong Sing im äußersten Norden von Laos das Fest des dortigen That Siang Tüng statt.

Überhaupt sind die lokalen religiösen Feiern überregionaler Bedeutung eng an die bedeutendsten Sakralbauten des Landes geknüpft. Vor allem die **vier alten Stupas** aus dem Reich Sikhottabong, That Sikhottabong in Thakhek, That Ing Hang in Savannakhet, That Phone bei Savannakhet und That Phanom in Nakhon Phanom (heute Thailand) ziehen Besucher aus ganz Laos zu ihren Tempelfesten an. Hinzu kommt **Wat Phou,** die präangkorianische Tempelruine bei Champasak im Landessüden, die zwar auch Kultstätte für Opferrituale der Mon-Khmer-Völker ist, aber seit einiger Zeit auch ein buddhistisches Fest feiert. Anlass für die Feiern ist einmal *makhaa buusaa,* das buddhistische Vollmondfest im dritten laotischen Monat (meist Februar), das der Verkündung des Glaubens durch Buddha vor 1250 Anhängern gewidmet ist. An diesem Tag feiern Wat Phou und That Sikhottabong ihre Feste. Einen Monat früher, nämlich zum Vollmond des ersten Monats, feiern That Ing Hang und That Phone.

Familienfeiern

Von großer Bedeutung für das Leben der Menschen sind die im Kreise von Familie und Bekannten ausgerichteten Feiern. Es ist dabei kein Zufall, dass dieses Veranstalten von Festen die gleiche Bezeichnung hat wie das **Erlangen buddhistischer Verdienste** – *het bun.* Denn genau dies ist der Zweck. Mit dem Fest, das der Einweihung eines neuen Hauses, dem Gedenken Verstorbener oder der Unterstützung einer nahe oder fern gelegenen Pagode gewidmet ist, erlangt der Veranstalter selbst große Verdienste. Selbstverständlich wollen andere daran Teil haben und so werden zu solchen Festen nicht selten bis zu eintausend Einladungen verteilt, deren Umschläge dann von den Festgästen mit einer Summe Geldes gefüllt beim Besuch abgegeben oder auch nur über Freunde und Bekannte retourniert werden.

Der **Ablauf** solcher Feiern ist relativ einheitlich. Teil eins am Nachmittag und Abend des Vortages kann, muss aber nicht unter Beteiligung von Mönchen ablaufen. Dafür werden die Gäste ausgiebig mit Speisen bewirtet. Alkohol gibt es nicht. Am folgenden Morgen findet dann die buddhistische Gebetszeremonie unter Teilnahme einer stets ungeraden Anzahl

Pha khuan – Das Gesteck aus Bananenblättern und Blüten wird bei nahezu jeder Zeremonie eingesetzt

von Mönchen aus möglichst vielen Pagoden statt. In Vientiane sind meist neun Mönche dabei, elf oder dreizehn sind sehr großen Anlässen vorbehalten. Ein älterer Mann aus der Umgebung, der in der Regel auch einen Teil seines Lebens in der Pagode verbrachte, leitet die Zeremonie und führt die Gebete der Laien. Zahl und Inhalte der Gebete sind dem Anlass entsprechend vorgeschrieben. Mit weißen Baumwollfäden wird eine besondere Verbindung zwischen den Mönchen und anderen Personen, die im Mittelpunkt der Feier stehen, hergestellt. Eine Schüssel mit parfümiertem Wasser wird gesegnet und unter Gebeten ein dickes Bündel Kerzen abgebrannt, wobei das Wachs in die Wasserschüssel fließt. Aus der Form des erstarrten Wachses wiederum versuchen die Menschen, Orakel zu lesen. Abschluss dieses Teils ist *tak baat,* die Opfergabe an die Mönche. Nach einem ausgiebigen Mahl machen sich die Mönche meist gut beladen auf den Rückweg in die Pagode. Ein *suu khuan* (ein vorbuddhistischer Brauch, der der Sammlung der Seelen im menschlichen Körper dient und manchmal auch unter Beteiligung buddhistischer Mönche stattfindet, siehe auch „Nichtbuddhistische Glaubensvorstellungen") kann, muss aber nicht folgen. Erst dann folgt das Essen für die Laien, wobei ab diesem Zeitpunkt auch Alkohol auf den Tisch kommt und oft Musik und Tanz bis in die Nacht angesagt sind.

107la Foto: ms

Suu khuan, die Beschwörung der 32 Seelen des menschlichen Körpers, ist oft Teil einer ausführlicheren **Zeremonie mit der Bezeichnung baasii.** Die Anlässe für eine solche Zeremonie können vielfältig sein: Namensgebung eines Kindes, Genesung von einer Krankheit, Vertreibung des Unglücks nach einem Unfall, das Bevorstehen einer langen und weiten Reise usw. Mönche können zu Beginn, müssen aber nicht dabei sein. Im Zentrum eines Kreises wird ein spezielles Blumengesteck, kunstvoll gefertigt aus Bananenblättern und verschiedenen Blüten unter unbedingter Teilnahme der bei allen buddhistischen Riten wegen ihrer gelben Farbe vorkommenden Studentenblumen, in metallenen Ritualgefäßen *oo* und *khan* aufgestellt. Über diesen *pha khuan* (Gesteck aus Bananenblättern und Blüten für nahezu jede Zeremonie) werden weiße Baumwollfäden gelegt und an seiner Spitze zwei Kerzen angezündet. Der unter den in buddhistischen Gebeten geschulten Alten des Dorfes ausgewählte Zeremonienmeister segnet den *pha khuan* und spricht die Gebete in Pali und Lao. Nicht selten wird ihm dabei ein Schnäpschen offeriert, damit der Hals nicht austrocknet. Beim Gebet sind die Hauptpersonen des *suu khuan* durch die Baumwollfäden mit dem *pha khuan* verbunden. In die hinteren Reihen wird die Verbindung weiter geleitet, indem die Hand mit nach oben gekehrter Handfläche an den Ellenbogen des Vordermannes gelegt wird. An die Gebete schließt sich die **Zeremonie des mat khään** (wörtlich: „Umbinden der Arme") an, bei der zunächst der Zeremonienmeister den Hauptbeteiligten speziell vorbereitete und am *pha khuan* befestigte weiße Baumwollfäden um die Handgelenke bindet und schließlich so ziemlich alle Teilnehmer sich gegenseitig Baumwollfäden umbinden. Dazu werden gute Wünsche oder auch traditionelle Formeln gesprochen, die guten Geister in den Körper gewünscht und die schlechten hinaus und – zugeschnürt. Für bestes Gelingen sollten die Baumwollfäden am Handgelenk bleiben, bis sie selbst abfallen. Andere zeitliche Richtwerte sind sieben und drei Tage, wobei oft auch die Zahl der Bändchen auf einzelne oder einige wenige reduziert wird. Besonderer Beliebtheit erfreuen sich natürlich von Mönchen angebrachte, oft gelbe oder auch bunte, manchmal kunstvoll geknotete Bänder.

Diese Tradition des *mat khään* ist auch bei einigen der Nicht-Lao-Völker weit verbreitet, besonders in Zusammenhang mit Heilungsriten.

Lebensgefühl

Die Lao, gefragt nach ihren charakteristischen Eigenschaften, beschreiben sich gern als **friedfertig, lebenslustig und gastfreundlich.** Die jüngere Generation fügt oft noch **patriotisch** hinzu. Viele Laosbesucher stimmen dem uneingeschränkt zu, heben besonders hervor, wie lieb und nett, unaufdringlich und angenehm im Umgang die Lao sind. Doch schon in den ersten Beschreibungen durch Ausländer im 17. Jahrhundert ist auch ein anderes Klischee geprägt und seitdem eifrig kultiviert worden: Die Lao, so stand schon bei *van Wuysthof* und *Pater Leria* zu lesen, seien faul.

Die Franzosen vertieften dieses Vorurteil, indem sie den gängigen Spruch von den Vietnamesen, die den Reis pflanzten und pflegten, den Khmer, die immerhin noch hin und wieder nach ihm schauten, und den Lao, die sich darauf beschränkten zu hören, wie er wächst, verbreiteten. Nun ist es meiner Erfahrung nach mehr als vermessen, ein Volk, das Reis anbaut, faul zu schimpfen. Der Anbau von Reis, speziell der von Nassreis, ist wohl so ziemlich die aufwendigste Art des Ackerbaus. Einige Unterschiede zu den Nachbarn ergeben sich aber schon aus den natürlichen Bedingungen, die den Lao nicht nur eine sehr wohlmeinende Natur bescherten, sondern dank der geringen Bevölkerung auch noch Grund und Boden im Überfluss. Doch ein gerüttelt Maß an **Bequemlichkeit** ist den Lao nicht abzusprechen. Sie haben das Savoir-vivre, das andere gern hätten, lassen sich meist nicht unter Stress setzen und genießen, was das Leben zu bieten hat. So gesehen erhält das Leben in Laos einen hohen Freizeitwert. Sobald es Gelegenheit oder Anlass gibt, sich öden Pflichten zu entziehen und eine Feier vom Zaune zu brechen, wird dies zielstrebig in die Tat umgesetzt.

Diese Lebensart der Lao in Laos ist den Lao im Ausland in der Regel nicht vergönnt. Kommen die Verwandten aus Amerika oder Australien zu Besuch nach Laos, stehen sie wie selbstverständlich für Tage oder gar Wochen im Mittelpunkt des familiären und oft auch nachbarschaftlichen Lebens. Vielerorts wird solcher Besuch ohne jede Diskussion als Grund für das Fernbleiben von der Arbeit akzeptiert. Anders herum aber ist die Enttäuschung vieler Lao groß, wenn es ihnen einmal vergönnt ist, einen Verwandten im Ausland zu besuchen und dieser voll von seinen Alltagspflichten in Anspruch genommen wird. Erst langsam beginnt die in den Kinderschuhen steckende Industrialisierung Pflichtbewusstsein und Disziplin zu verbreiten und damit auch der laotischen Sorglosigkeit Grenzen zu setzen.

Das Lebensgefühl vieler anderer Völker in Laos unterscheidet sich deutlich von dem der Lao. **Hmong** werden als arbeitsam, ausdauernd, aber im Vergleich zu den Lao auch als schwerer zugänglich beschrieben. Dafür sind sie außerordentlich treu und hilfsbereit, wenn erst einmal eine enge Beziehung aufgebaut ist. Vielleicht erklärt das auch zum Teil die pro-amerikanische Haltung vieler Hmong selbst noch 30 Jahre nach dem Krieg, obwohl die USA ihre einstigen treuesten Verbündeten in deren Augen so schmählich im Stich gelassen haben. Hmong streben stets nach Eigenständigkeit, was auf politischer Ebene manchmal als Hang zur Gründung eines Hmong-Staates fehlinterpretiert wird. Die Eigenständigkeit zielt eher auf Familie, Sippe und Dorf.

Den **Yao** wiederum wird ein reger Geschäftssinn nachgesagt, sie sind beharrlich und zielstrebig. Fremden gegenüber sind sie ähnlich zurückhaltend wie die Hmong. Die **Akha** sind zutiefst in ihren Glaubensvorstellungen verhaftet und folgen unverrückbar ihrem Lebensweg, dem zentralen Inhalt ihres Glaubens. Den äußeren Betrachtern gelten sie nicht zuletzt aus diesem Grund als recht eigensinnig und nicht einfach im Umgang, was allein schon durch die starken kulturellen Unterschiede zu den Lao bewirkt sein kann. Aus ähnlichem Grund betrachten die meisten Lao die **Mon-Khmer-Völker** des Südens, speziell deren Glaubensvorstellungen und Opferriten, einfach als rückständig, wenn nicht primitiv. Dabei haben die eigentlichen Ureinwohner des Landes reiche und vielfältige kulturelle Traditionen, deren Pflege eben wegen der Vorurteile fast schon im Geheimen erfolgt. Man kann sich gelegentlich des Eindrucks nicht erwehren, laotische Offizielle schämten sich der angeblichen Primitivität dieser Völker und würden sie deshalb am liebsten verbergen.

So hat jede der Ethnien ihren eigenen Kosmos, in dessen Zentrum natürlich das eigene Volk steht. Da sie allesamt auf dem Gebiet von Laos zu Hause sind, werden sie letztlich an ihrer Haltung zum dominierenden Volk der Lao gemessen.

Sprache

Einordnung des Lao

Lao wird der **Tai-Kadai-Sprachgruppe** zugeordnet, deren Vertreter heute in einem weit verzweigten Gebiet zwischen dem Südchinesischen Meer und Assam siedeln. Neben Lao und Thai gehören viele kleinere Tai-Völker in den Bergen Indochinas und Südchinas zu dieser Gruppe, aber auch größere Völker wie die Yuan in Südchina, die Shan in Burma oder die Ahom in Assam (Indien).

In der Sprachgruppe hat sich keine einheitliche **Schrift** herausgebildet, vielmehr entwickelten einige Völker bzw. Völkergruppen wie die Thai und Lao eigene Schriften auf Grundlage indischer Vorlagen, einige Shan-Gruppen schrieben zeitweilig in Schriftzeichen, die dem Persischen entlehnt waren, andere Völker blieben bis heute ohne Schrift. Die Lao änderten ihre Schrift im Laufe der Geschichte wenigstens zweimal, wobei der dem Khmer ähnlichen Khom-Schrift, die etwa seit dem 6. Jahrhundert nachgewiesen wurde und aus der sich die heutige Thai-Schrift entwickelte, später die noch heute buddhistischen Texten vorbehaltene Tham-Schrift folgte. Die Tham-Schriftzeichen weisen Ähnlichkeiten zur Shan-Schrift und zu burmesischen Zeichen auf. Erst 1838 schlug die Geburtsstunde der modernen laotischen Schrift, die im Wesentlichen eine vereinfachte Abwandlung der Thai-Schrift ist (was die Lao natürlich gar nicht gern hören). So aber kam Laos zu dem Luxus einer eigenen Schrift für (heute) rund 5 Millionen Menschen. 1975 vereinfachten die Revolutionäre die Schrift erneut, angeblich um sie dem Volke leichter zugänglich zu machen. Die

Das laotische Alphabet

Mitlaute (Konsonanten)

k	ກ	**kh**	ຂ	**kh**	ຄ	**ng**	ງ	**tj**	ຈ	**s**	ສ	**s**	ຊ	**nj**	ຍ	**d**	ດ
t	ຕ	**th**	ຖ	**th**	ທ	**n**	ນ	**b**	ບ	**p**	ປ	**ph**	ຜ	**f**	ຝ	**ph**	ພ
f	ຟ	**m**	ມ	**j**	ຢ	**r**	ຣ	**l**	ລ	**w**	ວ	**h**	ຫ	**ɵɵ**	ອ	**h**	ຮ

Selbstlaute (Vokale)

a	×ະ	**u**	×ູ	**o**	×ົ×	**ia**	ເ×ັຍ	**ai**	ໄ×
a	×ັ×	**e**	ເ×ະ	**oo**	ໂ×	**iia**	ເ×ຍ	**ai**	ໃ×
aa	×າ	**e**	ເ×ັ×	**ɵ**	ເ×າະ	**iia**	×ຽ×	**au**	ເ×ົາ
i	×ິ	**ee**	ເ×	**ɵ**	×ັອ×	**üa**	ເ×ຶອ	**am**	×ໍາ
ii	×ີ	**ä**	ແ×ະ	**ɵɵ**	×ໍ	**üüa**	ເ×ືອ	**ua**	×ັວ×
ü	×ຶ	**ä**	ແ×ັ×	**ɵɵ**	×ອ×	**ua**	×ົວະ	**uaa**	×ວາ×
üü	×ື	**ää**	ແ×	**ö**	ເ×ິ	**uua**	×ົວ	**iu**	×ິວ×
u	×ຸ	**o**	ໂ×ະ	**öö**	ເ×ີ	**uua**	×ວ×	**ääo**	ແ×ວ×

maßgeblich von *Phoumi Vongvichit* verantwortete Reform ist bis heute nicht unumstritten und 10 Jahre nach *Phoumis* Tod sind die alten Schreibweisen hier und da wieder auf dem Vormarsch.

Die laotische Schrift ist ein Alphabet, das aus 27 Konsonanten und 32 Vokalen und Diphthongen besteht. Hinzu kommen 4 Tonzeichen. Geschrieben wird von links nach rechts, wobei jede Zeile maximal vier Ebenen hat. Vokale, Diphthonge und Tonzeichen gruppieren sich um den Führungskonsonanten einer jeden Silbe herum. Die Silbe kann außerdem noch einen Schlusskonsonanten haben.

Lao gehört zu den asiatischen **Silbensprachen,** das heißt, jede Silbe hat eine Bedeutung und durch Kombination der Silben entstehen neue Bedeutungen. Ähnlich wie in der blumigen Sprache, die spätestens seit *Karl May* den Indianern zugeschrieben wird, setzt sich auch im Laotischen Eisenbahn aus Feuer *(fai)* und Wagen *(lot)* zusammen und heißt dann *lot fai.* Die **Grammatik** ist sehr einfach: Konjugation und Deklination sind unbekannt, Zukunft und Vergangenheit werden ausgedrückt, indem entsprechende Silben vor das Verb gesetzt werden. Das Vokabular ist übersichtlich. Und dennoch hat natürlich auch die laotische Sprache ihre Tücken. Für Europäer allem voran die **Töne.** Das Laotische hat sechs davon, was dazu führt, dass die gleiche Lautfolge in unterschiedlicher Aussprache unterschiedliche Bedeutungen hat. Zum Beispiel heißt *süüa* – je nach dem Ton, mit dem es ausgesprochen wird – „glauben", „Jacke", „Matratze" oder „Tiger". Die Silbe *maa* kann „Hund", „Pferd", „kommen" und „quellen" bedeuten.

Aber auch der Umgang mit **Internationalismen** ist nicht ganz problemlos. Laotische Sprachregeln kennen kein „R" (es mutiert je nach Fall zu „L" oder „N"), erlauben keine Aufeinanderfolge von Konsonanten und bestimmte Konsonanten kommen zum Silbenende nicht vor. Ein „L" am Ende wird in der Regel zum „N", ein „S" zum „T", „Er" zu „Öö" usw. Selbst mein sonst eher schlichter Vorname wird so nahezu bis zur Unkenntlichkeit entstellt, ob als *mii-saa-en* oder in der anglisierten Form *may-khöön*. Folgen im Original zwei Konsonanten aufeinander, fügt der Lao ein „A" ein. Aus „Spaghetti" werden so „sa-pa-ket-ti". Es dauert dann seine Zeit, bis man Allerweltsbegriffe wie „Computer" *(kom-puu-töö)* oder „Sprite" *(sa-pa-lei)* in der laotischen Aussprache erkennt. Eine Reihe französischer Lehnwörter sind nur noch schwer auszumachen, etwa *tang son (tension)* für „Blutdruck" oder *pa tang (patent)* für alle Arten von Lizenzen.

Das Ich ist relativ

Doch der eigentliche Grund für die so ausführliche Behandlung der laotischen Sprache in diesem Buch liegt weniger in ihren grammatikalischen, graphologischen oder akustischen Besonderheiten als vielmehr in ihrer traditionellen Kommunikationsfunktion. Und da sticht zunächst die Tatsache hervor, dass der laotische Umgang kein „ich" kennt, was meiner Meinung nach auch die Herausbildung eines starken Individualismus behindert. Denn jede Person definiert sich im Gespräch nach dem **sozialen Verhältnis zu den anderen Gesprächsteilnehmern.** Dabei haben Alter, Familienbeziehung und hierarchische Position die größte Bedeutung. Eine Person kann also in einer Runde beliebig oft die Rolle wechseln, ist dem Einen gegenüber *noong* (jüngere(r) Bruder/Schwester), dem Nächsten gegenüber *phoo* oder *mää* (Vater oder Mutter), einem Weiteren gegenüber *aai* oder *üüai* (älterer Bruder oder ältere Schwester) und im Verhältnis zu ganz besonderen Personen gar *khaa nooi* (Sklave). Dabei stehen die Gesprächspartner meist nicht einmal in dem Familienverhältnis, das die Anrede vorgibt. Oft ist es lediglich das ob des Lebensalters mögliche Verhältnis, das jemanden situationsbezogen zu Mutter, Onkel, Großvater oder jüngerer oder älterer Schwester usw. werden lässt.

Der Inhalt eines **Erstgesprächs** ist so ziemlich vorhersagbar, denn es gilt, Alter und Status des Gegenüber und damit den eigenen relativen Bezug zu ihm zu ermitteln. Fragen nach dem Alter sind somit nicht unhöflich, sondern notwendig. Könnte die Frage nach dem Familienstand missverständlich aufgefasst werden (etwa wenn eine unverheiratete Frau damit ei-

Wie finde ich das richtige „ich“?

Die Relativität des Ich lässt sich im Groben wie folgt darstellen, wobei *khaa nooi* höchste Unterwürfigkeit oder Hochachtung gegenüber einem sehr viel höher stehenden Gesprächspartner ausdrückt. Das offizielle *khaa phatjau* (wörtlich „Diener des Herrgotts“, was eine gleichrangige Beziehung der Gesprächspartner zu einer außen stehenden höheren Autorität herstellt) umgeht in größerer Runde das sonst oftmals langwierige Abtasten und Abfragen, das unerlässlich ist, um Unbekannte korrekt einordnen zu können.

Die gestrichelte Linie stellt dabei die Verbindung zwischen der Eigenbezeichnung (das relative Ich) und der dazugehörigen Anrede des Gegenüber dar. Wenn ich also *noong* bin, ist das Gegenüber unbedingt *aai* oder *üüai.*

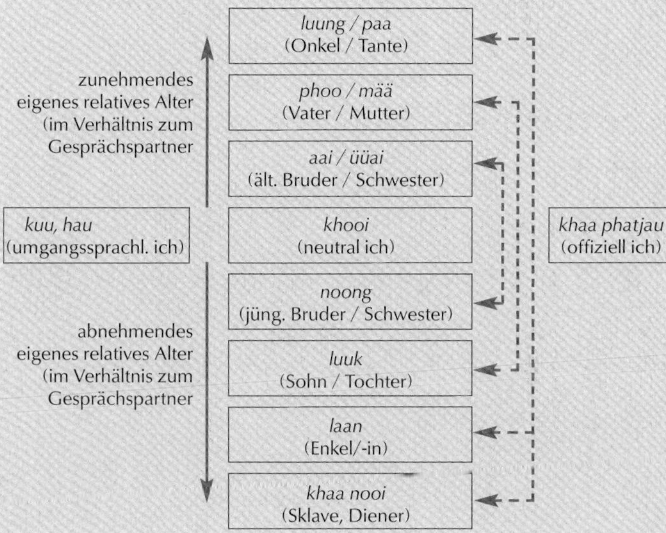

ne neue männliche Bekanntschaft regelrecht überfallen und so den Eindruck eines besonderen Interesses hervorrufen würde), so bietet sich meist der unverfängliche Umweg über die Frage nach Kindern. Ledige Personen entschuldigen sich schon fast dafür, keinen Nachwuchs zu haben und begründen es damit, dass ihnen der Ehepartner fehlt. Dieses zeigt zweierlei: Erstens gilt es in Laos als sehr ungewöhnlich, keine Kinder zu haben, und zweitens sind allein erziehende Eltern in Laos zwar immer häufiger anzutreffen, aber dennoch die Ausnahme.

Nationale Identität, Patriotismus und Nationalismus

Die Lao hegen einen **Nationalstolz,** wie er für nicht wenige von weitaus größeren Nachbarn umgebene Völker charakteristisch ist. Anders könnten sich kleine Völker wahrscheinlich in einer solchen Umgebung auch gar nicht behaupten. Etwas irritiert ist der Besucher dann aber doch, wenn Vertreter des zu den am wenigsten entwickelten Ländern der Welt zählenden Laos eigentlich ständig ihre Überlegenheit gegenüber den Nachbarn bemühen und im Gegenzug die Verantwortung für die heutige Zurückgebliebenheit des Landes gern anderen anlasten. Auch hier definiert sich laotische Identität im Verhältnis nach außen, ganz speziell zu den Thailändern und den Vietnamesen. Diese beiden Nachbarn waren es, die die Geschichte von Laos über Jahrhunderte beeinflussten. Kein Wunder, dass man sich an ihnen misst. Besonders das **Verhältnis zu Thailand** ist dabei sehr ambivalent, sind die Völker doch ethnisch, kulturell und letztlich auch geschichtlich sehr eng miteinander verbunden. Zeiten gemeinsamer Allianzen wechselten mit blutigen Fehden und vor allem die Tatsache, dass das zersplitterte Laos mehr als einhundert Jahre unter siamesischer Herrschaft stand, prägte das Verhältnis nachhaltig. Es ist zwar Spekulation, aber eine sehr nahe liegende: Ohne das Erscheinen der französischen Kolonisatoren wäre Laos von Siam assimiliert worden. Der laotisch besiedelte Isaan, der Nordosten Thailands, mag als Beispiel dienen.

Doch gerade die enge Verwandtschaft bringt auch den laotischen Stolz gegenüber den Thai hervor. Während bei den Thai das Wort Lao heute als Inbegriff des Rückständigen und Urwüchsigen gilt, so fühlen sich die Lao den Thai überlegen, was die Abstamung betrifft. Denn die Lao betrachten sich als die eigentlichen Tai-Lao, den Stamm der Familie, die Thai – besser gesagt die Siamesen – als einen jüngeren Zweig. Der Beweis: Als *Khun Bolom,* der legendäre Urkönig aller Tai-Lao, sein Reich unter seinen sieben Söhnen aufteilte, gab er *Khun Lo,* seinem ältesten Sohn, die Herrschaft über Luang Prabang, Kernland des späteren Reiches Lane Xang. Die Lao sind also *aai,* die Älteren, und nicht die Thai, die dies heute wegen ihrer rein zahlenmäßigen und wirtschaftlichen Überlegenheit beanspruchen.

Nicht vergessen werden verschiedene Episoden in der Geschichte, vor allem die Niederschlagung des Freiheitskampfes von König *Anouvong* im Jahre 1827 verbunden mit der Zerstörung von Vientiane, der Entvölkerung weiter Teile des heutigen Laos und Verbringung des „Pha Keo", des heiligen Jadebuddha, nach Bangkok. Alles in allem ist das aber ein Streit, der in der Familie bleibt.

Anders bei den **Vietnamesen.** Sie sind den Lao in vieler Hinsicht fremd, in ihrem Glauben, ihrer Lebensauffassung, ihrer Art. Ein laotisches Sprichwort gibt dies anschaulich wieder: Die Lao sterben an ihrem Stolz, die Vietnamesen an ihrer Sparsamkeit. Vor allem ihre sprichwörtliche Emsigkeit, ihre Aktivität macht die Vietnamesen in den Augen der Lao suspekt. Disziplin, Ausdauer, Genügsamkeit und Fleiß führen bei den Vietnamesen letztendlich zum Erfolg und genau dies wird von den Lao mit gewissem Argwohn beobachtet. Die Situation wird durch die politischen Verhältnisse zusätzlich kompliziert, denn schließlich wurden seit der französischen Kolonialzeit gezielt Vietnamesen ins Land geholt, sei es als wirtschaftlich aktive Siedler oder, schlimmer, als Beamte in der Kolonialadministration. Diese eingepflanzte „Vormundschaft" erweckt bis heute Verdächtigungen, vor allem, weil den Vietnamesen immer wieder Vormachtstreben über ganz Indochina nachgesagt wurde. Doch diese Ressentiments widersprechen der erklärten Politik der Volksrepublik, schließlich ist Vietnam seit mehr als 50 Jahren der engste Verbündete der heutigen Machthaber in Laos und half diesen erst richtig in den Sattel. Trotz der umfangreichen Hilfe der selbst nicht im Überfluss lebenden Vietnamesen – die Lao bleiben ihnen gegenüber zumindest reserviert.

Begriffe wie Patriotismus und **Nationalismus** sind erst vor nicht sehr langer Zeit in Laos eingeführt worden. Verbunden sind sie vor allem mit einem Namen, dem von Prinz *Phethsarath*. Obwohl der Prinz und Vizekönig der hochrangigste einheimische Beamte in der französischen Administration war, definierte sich der von ihm geprägte laotische Nationalismus durch seine antifranzösische Ausrichtung. Ironie der Geschichte, dass es ausgerechnet die Franzosen selbst waren, die in den 40-er Jahren des 20. Jahrhunderts den aufkommenden Nationalismus in Laos eifrig unterstützten. Jedoch in der Hoffnung, die Idee von Freiheit, Gleichheit und Brüderlichkeit gegen die japanischen Formeln wie „Asien den Asiaten" richten zu können. *Phetsarath* und viele Gleichgesinnte erkannten jedoch sehr rasch die Grenzen der Ideale der französischen Revolution im Verhältnis zwischen Einheimischen und Kolonialherren. Viele der Persönlichkeiten, die in den folgenden Jahrzehnten das politische Leben des Landes bestimmen sollten, fanden sich in den Reihen der „Lao Itsala" („Freies Laos"), einer nach dem Vorbild der „Seri Thai" gebildeten nationalen Gruppierung, deren fast schon mythischen Status erlangende Leitfigur eben jener Prinz *Phetsarath* war.

Auch in der Folgezeit orientierte sich der Lao-Nationalismus an **äußeren Einflüssen,** was rasch zu einer Zersplitterung der Kräfte, ja selbst zu kriegerischen Auseinandersetzungen zwischen den verschiedenen laotischen Gruppierungen führte. Einerseits sahen und sehen sich die Laoten mit

301la Foto: kw

panthaiistischen Bestrebungen von Thailändern konfrontiert, die am liebsten alle Tai-Lao-Völker auch in einem Großreich vereint sähen, andererseits kamen die Kräfte der weltweiten Systemauseinandersetzung ins Spiel, wobei es vor allem die USA und Nordvietnam waren, die ihre jeweiligen Interessen in Laos durchsetzen wollten. Jede dieser Richtungen hatte Anhänger und Fürsprecher in Laos, die sich dann alle als die wahren Patrioten ausgaben und sich, unterstützt von den äußeren Kräften, über Jahrzehnte heftig befehdeten.

Die höhere Glaubwürdigkeit, tatsächlich den nationalen Interessen zu dienen und nicht ausländischen Mächten oder persönlichem Macht- oder Geldhunger, hatte die „Pathet Lao" für sich, wenn auch vor allem Exillaoten bis heute nicht aufhören, die aus der „Pathet Lao" hervorgegangene aktuelle Führung der Volksrepublik als Marionette Vietnams zu beschimpfen. Dabei tut die Revolutionäre Volkspartei heute viel, um eine **laotische Identität** zu entwickeln und zu festigen. Das ist nicht leicht in einem ethnisch derart heterogenen Land und birgt immer die Gefahr, den Minderheiten die Identität der bestimmenden Ethnie, hier der Lao, überzustülpen. Die erwähnte Gruppierung der Völker in Lao Lum, Lao Theung und Lao Sung mag als Anhaltspunkt dienen. Nach einer Phase gesellschaftsverändernden Übereifers beschwört die laotische Führung heute fast gebetsmühlenartig die Grundfesten des Lao-Seins, nämlich den Buddhismus und die „schönen Traditionen des laotischen Volkes", in denen zunehmend auch Bräuche der anderen Völker Berücksichtigung finden.

So gesehen sind die Herausbildung eines starken Nationalgefühls und eines laotischen Patriotismus noch immer in vollem Gange.

Gruppenzugehörigkeit und Individualismus

Wie auch in vielen anderen asiatischen Kulturen ist das Individuum weit mehr als im westlichen Kulturkreis einem größeren Kontext zu- bis untergeordnet, das heißt, die **Gruppenzugehörigkeit** prägt viel stärker das Leben des Einzelnen. Die kleinste solche Einheit, die aber auch schon zahlenmäßig erstaunliche Ausmaße annehmen kann, ist die Familie (siehe auch „Familie und Geschlechterrollen"). Darüber stehen – je nach ethnischer Zugehörigkeit – Dorf, Klan, Volksgruppe und Nation. Wie schon im Kapitel „Sprache" beschrieben, ist da ein Individualismus im westlichen Sinne nur schwer vorstellbar. Dies zeigt sich im Alltagsleben zum Beispiel bei der sehr schwach ausgeprägten Vorstellung über die Gestaltung des eigenen Lebens, von der beruflichen Karriere bis zu den persönlichen Perspektiven. Eine Ursache dafür ist der dem Buddhismus innewohnende Fatalismus, die Vorstellung, dass das jetzige Leben durch die Summe der guten und schlechten Verdienste im vorherigen Leben vorbestimmt ist und dass man den Dingen am besten so folgt, wie sie kommen und nicht zu starke Ambitionen entwickelt. Eine andere, meist positive Begleiterscheinung fehlenden Individualismus ist die allgegenwärtige Geselligkeit. Ausflüge und Vergnügungen aller Art bringen nur in größeren Gruppen Spaß und auch im nachbarschaftlichen Umfeld und Freundeskreis wird jede Abweichung vom Alltag zum Anlass für Zusammenkünfte. *Sum kan* nennt die laotische Sprache dies, wobei *sum* eine deutliche Verwandtschaft zu unserer Summe hat und *kan* etwa „gegenseitig" heißt. Man summiert sich also zusammen und bildet Gesellschaften.

Und doch gibt es Situationen, in denen das Ich zum absoluten Mittelpunkt des Universums wird. Zum einen ist auch dies im Buddhismus, speziell im egozentrischen Theravada-Buddhismus, begründet, denn nur dem einzelnen Individuum kann der Weg aus dem ewigen Kreislauf der Wie-

Ein patriotisches Propagandaplakat im Zentrum Vientianes ruft zur Entwicklung der Wirtschaft und Kultur auf

dergeburten gelingen. Aber auch eine ganz anders gelagerte Tradition leistet einer **übersteigerten Ich-Bezogenheit** vieler Laoten Vorschub. Die ländliche Lebensweise verbunden mit einer sehr losen Besiedlung führte zu einer sehr starken Autarkie einzelner Gehöfte, auf denen meist eine Familie lebte. Auch heute werden von Experten bis zu 50 Prozent der Wirtschaftsleistung des Landes in der Subsistenzwirtschaft ausgemacht und es gibt nach wie vor nicht wenige Orte, in denen der Ware-Geld-Austausch bestenfalls eine sporadische Erscheinung ist. Die Auseinandersetzung mit der Natur ist in dieser Umgebung oft wichtiger als ein organisiertes Zusammenwirken mit den Nachbarn. Menschen mit dieser Jahrhunderte alten Prägung zeigen dann auch in moderner Umgebung Eigenschaften, die dem Besucher oft schwer verständlich sind. Unternehmer beklagen mangelnde Loyalität gegenüber dem Arbeitgeber, hohe Fluktuation des Personals, den Drang nach wirtschaftlicher Selbstständigkeit – und sei es in einem kaum überlebensfähigen Straßenhandel, der oft einer sicheren Anstellung vorgezogen wird. Ausländer stoßen sich an Gedankenlosigkeit, ja manchmal auch Rücksichtslosigkeit mancher Laoten anderen Menschen gegenüber, die das Leben in dichter urbaner Besiedlung nicht eben leichter machen. Ein schreiendes Beispiel für solche Verhaltensweisen bietet der Straßenverkehr, wo Rücksichtslosigkeit oft lebensbedrohliche Züge annimmt. Jeder, der fährt, hat erst einmal Vorfahrt, in Sonderfällen nur beschränkt von der Hierarchie der Fahrzeuggröße. Gehalten, geparkt, gewendet wird, wo der Fahrer es jetzt eben für richtig hält, egal, ob dadurch alle anderen Verkehrsteilnehmer zum ruhenden Verkehr werden. Sicher spielt bei alledem auch der Mangel an Bildung eine Rolle – neben den individualistischen Traditionen. Anders als in Deutschland wird man in Laos allerdings vergebens nach heftig gestikulierenden Streithähnen und Rechthabern Ausschau halten. Der Frust wird vielleicht zu Hause im Kreise der Nächsten abgelassen. Meist aber wird die Situation einfach akzeptiert, wie sie ist, denn Harmonie steht über allem.

Diktatur der Harmonie

Harmonie bestimmt ein glückliches Leben. Nur im Zustand der Konfliktlosigkeit kann man Verdienste für künftige Wiedergeburten erlangen. Konflikte, Zank und Streit sind ungünstig für das **Karma.** Äußeres Zeichen der Harmonie sind Sanftmut und Lächeln. Selbst das Nichtstun wird zum Symbol der Harmonie.

Diese Grundüberzeugung haben die Lao so verinnerlicht, dass sie sich dessen kaum bewusst sind. Sie ist aber beileibe nicht nur Nährboden für die sprichwörtliche Freundlichkeit und Sanftheit. Begleiterscheinung dessen ist das beinahe vollständige Fehlen einer Konfliktkultur. **Konflikte** werden unterdrückt, ausgesessen, aufgestaut, bis sie sich letztlich von selbst lösen oder gewaltsam gelöst werden. Statt eine unangenehme Sache auf den Tisch zu packen und nach Lösungen zu suchen oder auch nur ein Missverständnis aufzulösen, ziehen sich viele Lao in die Schmollecke zurück oder brechen den Kontakt gänzlich ab. Aus engster Nachbarschaft kann wegen Kleinigkeiten eine Generationen andauernde Fehde werden, wegen eines Missverständnisses haben Nachbarn seit Jahren kein Wort miteinander gewechselt.

Und schließlich ist auch das Gegenstück der harmonischen Sanftheit hier beheimatet, das plötzlich und unerwartet zu **unvorstellbaren Ausbrüchen** führen kann. Kein Zufall, dass das Wort Amok (*amuk* heißt auf malaiisch „Wut") aus der Nachbarschaft von Laos stammt. Es bedarf eines sehr feinen Gespürs, wenn nicht eines siebten Sinns, all die winzigen Spritzer aus all den Fettnäpfchen wahrzunehmen, die die Wege der laotischen Kultur pflastern. Die Lao lernen daher von Kindesbeinen an, die feinen Ausschläge der emotionalen Seismographen zu registrieren und zu deuten. Für den Fremden, den Kurzzeitbesucher gar, ist es ein schier aussichtsloses Unterfangen, sich diese Fähigkeiten anzueignen.

Den Lao fällt es beispielsweise unheimlich schwer, ein klares **Nein** zu äußern. Scherzt man andernorts, wenn eine Frau „Nein" sagt, meint sie „Vielleicht" und wenn sie „Vielleicht" sagt, meint sie eigentlich „Ja", ist es bei den Lao gerade umgekehrt. Ein verhaltenes „Ja" meint eher „Vielleicht" und ein „Vielleicht" ist fast schon eine deutliche Absage. Denn das „Vielleicht" schiebt eine Sache so lange auf, bis sie sich von selbst erledigt hat. Dass Ausländer in der Regel auf dieses „Vielleicht" in Erwartung einer endgültigen Auskunft zurückkommen, ruft in Laos nicht selten Verwunderung hervor.

Die Konfliktvermeidung geht bei vielen Lao schon bis an die Grenze der Selbstverleugnung. Eine **Bitte abzuweisen** (etwa um ein Darlehen), kann schon eine Störung der Harmonie bedeuten. Mir kam es öfter unter, dass sich Leute darüber beklagten, dass sie einem Bekannten etwas gegeben hatten, wovon sie sich eigentlich gar nicht trennen wollten. „Selber Schuld", lautet hier die westliche Reaktion. Die Frage nach dem Grund für die Gebefreudigkeit wurde stets mit der gleichen Antwort bedacht: „Er (oder sie) hat doch darum gebeten!"

Also sucht man nach Auswegen („es gehört gar nicht mir", „es ist jemand anderem versprochen" oder „reden wir später noch einmal darüber"), um den Bittsteller selbst zur Abkehr von seinem Anliegen zu bewegen. Einen **Schuldner** direkt an seine Säumigkeit zu erinnern, wäre schon starker Tobak. Ein sanfter Hinweis, dass man selbst unter äußerem Zwang steht und in gewisse Engpässe geriet, am besten über Dritte vorgebracht, bei denen man sicher sein kann, dass sie das dem Adressaten mitteilen, ist als eindeutige Aufforderung gedacht. Sonst bleibt der Weg in die Pagode oder zum Schamanen mit der Bitte um Unterstützung, alle säumigen Schuldner zur Zahlung zu veranlassen. Das alles ist sicher auch ein Grund dafür, dass es unter den Chinesen weit mehr erfolgreiche Geldverleiher gibt als unter den Lao.

Konflikte werden selten auf direktem Wege gelöst. Eine Situation, in der üble Nachrede bestens gedeiht und **Gerüchte** und Schauergeschichten schnell die Runde machen. Die Tradition der Konfliktvermeidung führt aber auch dazu, dass die hohe politische Ebene noch sehr weit entfernt ist vom Verständnis der westlichen Demokratie, dem Inbegriff der Streitkultur schlechthin. Auch in der **Politik** kommen Probleme erst auf die offizielle Tagesordnung, wenn sie hinter den Kulissen schon gelöst sind. Und das kann dauern. Ansätze, aus dieser Tradition auszubrechen, entwickeln sich langsam unter dem wachsenden Einfluss der Internationalisierung.

Das Fehlen offener Auseinandersetzung führt aber auch zu einem speziellen Umgang mit **Kritik.** Einem Jüngeren, und sei er noch so gut ausgebildet, steht es nicht zu, einen Älteren oder Vorgesetzten zu kritisieren. Selbst dazu aufgefordert, kommen selten mehr als ein paar Allgemeinplätze zustande. Öffentlich geäußerte Kritik kommt fast einer Beleidigung gleich. Denn es gilt, in jedem Fall das Gesicht zu wahren. Und da offene Kritik nur selten vorkommt, ist auch der Umgang mit ihr nicht einfach. Meist kommt es zu Verstimmungen und Beleidigtsein. Der Kritisierte fühlt sich zutiefst in seiner Ehre gekränkt. Dabei ist es erst einmal nebensächlich, ob die Kritik berechtigt war oder nicht. Der Fakt an sich ist Kränkung genug. In hitziger Reaktion kann es dann schon zu Racheakten mit oder ohne Bemühung der Geisterwelt kommen. Oft verraucht der Ärger aber auch schnell, es sei denn, er erhält neuen Zündstoff und führt so zur Dauerfehde, die sich zum „kalten Krieg" oder zum gänzlichen Abbruch der Beziehungen formen kann.

Zur Wahrung der Harmonie transportiert sich Kritik besser watteweich in ein wortreiches Lob verpackt und als Vorschlag formuliert, der dem Angesprochenen die Möglichkeit lässt, eine Abstellung des Kritisierten als eigene Entscheidung zu empfinden.

Wenn irgendetwas schief läuft, dann tritt einer der meistgebrauchten Ausdrücke in Laos in Aktion – *boo pen njang. Boo pen njang* heißt wörtlich **„es macht nichts"** und das passt in Laos auf nahezu jede Lebenslage. Es ist die gängige Antwort auf Dank oder Entschuldigung, aber auch generöser Ablass bei allen kleinen Sünden des Lebens und dient somit dem

Erhalt oder der Wiederherstellung der Harmonie. Ob jemand zu spät zur Verabredung erscheint, eine Zusage nicht einhält oder jemanden beim Durchfahren einer Pfütze von oben bis unten bespritzt – zunächst einmal ist, zumindest nach außen hin, alles *boo pen njang*. Dass es trotz zur Schau getragener Gleichmut und unergründlichem Lächeln oft doch „etwas macht", bekommt man erst nach intensiverem Beschäftigen mit der laotischen Kultur mit.

Ein wichtiger Grund für den Zwang zur Aufrechterhaltung der Harmonie ist das Bestreben, immer und überall das **Gesicht zu wahren.** Denn auch in Laos gilt die asiatische Grundweisheit: Lieber eine Menge Geld verlieren als das Gesicht. Grundvoraussetzung dafür ist, dass in der Gesellschaft der Status jedes Einzelnen allgemein anerkannt ist. Und unter Ehrenmännern werden einmal fest gegebene Zusagen eingehalten und wenn es noch so schwer fällt. Ist ein Preis vereinbart, so wird gezahlt. Auch wenn sich schon beim Abschluss des Geschäfts herausstellt, dass eine Partei deutlich übervorteilt wurde. Entweder wird bei neuer Gelegenheit mit gleicher Münze zurückgezahlt oder es gibt eben keine Anschlussgeschäfte mehr. Der Übervorteilte wird um nahezu jeden Preis den Schein der Zufriedenheit wahren, um sich allerdings im Freundeskreis schon mal über die Künste des anderen auszulassen. Nicht zuletzt, um den Ruf des Kontrahenten zu schädigen und die eigenen Freunde zur Teilnahme an der Wiedergutmachung zu veranlassen.

Dabei gilt es nicht nur, das eigene Gesicht zu wahren, sondern stets auch dem Gegenüber, ja selbst abwesenden Dritten, die Wahrung des Gesichtes zu ermöglichen. In Gesprächen und heiklen Situationen wird deshalb meist versucht, dem Gesprächspartner oder Kontrahenten einen **ehrenhaften Ausweg** zu lassen. Selbst wenn alle Indizien zeigen, wer mit dem Verschwinden eines wertvollen Gegenstandes zu tun hat, wird man den Dieb ganz selten mit der Beschuldigung konfrontieren. Vielmehr wird versucht, den Verdächtigten zu einem Orakel in die Pagode oder zum Schamanen zu locken, um so an sein Gewissen zu appellieren. Es mag an der Verrohung der Sitten liegen, dass die Zahl der dann wundersam wieder zum Vorschein kommenden Dinge rückläufig ist.

Natürlich bedarf es für diese Art des Umgangs miteinander einer großen Portion Einfühlungsvermögen, aber in gleichem Maße Sachwissen und Kenntnis der Hintergründe. Ein Grund mehr, ständig das Ohr an der Masse zu haben und sich durch Klatsch und Tratsch auf dem Laufenden zu halten. Außerdem ist diese Praxis außerordentlich zeitaufwendig.

Haltung hat auch in Laos viel mit der Ausstrahlung von **Ruhe und Gelassenheit** zu tun. Höchstes Ansehen genießen Zeitgenossen, die scheinbar über den Dingen stehen, alles mit stoischer Ausgeglichenheit hinnehmen, nicht hektisch werden und keine Launen öffentlich zur Schau stellen. Das harmonische Leben verläuft gleichmäßig in seinen fest gefügten Bahnen. Gesprochen wird leise und zurückhaltend. Heftiges Gestikulieren zeugt von schlechter Erziehung und lässt das Ansehen des mit Armen und Beinen Redenden deutlich sinken. Noch weniger akzeptiert wird es, wenn jemand meint, seinen Argumenten mit wachsender Lautstärke mehr Gewicht zu verleihen. Wer sich gar dazu hinreißen lässt, andere Leute anzuschreien, verliert vollends die Achtung der Laoten. Der „Brüllaffe" wird allenfalls hinter vorgehaltener Hand belächelt, ernst genommen wird er nicht.

Ein weiterer Trick zum Haltung bewahren ist der **Hang zum Formalen.** Unangenehme Dinge werden formal erledigt, d. h., man tut so, als respektiere man das Ungewünschte, folgt dem nach außen hin, lässt sich aber inhaltlich nicht darauf ein und behält so seine Freiheit und Selbstachtung, kurzum das Gesicht.

Das Thema „Haltung bewahren" durchzieht so ziemlich alle Lebensbereiche bis hin zur **Selbsttäuschung.** Denn natürlich muss auch in Laos das männliche Oberhaupt der Familie eigentlich das Sagen haben. Der Überlieferung nach sorgt der Mann für die Frau. Nun ist im modernen Leben manches anders geworden und nicht wenige Frauen verdienen weit mehr als der Ehegatte und Familienvorstand. Zumindest in der Vorstellung bleibt aber alles beim Alten: Der Mann sorgt für die Frau, die Frau dagegen hilft ein wenig und versorgt die Kinder.

Überhaupt wird mit der **„Hilfe"** vieles leichter verständlich. Man kauft keine Ware, sondern hilft dem Verkäufer. Dies ist so in Fleisch und Blut übergegangen, dass es in der Alltagssprache Niederschlag findet: *Süü sooi* ist eine gängige Redensart für „kaufen" und vereint die Verben „kaufen" und „helfen" miteinander.

Aber auch **Lohnarbeit** trägt nicht selten noch den Stempel der Hilfe. Sich für Geld zu verdingen, ist für viele der in der bäuerlichen Tradition lebenden Lao schwer vorstellbar und bedeutet eine Beschneidung ihrer Freiheit, respektive des Gesichts. Gegenseitige Hilfe – ich helfe dir mit meiner Arbeit und du hilfst mir mit etwas von deinem vielen Geld – lässt die Haltung gewahrt bleiben. Ein Nebenprodukt des Hilfsgedankens: Für Hilfe bedankt man sich und kritisiert den Helfenden nicht noch. Dann sind nämlich die Regeln verletzt und Harmonie und Haltung stehen auf dem Spiel.

Nicht nur am Bananenbratstand geht es gelassen zu

129la Foto: ms

Selbst die Entgegennahme größerer **Bestechungsgelder** unterliegt den gesichtswahrenden Riten. Ein höher gestellter Beamter kann es sich in seiner Position wirklich nicht leisten, sich einfach kaufen zu lassen. Er hört sich das Anliegen des Vorteilsuchenden an. (Geld-) Geschenke aber nimmt – in Abwesenheit des Funktionärs – die Frau oder ein anderes weniger exponiertes Familienmitglied entgegen. Soll noch mal jemand behaupten, dieser oder jener Beamte habe Geld genommen!

Haltung spielt in vielen kleinen und kleinsten Begebenheiten des täglichen Lebens eine meist unausgesprochene Rolle. Angebote – etwa von den Einheimischen als Delikatessen bewerteter Speisen und Getränke – oder **Vorschläge** rundweg abzulehnen, lässt den Anbieter das Gesicht verlieren. Zuerst einmal ja sagen und auf Zeit spielen oder eine plausible Begründung vorbringen entspricht dem laotischen Charakter und hält alle bei guter Laune. Dazu gehört auch stets ein freundliches Lächeln, das oft nur als Bemäntelung von Unsicherheit oder Unverständnis dient. Zurücklächeln hilft in solchen Situationen meist.

Hierarchien und Eliten

Schon öfter kam die Rede auf die hierarchische Struktur der laotischen Gesellschaft. Sie beginnt mit der Achtung des Älteren, ergo Erfahrenen. Doch genügen die altersmäßigen Unterscheidungen nicht. Also werden Titel und Ränge benötigt, um die einzelnen **Hierarchiestufen** auch nach außen hin deutlich zu machen. Auf diesem Gebiet trafen sich asiatische Hierarchievorstellungen und realsozialistische Titellitaneien auf unheilvolle Weise. In der DDR hieß es spöttisch, die allabendliche Nachrichtensendung „Aktuelle Kamera" ließe sich auf fünf Minuten verkürzen, wenn man die endlose Aufzählung aller Titel und Funktionen wegließe. Laos bleibt der Tradition treu. Auch im privaten Umfeld erfährt man oft die Funktion von neuen Bekannten früher als deren Namen.

Der Platz in der Hierarchie ist wichtig, weniger der Mensch, der ihn einnimmt. Eine Folge davon ist, dass heute so ziemlich jeder ein **Leiter** von irgendetwas ist. *Hua naa* ist das Zauberwort, das sich am besten mit Oberhaupt übersetzen ließe und im Englischen meist als *director* wiedergegeben wird. Und es gibt kaum jemand, der nicht zu diesem Stand gehört oder zumindest gehören möchte. Weitere beliebte Ränge sind Präsident und Direktor (nicht der *hua naa,* sondern *phuu amnuai kaan,* wörtlich „der die Arbeit Begünstigende"). Zunehmend haben auch **akademische Titel** einen guten Klang, allen voran natürlich Doktor und seit kurzem Professor. Ansprüche, die auch im Bildunsgwesen ihren Niederschlag finden. Kaum jemand möchte einen ordinären Beruf wie Maurer oder Tischler lernen. Dafür sind die Kurse für Business Administration immer gut gefüllt und der Drang an die Hochschulen übertrifft die Nachfrage nach Berufsausbildung beträchtlich.

Wer auf der Hierarchieleiter noch auf den untersten Sprossen steht, ist *pasaason* (Volk). Das führt manchmal zu eigenwilligen Einblicken in die Gesellschaftsstruktur, etwa wenn ein Parlamentsabgeordneter in der Debatte über das Lebensmittelgesetz äußert: „Das Gesetz gilt ja schließlich nicht nur für das Volk, sondern auch für die anderen Leute." Öffentliche Bekanntmachungen sind meist adressiert an „Staatsangestellte, Armeeangehörige, Angehörige der Polizei, Geschäftsleute und das Volk", wobei dann je nach Inhalt weitere Personengruppen spezifiziert werden können, z. B. bei landwirtschaftlich orientierten Mitteilungen die Bauern und Gartenbauer, bei steuerlichen Dingen die Händler usw.

Dabei hatten die Gründer der Republik zunächst durchaus **Ideale der Gleichheit.** 1975 schafften sie die königlichen Ränge und Titel ab, was auch den ersten Präsidenten der Republik, *Souphanouvong,* seinen „Prinzen" kostete. In der Armee gab es keine Ränge und Rangabzeichen, die

Armee – so hieß es – war Teil des Volkes, die Partei auch. Die Gesellschaft erlebte eine nie gekannte soziale Mobilität, aber auch eine sehr angenehme Solidarität und Egalität. Eine Egalität in Armut, meinen nicht wenige westliche Laos-Kenner. Die Führer des Landes lebten einfach und ihre Häuser standen Besuchern stets offen.

Mit dem Wohlstand kamen Wachhäuser vor die Tür und dicke Autos auf den Hof. Die Hierarchie erstarrte zu dem, was sie heute wieder ist, da der **alte Adel um einen neuen erweitert** wurde. So ist es heute meist so, dass die Familiennamen der alteingesessenen Clans und des Revolutionsadels an sich schon viel über die Stellung ihrer Träger in der Gesellschaft aussagen. Damit sind durchaus auch eine Menge Verpflichtungen der Höhergestellten verbunden bis hin zur Verantwortung für die wirtschaftliche Entwicklung in ihrem Einflussbereich und der Einkommenssicherung für „ihr" Volk. Von diesem werden sie als eine Art natürliche Oberhäupter angesehen, eine Situation, die. bis auf den heutigen Tag Klientelismus und Gefolgschaften wachsen und gedeihen lässt. Auch hier gab es nach 15 Jahren Republik eine Verschmelzung der neuen mit der alten Ordnung, denn mit der Wiedereinführung der alten Verwaltungstitel aus königlicher Zeit war nicht nur das Ende kollektiver Führungsstrukturen besiegelt, sondern auch die Erhöhung der Autorität staatlicher Verwalter auf früheres Niveau bezweckt. So heißen seit 1991 die Provinz- und Distriktgouverneure nicht mehr Vorsitzende der jeweiligen Komitees, sondern eben wie zu alten Zeiten *tjao khuäng* oder *tjao müang* (*tjao* = Herr oder Herrscher). Auch die Dorfvorsteher nennen sich wieder so – *naai baan* (Dorfchef) oder *phoo baan* (Dorfvater).

Begleitet und verstärkt wird dies von einer seit der französischen Kolonialherrschaft recht aufwendigen und umständlichen **Bürokratie.** Für alles und jedes braucht es einen Stempel, im etwas angestaubten Franco-Lao *tampong* (von *tampon* – Stempel), was auch den Stempel an sich zu einem genehmigungspflichtigen Wertgegenstand macht. Und in einer stark hierarchischen Ordnung geht es letztlich gar nicht anders, als dass der Beamte zu einer Art Halbgott wird. Für viele Dinge des Lebens sind Amtsgänge unabdingbar, angefangen von der Ausstellung eines Ausweises über Bestätigung von Kauf- und Pachtverträgen, An- und Abmeldungen von Anwohnern und Langzeit-Besuchern bis hin zu Heiraten und Scheidungen. Dabei fühlt sich der Bürger auch heute noch meist in der Rolle des Bittstellers. Für den **Amtsgang** kleidet man sich anständig (bei Frauen ist der traditionelle Wickelrock Vorschrift), zieht die Schuhe vor der Tür aus, benimmt sich demütig und wartet, bis man nach seinem Begehr gefragt wird. So kann man selbst heute noch beobachten, wenn ein Besucher vom Lande in der Hauptstadt auf der Post oder der Bank das gleiche

Verhalten an den Tag legt, die Schuhe vor der Tür auszieht und höflich an die Glastür klopft – und sich so als Landei ausweist und den Spott der Hauptstädter auf sich zieht. Auf jeden Fall ist Laos von der Vorstellung staatlicher Verwaltung als Dienstleistungseinrichtung für die Bürger weit entfernt.

Natürlich gibt es Mittel und Wege, auch in der engstirnigsten Bürokratie die Überholspur zu finden. Auf die monetäre Variante wird später eingegangen. Hier steht die ursprünglichere zur Debatte und die heißt Verwandte und Bekannte oder – um im oben gebrauchten Begriff zu bleiben – **Gefolgschaftsketten.** Laos hat eine zahlenmäßig sehr überschaubare Bevölkerung. Im Gegenzug sind die Familien groß, eine zweistellige Zahl von Geschwistern war bis vor wenigen Jahren eher die Regel als die Ausnahme. Durch Heirat wächst die Zahl der Verwandten also gleich in der Potenz, durch arrangierte Verbindungen zwischen einflussreichen Familien ebenso der Zugang zu den Schaltstellen. Aber auch für den kleinen Mann gilt, dass er in fast jedem Amt einen Verwandten oder Bekannten oder Verwandten eines Bekannten als Kontaktperson hat. Nur sehr wenige Leute verlassen sich auf den normalen Gang der Dinge. Verwandte und Bekannte helfen einander, gegen ein kleines Entgelt oder eine Gegenleistung, versteht sich. Viele Ämter und Amtspersonen sind nicht wie in Europa anonym (der Polizist, der Steuerbeamte), sondern es ist *aai* (großer Bruder) X oder *paa* (Tante) Y, der/die dort etwas zu sagen hat. Das bringt es zuweilen mit sich, dass Gesetze und Regeln recht unterschiedlich ausgelegt werden, je nachdem, welcher Zugang zur Behörde gefunden wurde.

Einige Familien sind besonders findig und lancieren Angehörige in bestimmte Behörden oder Positionen. Eine Praxis, die selbst auf der großen politischen Bühne angewandt wurde, denn viele **einflussreiche Familien** hatten in den Jahren des Indochina-Krieges Vertreter auf beiden Seiten des Konflikts. Gelingt dies nicht oder dauert zu lange, dann bleibt immer noch die Heirat. So machte Mitte der 1980er Jahre die Meinung die Runde, dass die „neue Ordnung" sich endgültig durchgesetzt habe. Was war geschehen? Die alten reichen Familien und die neuen politischen Machthaber hatten begonnen, ihre Kinder miteinander zu vermählen. Nach den revolutionären sozialen Umbrüchen in der Gesellschaft in der zweiten Hälfte der 1970er Jahre, die verbunden war mit der Flucht eines Großteils der Intelligenz ins Ausland, formierte sich so eine neue Elite. Die alte **Elite** war in Bildung und politischer Ausrichtung zunächst francophon und später, verstärkt etwa ab Ende der 1960er Jahre, pro-amerikanisch gewesen. Dabei hatten die Franzosen ihre Verbündeten überwiegend aus den feudalen Kreisen der Lao rekrutiert. **Schulen** gab es in Luang Prabang und

Vientiane, später auch in einer Hand voll anderer Städte. Die ersten Schulen für Hmong entstanden aber beispielsweise erst in den 1940er Jahren, *Yang Dao* war der erste Hmong, der einen Doktortitel erhielt – im Jahre 1972.

Diese Praxis mag auch dazu beigetragen haben, dass sich talentierte Stipendiaten aus einfacheren Schichten des Volkes als „Jungtürken" gegen das feudale und francophone Establishment auflehnten und offen auf die Seite der Amerikaner stellten. Wie sehr der Standesdünkel in den wohlgeborenen Schichten verankert war, mag eine kleine Episode zeigen. Eine in der Volksrepublik sehr reputierte Geschäftsfrau erinnerte sich an ihre Zeit am francophonen Lyzeum. Mit ziemlich kritischem Ton beschrieb sie, dass die Franzosen in jener Zeit auch talentierten Schülern aus einfachen Verhältnissen mit Stipendien den Zugang zum Lyzeum ermöglichten. Doch das soziale Umfeld war dem Lerneifer nicht sonderlich zuträglich. Häusliche Pflichten, Unterstützung der Eltern, Sorge für kleinere Geschwister ließen die Leistungen der Stipendiaten gegenüber denen der Reichen abfallen. Das System der Prüfungen zum Ende jedes Schulhalbjahres sorgte für eine harte Auslese. „Am Ende des dritten Jahres", so die Dame aus gutem Hause, „waren wir wieder unter uns."

Erst die Volksrepublik öffnete die **Bildung** für alle und führte auf allen Stufen die laotische Sprache als Unterrichtssprache ein. Bis dato war ab Sekundarstufe in Französisch unterrichtet worden. Der neue Anspruch „kostenlose Bildung für alle" führte zu einem sprunghaften Anstieg der Schülerzahlen, was bei gleichzeitigem Exodus von Lehrern der Qualität der Bildung übel zusetzte. Für viele der ethnischen Gruppen bedeutete die Einführung der laotischen Sprache auch nur wenig Fortschritt, da sie auch dieser nicht mächtig waren. Statt Paris oder San Francisco hießen die neuen Studienorte Hanoi, Taschkent, Halle oder Budapest. Doch die Stellung der Eltern war auch unter den neuen Bedingungen wichtig, jetzt weniger Adel und Geld als vielmehr aktive Teilnahme an der Revolution. So ist es faktisch bis heute, denn die Kinder der Staatsangestellten haben den leichtesten Zugang zu den staatlich subventionierten Bildungsangeboten.

Mit dem Ende des Ostblocks und der Ausrichtung des Landes auf Marktwirtschaft relativiert sich dies aber. Gute Bildung gibt es in Laos wieder gegen gutes Geld, selbst Plätze an den gefragten staatlichen Bildungseinrichtungen werden gegen „Gebühr" verschoben. Wer es sich leisten kann, schickt seine Kinder zum **Studium** ins Ausland. Ganz oben auf der Wunschskala der Studienorte stehen die USA und Australien, aber auch Thailand und Vietnam nehmen laotische Studenten als Selbstzahler auf.

Bei der Jugend, vor allem bei der „Goldenen Jugend", den Kindern der Reichen, erfreuen sich besonders die Studiengänge großer Beliebtheit, die

später ein traumhaftes Leben fern jeder körperlichen Betätigung versprechen, allen voran Betriebswirtschaft und Englisch. Dabei kam der Staat den Vorstellungen der Jugend über freie Studienwahl oft mehr als entgegen. Als die „Laotische Nationale Universität" ihren Lehrbetrieb aufnahm, schrieben sich rund die Hälfte aller Studenten für ein Englischstudium ein. Auf die Frage, was sie denn nach vier Jahren Studium dann könnten, kam die entwaffnende Antwort „alles". Gedacht war dabei offenbar zunächst an lukrative Stellen bei den Hilfsorganisationen und an den Tourismus.

So regeneriert sich die neue Elite aus der alten wie auch aus der revolutionären. Doch vor allem in den Städten geht heute der Drang nach Bildung über diese Kreise hinaus und viele Eltern sparen sich eine passable Ausbildung ihrer Kinder buchstäblich vom Munde ab. Auf dem Land dagegen hat sich zwar auch vieles getan, investierten ausländische Hilfsprojekte vor allem massiv in die **Grundschulbildung.** Doch werden noch immer nicht alle Kinder im schulfähigen Alter aufgenommen oder brechen die Schule schon vor dem Erreichen des Grundschulabschlusses ab. Meist ist der Schulweg weit und in der Regenzeit auch beschwerlich, die Kinder werden für Arbeiten in Haus und Hof gebraucht oder die Eltern sehen einfach keinen Sinn in der Bildung für ihre Kinder. Sie selbst sind ja schließlich auch ohne Schreiben und Lesen durchs Leben gekommen. In vielen Gegenden fehlt es auch an Gelegenheiten, Gelerntes anzuwenden. Zeitungen und Bücher gibt es kaum und Fernsehen und Video sind auch ohne den Umweg Schrift verständlich.

Bei den vielen **ethnischen Gruppen** verschärft sich das Problem weiter, da die Kenntnis der laotischen Sprache nach wie vor nicht selbstverständlich ist und es noch mehr an Lehrern mit Kenntnissen der jeweiligen Sprachen der anderen Völker mangelt. Zudem bleiben die Möglichkeiten für eine berufliche oder höhere Bildung sowie spätere adäquate Beschäftigung noch immer stark begrenzt. Oft sehen die Jugendlichen deshalb in der Abwanderung in die Städte oder ins Ausland die einzige Chance, der Unterentwicklung des ländlichen Umfelds, dem engen Kreis von harter Feldarbeit, früher Heirat, vielen Kindern und ständigem Kampf ums Überleben zu entkommen.

Eine besondere Rolle spielen sowohl zum Thema Hierarchie als auch zu den Stichwörtern Bildung und Elite die **buddhistischen Mönche.** Nach innen selbst strengstens hierarchisch, stehen sie nach außen neben, aber gleichwohl auch über der Hierarchie der Gesellschaft. Sie haben zudem ihre eigenen Bildungseinrichtungen, die neben den staatlich vorgeschriebenen allgemein bildenden Lehrinhalten auch religiöse Fächer unterrichten. Neben wachsender Rückbesinnung auf die Traditionen spielt offenbar auch die karitative Funktion der Klosterschulen, die auch Kindern aus ärmsten Verhältnissen den Zugang zu Bildung ermöglicht, wieder eine zunehmende Rolle.

Bildungshunger: Wer es sich leisten kann, lernt an einer privaten Einrichtung wie hier in einer privaten Berufsschule in Phonesavanh

009la Foto: ms

DIE GESELLSCHAFT HEUTE – STAAT, POLITIK UND WIRTSCHAFT

Politische Landschaft und Kultur

Laos wird zu den letzten **kommunistischen Regimes** der Welt gezählt, doch geben viele westliche Besucher nach wenigen Tagen die Suche nach den Kennzeichen der Diktatur des Proletariats auf. Nicht nur, dass das Proletariat selbst weitgehend fehlt, manche Besucher vermissen das erwartete Einheitsgrau, andere finden Militär und Polizei für eine Volksrepublik unterrepräsentiert. Und meistens passen volle Märkte, reger Handel und lebenslustige Menschen nicht in das erwartete Bild vom tristen Kommunismus.

Dabei ist Laos seit 1975 ein **Einparteienstaat,** wobei die etwas über 100.000 Mitglieder zählende Laotische Revolutionäre Volkspartei (LRVP) an diesem Machtmonopol auch unverrückbar festhält. Und zwar mit dem

Siegesdenkmal an der „Wiege der Revolution" in Vieng Say

Argument, nur eine einzige Partei sei in der Lage, wirklich die Interessen des gesamten Volkes zu vertreten. Mehrere Parteien würden immer nur Einzelinteressen ihrer jeweiligen Klientel vertreten. Zank und Streit, bis hin zu bewaffneten Auseinandersetzungen, sei die Folge. Als Beispiel wird gern der Nachbar Thailand genannt, aber auch die eigene Geschichte, in der eine Vielzahl von Parteien eher Zweckbündnissen von Familienklans und Machthungrigen glich, wird zitiert.

Zumindest bei der **Laotischen Revolutionären Volkspartei** sind die Rituale der sozialistischen Welt noch intakt. Alle fünf Jahre findet ein Parteitag statt, der einen ausführlichen Rechenschaftsbericht über die vergangene Periode annimmt, die Entwicklungsziele für die folgenden fünf Jahre absteckt und das Zentralkomitee wählt. Auf dem VII. Parteitag im März 2001 wurden 53 Mitglieder in diesen Führungszirkel gewählt, darunter lediglich drei Frauen. In der obersten Etage der Macht, im 11 Köpfe zählenden Politbüro, sind die Männer ganz unter sich. Parteivorsitzender ist seit dem Tod des Parteigründers und langjährigen Führers *Kaysone Phomvihane* im Jahre 1992 *Khamtay Siphandone*. Der 1924 in Südlaos geborene *Khamtay* stammt noch aus der alten Garde der „Pathet Lao". Er ist auch Präsident der Volksrepublik.

Demokratische Verfahren werden meist durch die beschriebene hierarchische Ordnung und den Hang zur Harmonie bei Anerkennung des Primats der Obrigkeit ersetzt. Doch unternimmt die Partei eine Menge, ihre Politik dem Volk zu erläutern und so Zustimmung und Legitimation zu erreichen. Was angesichts der unpolitischen Einstellung weiter Teile der sehr verstreut lebenden Landbevölkerung nicht einfach ist. Opposition und Abweichlertum in den eigenen Reihen nimmt die im Anspruch auf Unfehlbarkeit schwelgende Parteiführung sehr übel. Selbst die weit verbreitete Haltung, allen politischen Handreichungen von Oben erst einmal verbal die volle Zustimmung zu zollen und dann seinen eigenen Weg zu gehen, wurde den Führungsgremien suspekt. Als Ausdruck dessen lässt sich die Anfang 2004 veröffentlichte Liste von 14 Verboten für Parteikader verstehen, die der Pflicht zur Durchsetzung von Weisungen übergeordneter Stellen besondere Aufmerksamkeit widmet. Die Partei ist gewissermaßen graue Eminenz aller politischen Entwicklungen und dank ihrer nebulösen Anonymität eine allgegenwärtige, scheinbar allmächtige, bei Einigen sogar Furcht erregende und andererseits nicht fassbare oberste Autorität.

Der Präsident der Aufbaufront, Sisavath Keobounphanh, verteilt bei einer Thak-baat-Zeremonie Geschenke in die Sammelgefäße der Mönche

041a Foto: ms

Neben der alles beherrschenden Partei gibt es die gewissermaßen nachgeordneten **Massenorganisationen** Laotischer Frauenverband, Laotische Revolutionäre Volksjugend und Laotischer Gerwerkschaftsbund, die gemeinsam mit der Laotischen Buddhistischen Gesellschaft in der **Front für den Nationalen Aufbau** *(neo lao sangsaat)* zusammengeschlossen sind. In jüngster Zeit hat die Front allerdings ihre Aufgaben neu definiert und sieht sich zunehmend in der Rolle des Motors für den Zusammenschluss der verschiedenen Völker zu einer laotischen Nation.

Nationale Nicht-Regierungs-Organisationen gibt es dem Namen nach nicht, doch finden sich Menschen in einer Vielzahl lokaler, regionaler und auch nationaler **Initiativen** zusammen, die von hohem Engagement Einzelner als auch von einer immer rascheren Entwicklung der Zivilgesellschaft zeugen. Dieses Spektrum reicht von Stiftungen zur Förderung der Bildung und der laotischen Kultur über Sport- und andere Interessenverbände bis hin zu Selbsthilfegruppen auf dörflicher Ebene. Wirtschaftsvertreter sind in der Laotischen Nationalen Kammer für Handel und Industrie und ihren Branchenfachvereinigungen organisiert. Zunehmend entstehen auch lokale und regionale Wirtschaftsorganisationen, wobei aus den verschiedensten Gründen der Anstoß für ihre Entstehung meist von oben oder von außen kommt. Auch hier mag die tief verwurzelte Mentalität der Selbstversorgung und Eigenständigkeit gepaart mit Obrigkeitsdenken und Furcht vor der eigenen Courage eine raschere Entwicklung von Interessenvertretungen behindern.

Staatsaufbau und Rechtssystem

Staatsoberhaupt ist formal der **Präsident der Republik.** Ihm zur Seite steht ein Vizepräsident, der vor allem Aufgaben in Vertretung wahrnimmt.

Höchstes Machtorgan ist die **Nationalversammlung** (bis 1991 Oberste Volksversammlung). Derzeit gehören dem auf jeweils fünf Jahre gewählten Parlament 99 Abgeordnete an. Kandidaten für die Volksvertretung können von den staatlichen Institutionen und den Massenorganisationen vorgeschlagen werden. Auch Selbstkandidaturen unabhängiger Bewerber sind möglich, bedürfen aber der Bestätigung lokaler Gremien zur Aufstellung der Kandidatenlisten. Offiziell wird immer wieder betont, dass es sich bei der Wahl der Parlamentsabgeordneten um eine Wahl der fähigsten und anerkanntesten Persönlichkeiten handelt und nicht um eine Parteienwahl. In der Praxis kontrolliert die LRVP natürlich den gesamten Auswahlmechanismus der Kandidaten. Lediglich ein Abgeordneter der gegenwärtigen 5. Legislaturperiode (2002–2007) gehört nicht der Partei an. Entscheidungen von strategischer Wichtigkeit für die Entwicklung des Landes fallen zunächst in den **Parteigremien,** vor allem im Politbüro und im Zentralkomitee, was auch schon darin zum Ausdruck kommt, dass in der Regel Tagungen des ZK der Partei stattfinden, bevor die staatlichen Gremien beraten. Dennoch bemüht sich das Parlament deutlich um mehr Einfluss, kommt es immer öfter zu durchaus kontroversen Debatten um Gesetzesentwürfe und damit verbundene sensitive Fragen der Entwicklung des Landes, zum Beispiel bei der Einführung härterer Strafen für Rauschgiftdelikte – was de facto einen nicht geringen Teil vor allem der Bergbevölkerung kriminalisiert – oder beim Verbot des Rund- und Schnittholzexports.

Vom Parlament wird der **Premierminister** bestellt, der dann sein Kabinett zusammenstellt. Derzeit hat Laos 13 **Ministerien** und gleichrangige Institutionen (Planungskomitee, Staatsbank). Dem Premier steht eine mit mehreren Ministern und stellvertretenden Ministern besetzte Kanzlei *(Prime Ministers Office)* zur Seite, die faktisch die Aufsicht über die Fachministerien ausübt. Nach vielem Hin und Her verfügt heute jedes Ministerium neben dem Minister über zwei stellvertretende Minister, unter dieser Ebene arbeiten Hauptabteilungs- und Abteilungsleiter.

Regional wird das Land in drei **Regionen** zu je sechs **Provinzen** bzw. gleichrangigen Verwaltungseinheiten geteilt, den Norden, das Zentrum und den Süden. Neben 16 Provinzen *(khuäng)* gibt es die Präfektur Vientiane und die Sonderzone Saysombun. An der Spitze der Provinzen steht der Gouverneur *(tjao khuäng)*. Eine Stufe tiefer in der Administration folgen 142 **Distrikte** *(müang),* denen Distriktgouverneure *(tjao müang)* vorstehen. Danach folgen schon die rund 11.000 **Dörfer oder Stadtviertel** *(baan)* mit ihren Dorfältesten. Obwohl die Zwischenstufe *tasäng* (Gemeindeverband) im Jahre 1991 abgeschafft wurde, bringt es die Praxis mit sich, dass vielerorts mit so genannten Subdistrikten gearbeitet wird. Gemäß der Dezentralisierungspolitik der laotischen Regierung werden die Provinzen als strategische, die Distrikte als Planungs- und Finanzierungseinheiten und die Dörfer als Ausführungseinheiten definiert. Das soll die traditionell eher schwerfällige und unbeholfene Administration schlanker und effizienter machen.

Ein auf Gesetzen basierendes **Rechtssystem** hatte es in Laos schwer. Traditionelle Rechtsvorstellungen beruhten oft auf den subjektiven Ansichten Einzelner, deren Entscheidungen jedoch wegen der zumindest lokalen Autorität der jeweiligen Personen weitgehend anerkannt wurden. Als Beispiel dienten dabei natürlich vom König vorgegebene Normen. In der Praxis spielten eine Vielzahl inoffizieller Beratungen vor allem der örtlichen Älteren eine Rolle, in denen dem Harmoniebestreben folgend heikle Entscheidungen in schwer nachvollziehbaren Prozessen vorbereitet und getroffen wurden. Daran hat auch der Einzug eines Rechtssystems mit Gesetzen durch die französischen Kolonialherren nicht viel geändert.

Hinzu kommt, dass die Volksrepublik die ersten 13 Jahre ihrer Existenz gänzlich ohne **Gesetze** auskam. Zwar hatte der Kongress der Volksvertreter schon im Jahre 1975 die damals gewählte Volksversammlung mit der Ausarbeitung einer Verfassung beauftragt, doch passierte rund zehn Jahre lang gar nichts, da man sich über wesentlichen Grundfragen nicht einigen konnte. Regiert wurde mit Erlassen der Regierung oder einzelner Minister, die ihre Legitimation aus den oberen Parteigremien bezogen. Bemerkenswerterweise war das Gesetz über ausländische Investitionen von 1988 eines der ersten Gesetze der Volksrepublik überhaupt, was verdeutlicht, wie die Entwicklung eines Rechtssystems mit der Öffnung des Landes nach außen verflochten war.

Ein Meilenstein der Entwicklung des Rechts in Laos war die Annahme der **Verfassung** im Jahre 1991. Seitdem wird am Auf- und Ausbau eines Rechtssystems gearbeitet, das aber bis zum heutigen Tag bei weitem nicht vollständig ist. Mangelnde Erfahrung in der Gesetzgebung und vor allem fehlendes Rechtsbewusstsein bei Volk und Führung machen die Sache nicht leichter. Der schwächste Punkt dürfte aber in der Durchsetzung der Gesetze liegen, die von vielen eher als Appelle denn als bindende Normen betrachtet werden. Beispielhaft dafür sind die nahezu hilflosen Kommentare in der Presse nach dem Motto: „Wir haben doch so gute Gesetze und warum hält sich keiner daran?“. So nimmt es nicht Wunder, dass ausländische Geschäftsleute **unzureichende Rechtssicherheit** als eines der Haupthindernisse für Investitionen in Laos angeben.

Dabei ist es auch heute noch so, dass die traditionellen örtlichen oder regionalen Führungskräfte über hohe Autorität verfügen und deshalb von vielen Menschen als Wahrer ihrer Interessen, als Beschützer, ja eigentlich als Obrigkeit im früheren feudalen Sinne betrachtet werden. Besucher sind oft zumindest erstaunt darüber, wie solchen Amts- und Autoritätspersonen gehuldigt wird und welche Hofhaltung sie sich leisten. Nicht immer halten sich die **lokalen Autoritäten** dann an das, was da in der Hauptstadt ausgedacht wurde. So wird der traditionell starke Regionalismus am Leben erhalten und der Eindruck lokaler Selbstherrschaft kräftig genährt. Den Abgesandten der Zentralregierung gegenüber legt man andererseits betont devotes Verhalten an den Tag. Ihnen wird beinahe jeder Wunsch von den Augen abgelesen, sie werden mit lokalen Delikatessen verwöhnt und ansprechend unterhalten. So erkauft man sich deren Wohlwollen, hat seine Ruhe und hofft auf positive Erinnerung, wenn es um Beförderungen und die Verteilung von Posten geht. Dass Staatsdiener dabei wahrhaft feudale Ansprüche entwickeln, ist angesichts der allgemeinen Armut nur schwer nachvollziehbar. So rümpfen viele Angestellte die Nase, wenn ihnen als kleine Aufmerksamkeit zum Neujahrsfest oder anderen Gelegenheiten „nur" eine Flasche Whisky der Marke „Johnny Walker Red Label" zugeht. Es möchte schon „Black Label" sein, was für viele mehr als ein Monatsgehalt ausmacht.

Damit kommt man leicht zu einem sehr nahe liegenden Thema: **Korruption.** Fragt man Ausländer, so sehen sie Korruption als ein alle Felder durchdringendes Phänomen. Die Einheimischen sehen es meist nicht so. Für die meisten von ihnen geht ein ganz normales Geschäft vonstatten, in dem der Beamte eine Dienstleistung gegen eine Vergütung erbringt. Begünstigt wird dies dadurch, dass keiner der staatlichen Bediensteten in der Lage ist, von seinem Gehalt von 15 bis 50 Euro seinen Lebensunterhalt und den seiner Familie zu bestreiten. Nebeneinkünfte sind also unbedingt nötig und eine „Stempelgebühr" ist meist der leichteste Weg, zu solchen zu gelangen. In einer Unternehmensbefragung brachten nur in westlichen Staaten ausgebildete Laoten diese Praxis mit dem Begriff Korruption zusammen. Für die Mehrheit bedeutete Korruption etwas von größerer Dimension und mit dem Vorsatz der Übervorteilung. Dabei ist die Korruption allgegenwärtig und nahezu flächendeckend.

Oft ist sie, vor allem bei wohlhabenden Leuten, verbrämt hinter der Maske der karitativen Hilfe für schlecht bezahlte Staatsdiener, wobei es sogar sein kann, dass einflussreiche Familien Verwandte oder Bekannte an Schlüsselpositionen in der Administration lancieren, um so Kosten zu sparen und Leistungen sicherstellen zu können. Aber auch die einfachen Menschen prüfen vor jedem Amtsgang, ob es dort nicht Verwandte und

Bekannte oder Bekannte und Verwandte von Verwandten und Bekannten gibt, die einem behilflich sein können. Denn viele Laoten haben regelrechten Horror vor Ämtern und fehlende Rechtserfahrung lässt den Ausgang ihres Anliegens als einzig vom Wohlwollen der zuständigen Amtsperson abhängig erscheinen. Einen Anspruch auf staatliche Leistungen kennt man nicht. Nicht selten geht die Sache dann so aus, dass die staatliche Leistung zu den normalen Bedingungen gewährt wird, sodass eigentlich zum Erreichen des Ziels gar kein „Beschleunigungsentgelt" nötig gewesen wäre. Und doch sind alle Beteiligten zufrieden.

Nicht selten scheinen die staatlichen Regelungen und Vorschriften dieser Art Nebenwirtschaft mehr als nur Vorschub zu gewähren. Die Wege sind mehr als verschlungen, eine Unzahl von Behörden und Instanzen wachen über einfache Vorgänge. Dabei sieht es so aus, dass die Behörden selbst gegen jede Vereinfachung der ausufernden Bürokratie kämpfen, bleiben sie so doch „im Geschäft". Vor allem bei begehrten Sachen, zum Beispiel dem Import von Autos, entstand ein Gewirr von beteiligten Institutionen, die die Zahl der benötigten Stempel und Unterschriften bis knapp unter die einhundert wachsen ließ (Kopien eingerechnet). Oft wurden sogar Regeln ausgeklügelt, die der Korruption entgegenwirken sollten, doch in der Praxis genau das Gegenteil bewirkten. Ein Beispiel: Bei Verkehrsdelikten ist das Bußgeld keinesfalls direkt an den Polizisten zu zahlen. Es könnte ja schnurstracks in dessen Tasche wandern. Also wurde ein kompliziertes System erdacht, das mit der Beschlagnahme von Führerschein und Fahrzeugpapieren beginnt und – bei Androhung einer meist minimalen Geldstrafe – mehrere Tage Lauferei erfordert. Das ist natürlich viel beschwerlicher, als gleich einen Obolus zu entrichten. Und so passiert es dann auch und das Geld fließt ohne diese Umwege direkt in die Tasche des Polizisten. Ohne Quittung, versteht sich. Ausnahme: wenn die jungen Polizisten von der Polizeischule ihr Praktikum haben – dann hat die Ordnung Vorrang.

Aber geschäftsmindernde Öffnungszeiten für Nachtklubs, undurchsichtige Vergaberegeln bei Baugenehmigungen, wenig kundenfreudige Installation von Stromzählern, schleppende Ausstellung von Urkunden, ja selbst die Bedingungen für die Ausreichung von Bankkrediten – es gibt kaum eine Regel, die sich nicht mit einem Aufgeld umgehen ließe. Manchmal kann man sich des Eindrucks nicht erwehren, dass manche Regel nur ersonnen wurde, um derartige Einnahmequellen zu erschließen.

Je weiter man nach oben schaut, desto größer werden auch Umfang und Wert der Gefälligkeiten. Dabei sind es in den wenigsten Fällen die jeweiligen Amtsträger selbst, die die Vergünstigungen direkt erhalten. Meist werden derartige Transaktionen über die Mitglieder der Familie, Ehefrauen oder Kinder, abgewickelt. Wie überall in der Welt sind es vor allem Bauvorhaben, die auch nebenbei etwas abwerfen. Manch ansehnliche Villa ist das „Kind" eines umfangreicheren Bauauftrags. Besonders einträglich sind auch undurchsichtige Holzgeschäfte, bei denen zum Beispiel Investitionen in die Infrastruktur mit Holz bezahlt werden. Auch der Handel mit Rauschgift gehört zu den Bereichen mit hohem Korruptionspotenzial. Dennoch soll auch gesagt werden, dass sich die Mehrzahl dieser in jedem Falle unerfreulichen Erscheinungen im internationalen Vergleich eher bescheiden ausnimmt. Vielleicht ist auch dies einer der Gründe, dass zumindest die landläufige Gefälligkeitskorruption weitgehend akzeptiert wird.

Medien

In den Medien spielen solche Dinge höchst selten eine Rolle. Kein Wunder, denn es gibt zwar eine Verordnung für den Kampf gegen die Korruption, doch bevor ein Fall öffentlich gemacht werden darf, muss der Journalist komplettes Beweismaterial vorweisen können. Auch sonst tun sich die laotischen Medien nicht gerade durch kritische Berichterstattung hervor. Neben dem autoritären Regimen eigenen Verlautbarungsjournalismus gibt es wenig Spielraum, von einzelnen mutigen oder einfach übersehenen Vorstößen einmal abgesehen. Denn Veröffentlichungen aller Art unterliegen der Kontrolle durch das Ministerium für Information und Kultur. Von einer korrigierenden Wirkung der Medien auf die Politik kann also keine Rede sein. Die meisten Journalisten machen den Behörden keine Probleme, denn sie haben die Schere schon im Kopf. Allgemein ist die **Informationspolitik restriktiv,** getreu dem Motto „No news are good news". Dabei gehen die Verantwortlichen davon aus: Wenn nichts berichtet wird, wird auch nichts Falsches oder Negatives über Laos und seine Menschen verbreitet. Leider wird dabei auch der Verbreitung positiver Meldungen der Weg verbaut und manchmal wildesten Gerüchten Tür und Tor geöffnet und selbst die Nachrichtengebung ist alles andere als komplett. Von Aktionen mit möglicherweise politischem Hintergrund erfährt die Öffentlichkeit offiziell in der Regel nur, wenn auch Ausländer zu Schaden kamen. Ähnliches gilt für größere Unglücke wie Flugzeugabstürze und Busunfälle, wobei die Informationspolitik hier Schwankungen unterworfen ist. Einige wenige besonders dramatische Fälle von Kriminalität schaffen es in die Medien, wobei spätere Meldungen über den Ausgang

38 Kanäle im Kabel-TV, davon immerhin zwei laotische

212la Foto: ms

der Dinge dann schon zu den Raritäten gehören. Das Fehlen einer Boulevardpresse ist dagegen eher wohltuend.

Die Medienlandschaft entwickelt sich quantitativ spürbar, wobei unter den **Printmedien** die fremdsprachigen Zeitungen „Vientiane Times" (englisch) und „Le Renovateur" (französisch) inhaltlich und gestalterisch eine gewisse Vorreiterrolle haben. Die laotischen Zeitungen sind eher bieder, die Parteizeitung „Pasason" gar langweilig. Ein großes Problem der Printmedien ist ihre geringe Verbreitung, denn die meisten Ausgaben werden überwiegend in der Hauptstadt vertrieben. Auch Lesen kommt außerhalb Vientianes erst langsam stärker in Mode.

Das nationale **Fernsehen** mit seinen zwei Programmen ist auch nach 20 Jahren dem Amateurstatus noch nicht so recht entwachsen und kann sich gegen die massive Konkurrenz von sechs thailändischen Vollprogrammen (durch die Verwandtschaft der Sprachen können viele Lao problemlos Thai verstehen) nicht behaupten. Vor allem im Norden sind auch chinesische Kanäle beliebt. Einige Provinzen verfügen über Regionalsender, die sich rührend um Lokalprogramme bemühen. Moderne Satellitentechnik bringt auch in Laos Fernsehen bis in die entlegensten Dörfer und die Glotze ist vielerorts der Mittelpunkt des Haushalts, wenn nicht des Lebens. Meist sind es die endlosen Seifenopern, Talk- oder Gameshows des Thai-Fernsehens, denen man in Laos nahezu flächendeckend ausgesetzt ist und vor denen es weder auf Märkten noch in Gaststätten ein Entrinnen gibt. In irgendeiner Ecke quäkt immer ein TV und selbst im Supermarkt können Kunden zumindest missliebige Blicke ernten, wenn sie den Verkäufer gerade an der spannendsten Stelle mit irdischen Dingen wie Abkassieren behelligen.

Eine nicht zu unterschätzende Rolle spielt noch immer das **Radio,** das ziemlich flächendeckend zu empfangen ist (wenn auch nur auf Kurzwelle) und auch Programme in einigen Sprachen der Bergvölker anbietet. UKW ist bisher der Hauptstadt Vientiane vorbehalten, wo zwei Sender der thailändischen Konkurrenz Paroli zu bieten suchen. Der Ausbau des UKW-Netzes geht in einigen Provinzzentren rasch voran.

Das **Internet** steckt in Laos noch weitgehend in den Kinderschuhen, wenn es sich auch rasch entwickelt. Begleitet wird diese Entwicklung von nicht geringer Sorge der Behörden, dass hier etwas neben der Kontrolle des Informations- und Kulturministeriums entstehen könnte. Doch die bisherige technische Beschränkung dieses Mediums auf die großen Städte entlang des Mekong hält Einfluss und Bedeutung (noch) in überschaubaren Grenzen.

Anders dagegen **Video-CDs,** die ihren Siegeszug bis in die letzten Dörfer angetreten haben und vor allem Filme der B- und C-Klasse, egal, ob aus den Studios Hongkongs, Holly- oder Bollywoods, anbieten. Aber auch beliebte Fernsehsendungen werden auf CD gebrannt und per Verleih verbreitet.

Wirtschaft

Die laotische Wirtschaft wird nach wie vor von der **Landwirtschaft** bestimmt, die rund die Hälfte des Bruttoinlandsproduktes erzeugt. Dabei steht im Mittelpunkt der Regierungspolitik, den Warencharakter der Landwirtschaft zu erhöhen. Noch immer lebt ein nicht geringer Teil der Bevölkerung in der Subsistenzwirtschaft und tritt nur sporadisch, z. B. zum Zweck des Erwerbs bestimmter Industriegüter, in Austausch mit anderen. So sind Unterentwicklung und **Armut** weit verbreitet, wobei Armut von den Menschen selbst in erster Linie als nicht gesicherte Nahrungsmittelversorgung, vor allem mit Reis, und als Fehlen von Vieh als Rücklage für Notsituationen erlebt wird. Nach den Kriterien der internationalen Gebergemeinschaft wurden 72 der 142 Kreise des Landes als arm eingestuft, 47 von ihnen mit höchster Priorität für rasche Änderungen.

Haupterzeugnis der Landwirtschaft ist Reis, dessen Ertrag im Großen und Ganzen zur Selbstversorgung ausreicht. Doch selbst hier gibt es zeitliche und örtliche Engpässe, die durch die Geographie und die schwache

Infrastruktur des Landes verschärft werden. Oft ist es bequemer und auch wirtschaftlicher, das Grundnahrungsmittel aus dem Ausland zu kaufen, als es aus entfernt liegenden Überschussgebieten heranzuschaffen. Von Bedeutung ist weiter der Anbau von Mais, Soja, Gemüse, Zuckerrohr und Süßkartoffeln. An so genannten Industriekulturen sind besonders Kaffee und Baumwolle erwähnenswert. Die Anlage von Plantagen, vor allem zur Erzeugung von Holz, aber auch von Obst, nimmt zu. Damit soll sowohl der noch immer anhaltenden Waldvernichtung durch Brandrodungsfeldbau wie auch dem Opiumanbau begegnet werden. All diesen Zweigen gemeinsam ist, dass es im Lande an Verarbeitungskapazitäten mangelt und der Export von Rohstoffen meist mit niedrigen und noch dazu stark schwankenden Preisen verbunden ist. Gewissermaßen eine Ausnahme bildet die Weberei, eine der herausragendsten und auch wirtschaftlich verwertbarsten Traditionen des Landes, die weit mehr Naturseide verarbeiten kann, als erzeugt wird.

Wirtschaftliche Bedeutung erlangte der **Tourismus,** der schon Ende der 1990er Jahre zum größten Devisenbringer des Landes vor den Erlösen aus Strom- und Holzexporten avancierte. Als magische Zahl fixiert Laos eine Million Besucher im Jahr an, ein Ziel, das vor allem wegen SARS und Terrorismus bislang verfehlt wurde. Den Löwenanteil der Besucher machen allerdings einheimische Tagesbesucher aus dem benachbarten Thailand aus, die mit Laos gleichsam ein Stück der eigenen Vergangenheit besuchen. Für Überseetouristen sind neben den kulturellen und historischen Sehenswürdigkeiten, allen voran die zum Weltkulturerbe zählende Stadt Luang Prabang und der alte Khmer-Tempel Wat Phou im südlichen Champasak, besonders die einzigartige Natur und die ethnische Vielfalt des Landes die Hauptattraktionen.

Industrie gibt es bislang wenig und das Wenige konzentriert sich auf eine Hand voll Standorte entlang des Mekong, vor allem Vientiane, Savannakhet und Pakse. Fast alle Industrieprodukte werden importiert, meist aus Thailand, in jüngerer Zeit aber auch zunehmend aus Vietnam und vor allem aus China. Gemessen am Steueraufkommen ist die Brauerei des schmackhaften „Beerlao" der größte Industriebetrieb des Landes. Größter Arbeitgeber ist dagegen die Bekleidungsindustrie mit vergleichsweise mickrigen 22.000 Beschäftigten. Aber geringe Bevölkerungskonzentration, niedrige Produktivität und hohe Transportkosten stehen den sehr niedrigen Lohnkosten gegenüber. Die Industrialisierung geht trotz Wachstumsraten um 10 Prozent relativ langsam vonstatten und lässt überwiegend Kleinbetriebe entstehen.

Die Wirtschaftspolitik der Regierung setzt allerdings auf wenige Großprojekte, die einen Wachstumsschub bringen und die Staatsfinanzen

065la Foto: ms

grundlegend sanieren sollen. Im Mittelpunkt steht dabei das gewaltige hydroenergetische Potenzial der zahlreichen Nebenflüsse des Mekong. Ganz oben auf der Prioritätenliste der Regierung steht das nicht unumstrittene Wasserkraftwerk „Nam Theun 2", das gravierende Eingriffe in die Natur von Zentrallaos mit sich bringt und auf dem Nakai-Plateau einen 450 Quadratkilometer großen Stausee entstehen lässt. Im Jahre 2005 soll nach rund zehnjähriger Vorbereitung mit dem Bau des 1000-MW-Kraftwerks begonnen werden. Insgesamt ist ein gutes Dutzend größerer Wasserkraftanlagen geplant, im Bau oder bereits in Betrieb.

Der zweite Hoffnungsträger der Wirtschaftsplaner ist „Lane Xang Mineral". Das der australischen Firma Oxiana gehörende Unternehmen baut im Osten der Provinz Savannakhet Gold ab und wird 2005 in großem Stil mit der Gewinnung von Kupfer beginnen. Neben Kohlegruben in Nordlaos bedeutet dies ein neues Zeitalter für den Bergbau im an Lagerstätten reichen Laos.

Diese Großprojekte sollen auch so etwas wie eine Initialzündung für die Wirtschaft des Landes bewirken, denn bei derzeitigen **Wachstumsraten** um 6 Prozent fällt das unterentwickelte Land weiter hinter den anderen ASEAN-Mitgliedern zurück, die im Schnitt wieder ein höheres Wachstum ausweisen. Auch das anspruchsvolle Ziel, bis zum Jahre 2020 von der UNO-Liste der am wenigsten entwickelten Länder gestrichen zu werden, würde ohne diesen Schub kaum zu erreichen sein. Schließlich erfordert der Plan neben deutlichen Veränderungen in sozialen Bereichen wie Bildung und Gesundheit auch eine Verdreifachung des Bruttoinlandsproduktes pro Einwohner. Ein nicht geringer Teil des jährlichen Zuwachses wird allerdings allein schon durch das hohe Bevölkerungswachstum von 2,8 Prozent im wahrsten Sinne des Wortes aufgefressen.

Neben Kapitalmangel und der Beschränktheit des laotischen Marktes ist es vor allem der Mangel an ausgebildeten Fachleuten, der eine raschere wirtschaftliche Entwicklung behindert.

Internationale Entwicklungshilfe

So wird Laos auch in absehbarer Zeit auf umfangreiche Entwicklungshilfe angewiesen sein. Derzeit gehört das Land zu den Staaten mit der **höchsten ausländischen Hilfe pro Kopf.** Dabei spielt sicher die vergleichsweise geringe Einwohnerzahl eine Rolle. Aber die Laoten verstehen es auch meisterhaft, Geber für Projekte und Programme zu gewinnen und schließlich bei Laune zu halten. Dazu kommt die Tatsache, dass sich in diesem kleinen Land mit überschaubarem Mitteleinsatz ziemlich rasch Ergebnisse erzielen lassen. Die Sicherheit für ausländische Fachleute ist hoch, die Kriminalität gering und das Klima angenehm. Aber vor allem: Laos zählt als *Least Developed Country (LDC)* und Binnenland zu den bedürftigsten Staaten der Erde. Hinzu kommt die geostrategische Lage im Zentrum der indochinesischen Halbinsel, die Laos quasi zum Schlüssel der Region macht. Diese Situation sorgt dafür, dass das kleine Land seit langem politisch von vielen Seiten hofiert und wirtschaftlich unterstützt wird.

Für die Mächte, die in der Region Einfluss gewinnen wollten, war Laos auch insbesondere wegen seiner langen Grenze zu Vietnam interessant, das an seiner schmalsten Stelle gerade einmal 60 Kilometer breit ist und für das deshalb die Sicherung eines wohlwollenden laotischen Nachbarn von existenzieller Bedeutung ist. Während ihrer Herrschaft über die indochinesischen Länder begannen daher die **Franzosen** damit, Geld nach Laos zu pumpen. Später waren es auf der einen Seite die **USA,** auf der anderen Seite Vietnam, China und die UdSSR. Leider floss in jenen Jahren der Löwenanteil ausländischer Gelder in das Militär und speziell die amerikanischen Dollar landeten über diesen Umweg zu erklecklichen Teilen in den Taschen korrupter Amtsträger der Vientianer Regierung. Eine nachhaltige Entwicklung setzte nicht ein. Nach Kriegsende 1975 half dann der

Straßenbau in Nordlaos: Viele Regionen sind bis heute nicht ganzjährig erreichbar

gesamte **Ostblock,** der Laos als Vorposten in Asien betrachtete, wenn das Land auch nicht offiziell zum Rat für Gegenseitige Wirtschaftshilfe (RGW oder COMECON) gehörte. Nach dessen Ende trat die **internationale Gebergemeinschaft,** angeführt von Japan, Australien, Schweden, Deutschland und Frankreich sowie Asiatischer Entwicklungsbank, Weltbank, Währungsfonds und UNO noch stärker in Aktion. Was von laotischer Seite zunächst als Ergänzung zu den begrenzten Mitteln der sozialistischen Brüder gedacht war, musste faktisch über Nacht an deren Stelle treten.

Damit sind nun aber auch **politische Bedingungen** verbunden, denen sich das nach wie vor kommunistisch apostrophierte Land nicht immer willig unterwirft. Privatisierung von Staatsbetrieben, Abbau des Staatsapparates, transparente Regierung, Reformen zur Stärkung von Privatwirtschaft und Privateigentum standen bzw. stehen auf den Wunschlisten der Geber. Bei einigen kommt die Wahrung der Menschenrechte hinzu und speziell die **USA** reiten gleich eine Menge Steckenpferde. Zum einen machen sie Hilfe für Laos vom Entgegenkommen der laotischen Regierung beim Thema vermisster US-Bürger aus Zeiten des amerikanischen Indochinakrieges abhängig, wobei die USA gleichzeitig offiziell dabei bleiben, in Laos gar keinen Krieg geführt zu haben. Seit den 1980er Jahren suchen US-Trupps nun nach *MIA (Missing in Action).* Neben der Durchsetzung von Menschenrechten machen die USA ihre Unterstützung auch von der Gewährung religiöser Freiheiten abhängig, die sie jedoch einzig an Möglichkeiten christlicher Missionierung des mehrheitlich buddhistischen Landes messen. Und vor allem durch den Einfluss laotischer und Hmong-Exilorganisationen in den USA, die die laotische Führung ablehnen, war Laos neben Nordkorea und Kuba bis November 2004 das einzige Land, zu dem die USA keine normalen Handelsbeziehungen pflegten. Man wird den Eindruck nicht los, als hole die USA Laos gegenüber demonstrativ den antikommunistischen Knüppel hervor, den sie gegenüber China und Vietnam wegen des ungleich größeren wirtschaftlichen Interesses im Sack lässt.

Ausländische Hilfe für Laos macht rund die Hälfte des Staatshaushaltes aus und umfasst nahezu alle Gebiete. Die Geber orientieren sich an den internationalen Richtlinien, zum Beispiel den *Millennium Development Goals* und der *Agenda 21.* Dabei ist Laos keine Ausnahme für das generelle Dilemma der Entwicklungszusammenarbeit, die sich nach jahrzehntelanger Orientierung auf eine umfassende Entwicklung der so genannten Dritten Welt mit dem Ziel eines raschen Aufholens in Richtung Standard der entwickelten Staaten nun mit der **Armutsbekämpfung** bescheiden muss. Laos findet sich hier in einer besonderen Situation, hat das Land neben der Überwindung der Unterentwicklung doch auch die Aufgaben der Transition von einer zentralen Plan- zur Marktwirtschaft zu meistern.

Neben den internationalen Organisationen und nationalen Hilfsagenturen der Geberländer sind auch eine Reihe internationaler Nichtregierungsorganisationen im Lande tätig, darunter auch Umweltschutz- und **religiöse Gruppen.** Missionarische Tätigkeit letzterer unter dem Mantel humanitärer Hilfe wird von den laotischen staatlichen Stellen mit einigem Argwohn betrachtet, will die Regierung doch den Status quo mit überwiegendem Buddhismus beibehalten. Auch formal wurde diesen Gruppen keine Genehmigung zur Verbreitung ihres Glaubens erteilt, sondern gemäß deren Anträgen zum Beispiel zum Bau und Betrieb von Schulen oder Krankenstationen.

Speziell die **deutsche Entwicklungshilfe** für das Land am Mekong durchlief mehrere Phasen. Unterstützung durch die Bundesrepublik floss naturgemäß in die Vientianer Zone, zum Beispiel in den Bau des Wasserkraftwerkes „Nam Ngum“ oder die Errichtung einer Technischen Berufsschule. Auf der anderen Seite unterstützte die DDR die „Pathet Lao“ und deren befreite Gebiete von Anfang an in großem Maße durch die Ausbildung von Laoten. Nach der Machtübernahme durch die „Pathet Lao“ im Jahre 1975 blieb das Feld der DDR allein überlassen, da Laos sich der östlichen Auffassung zu Westberlin anschloss und somit keine Hilfe von der Bundesrepublik mehr erhielt. Auch jetzt blieb die Aus- und Weiterbildung laotischer Fachkräfte Schwerpunkt der Hilfe, sodass insgesamt rund 2000 Laoten in der DDR eine Ausbildung erhielten. Auch vor Ort in Laos spielte die Qualifizierung von Laoten eine wichtige Rolle, etwa die Berufsausbildung, Sprachausbildung in Deutsch und Englisch oder die Schulung von Finanzfachkräften. Aber auch die Einrichtung von Handwerksbetrieben und die Unterstützung des Kaffeeanbaus gehörten zu den Feldern ostdeutscher Entwicklungsanstrengungen. Nicht nur uneigennützig, sollte doch beispielsweise der Kaffeeanbau der DDR Devisenimporte sparen.

Nach der Wiedervereinigung knüpfte Deutschland an die Traditionen an und entwickelte sich zu einem der größten bilateralen Geber von Laos. Spezielle Felder waren erneut die Berufsausbildung, aber auch die ländliche Entwicklung, die Förderung von Kleinunternehmen oder der Aufbau von Basis-Gesundheitsdiensten. Die finanzielle Zusammenarbeit konzentrierte sich auf den Aufbau eines ländlichen Telefonsystems und die Generalüberholung der Straße Nummer 6 in die Ostprovinz Houaphanh. Seit 2004 ist die deutsche Entwicklungszusammenarbeit neu strukturiert und widmet sich in zwei Programmen einerseits der ländlichen Entwicklung in den nördlichen Bergregionen und andererseits der Entwicklung humaner Ressourcen für die Marktwirtschaft. Hierzu gehört auch weiter die Berufsausbildung, die somit seit den 1960er Jahren eine Konstante der deutschen Hilfe für Laos ist.

So lässt sich heute mit Fug und Recht behaupten, dass die **„Entwicklungsindustrie"** der größte Wirtschaftssektor des Landes ist. Er bindet einen nicht geringen Teil qualifizierter Fachkräfte, er bringt Geld, aber auch fremde Vorstellungen ins Land. Und er weckt nicht selten falsche **Erwartungen.** Ein Buch mit Hinweisen und Erfahrungen zum Umgang mit den lokalen Partnern hatte eine Karikatur auf dem Einband, die das Dilemma der ausländischen Berater verdeutlichen sollte. Über dem laotischen Bauern zeigte eine Gedankenblase Büffel und Holzpflug, über dem ausländischen Berater einen Mähdrescher. Viele Laos-Kenner meinen, dass es heute eher anders herum ist. Der ausländische Berater, so er seine Sache ernst nimmt, versucht sich auf die lokalen Gegebenheiten einzustellen. Der laotische Partner dagegen möchte, so schnell es geht, an den Segnungen der entwickelten Welt Anteil nehmen. Klar, dass dann viele Missverständnisse entstehen können. Hinzu kommt, dass in der Vorstellung der meisten Laoten die Entwicklungsprojekte mit hohem Einkommen, guten Arbeitsbedingungen, einem schicken Dienstwagen und Auslandsreisen verbunden sind. Private Investoren klagen dann darüber, dass qualifizierte Fachkräfte von den Entwicklungsprojekten zu Überpreisen „weggekauft" werden - nicht ohne Berechtigung.

Die soziale Pyramide

In gewissem Sinne schafft die Entwicklungszusammenarbeit eine eigenständige privilegierte Schicht. Die **Angestellten in Entwicklungsprojekten** sind charakterisiert durch ein relativ hohes Einkommen, meist gute Englisch- und Computerkenntnisse und leichten Zugang zur westlichen Welt, die vielen einfachen Laoten als so erstrebenswert erscheint. Einer der Gründe auch für die ungebrochene Beliebtheit von Englischstudien in Laos. Auch eine zweite privilegierte Schicht hat direkt mit dem Ausland zu tun. Es sind die **Familien mit Verwandten in Übersee.** Meist handelt es sich bei diesen Verwandten um Vertreter der Führungsschicht des alten Regimes, die in den ersten Jahren der Volksrepublik das Land verließen. Sie überweisen erkleckliche Sümmchen an ihre Daheimgebliebenen. So erklecklich, dass eine Analyse Ende der 1990er Jahre ermittelte, dass ein Viertel der Einkommen der Vientianer Haushalte aus dieser Quelle stammt. Manch prachtvoller Bau und manch glitzerndes Fahrzeug wurden aus Überweisungen finanziert, wobei sich mit den Bauten oft auch der

Ärmlich gekleideten Kinder begegnet man ständig - bettelnden selten

110la Foto: ms

Wunsch der Auslandslaoten auf künftige Rückkehr verbindet. Im Laufe der Jahre haben sich auch die **Mitglieder der laotischen Nomenklatura** in den Kreis der Privilegierten manövriert, nicht selten zusätzlich abgesichert durch dynastische Ehen zu Mitgliedern der alten Familien. Doppelt genäht hält eben besser. Westlicher Lebensstil gehört zu den Vorbildern dieser Gruppe, wobei vor allem die Vertreter der alten Elite von der französischen Kultur geprägt sind. Nennen wir sie die Rotweingesellschaft.

Auch eine Schicht von **Neureichen** lebt weit über dem Standard der Normalbevölkerung. Oft waren es schnelle Deals, nicht immer sauber, die gutes Geld brachten und bringen. Holz, Bau, Drogen sollen als Stichworte genügen. Wie auch anderswo auf der Welt legt diese Gruppe es darauf an, ihren neu gewonnenen Wohlstand entsprechend vorzuführen. Die Häuser geraten ein wenig zu aufwendig, die Goldketten zu wuchtig. „Johnny Walker Black" gibt es gleichsam schon zum zweiten Frühstück.

Eine **Mittelschicht** ist erst jetzt im Entstehen. Vielleicht auch einer der Gründe dafür, dass auf den Straßen von Laos bis vor kurzem kaum Kleinwagen zu sehen waren. Wenn schon Auto, dann richtig. Benz und Landcruiser sind noch immer das Nonplusultra der Motorisierung. Kleinwagen erschienen auf den Straßen von Vientiane zuerst als Fahrzeuge der studierenden Kinder der Reichen. Inzwischen gibt ihre steigende Zahl einen Hinweis auf eine rasch wachsende Mittelschicht, zu der die Mitarbeiter der Entwicklungsprojekte ebenso zählen wie viele Kleinunternehmer.

Die weitaus größte Zahl der Einwohner des Landes jedoch ist **arm.** Zwischen ihnen gibt es allenfalls Nuancen, dahingehend, ob das tägliche Überleben eher gesichert oder eher gefährdet ist. Viele **Bauern** sind auch bei normalerweise gesichertem Einkommen nie vor plötzlichen Bedrohungen ihrer Lebensgrundlagen sicher. Überschwemmung oder Trockenheit, Schädlingsbefall oder Tierseuchen können die harte Arbeit mehrerer Jahre auf einen Schlag zunichte machen. Dann stehen keine Versicherung und kein soziales Netz bereit, um das Schlimmste zu verhindern. Allenfalls der Familienverband und bei Desastern größeren Ausmaßes ausländische Geber kommen zu Hilfe. Bevölkerungswachstum, Umweltzerstörung – vor allem Bodenerosion –, einsetzende Landknappheit und der daraus resultierende Ertragsrückgang lassen vermuten, dass die Probleme keineswegs kleiner werden. Bereits jetzt setzt eine deutliche **Landflucht** ein, obwohl die Städte von Laos noch keine Armensiedlungen kennen. Bettler sind selten und meist körperlich oder geistig behindert.

Derzeit sind die kleinen Bergvölker des Südens in ihrer Abgeschiedenheit, ohne Zugang zu Strom, sauberem Wasser, medizinischen Diensten und Bildung die Ärmsten des Landes, meist jedoch, ohne sich selbst dessen bewusst zu sein. Generell berichten Besucher, dass sie trotz der einfachen Lebensweise der Bewohner des Landes nur ganz selten mit den beklemmenden Eindrücken auswegloser und verzweifelter Armut konfrontiert werden. Das liegt sicher zum großen Teil an der optimistischen, ja heiteren **Lebenseinstellung der Menschen,** die es verstehen, auch dem Leben in ärmlichen Verhältnissen zuerst seine positive Seite abzugewinnen und – zumindest solange sie vom Werbeterror der Konsumgesellschaft verschont gewesen sind – einen weit glücklicheren Eindruck machen als der miesepetrige deutsche Otto-Normalverbraucher.

Einkommensverhältnisse und Sozialsysteme

Die sozialen Unterschiede wachsen auch in Laos rapide an und es gibt nicht wenige Leute, die weit mehr als ihren Anteil am Pro-Kopf-Bruttoinlandsprodukt von rund 320 US-Dollar abbekommen. Die Zahl derer, die weit weniger in der Haushaltskasse haben, ist jedoch bei weitem größer. Rund 32 Prozent aller Einwohner des Landes gelten offiziell als arm. In der Praxis sind dies die **Ärmsten der Armen.** Neben den überwiegend in der Subsistenzwirtschaft lebenden Menschen der entlegenen Bergregionen, oft auch anderen ethnischen Gruppen als den Lao zugehörig, sind es nominell die Staatsangestellten, die zu den unteren Einkommensschichten zählen. Für viele Angestellte, wie zum Beispiel die Lehrer oder untere

Sachbearbeiter, Soldaten und Polizisten, die keinen Zugang zu positionsbedingten Nebeneinnahmen haben, reichen die 15–20 Euro im Monat einfach nicht aus zum Leben. Hinzu kommt, dass selbst die niedrigen Gehälter nicht immer und überall pünktlich gezahlt werden. Viele Angestellte bestellen nebenbei Feld und Garten, halten Geflügel, Ziegen oder züchten Fische. Nicht selten hat die Frau einen Stand auf dem Markt und trägt mehr zum Familieneinkommen bei als der Mann.

Einfache Anstellungen als Kellner, Kraftfahrer, Bauarbeiter, Näherin und dergleichen beginnen auch bei einem Grundgehalt in der Größenordnung von 20 Euro, wobei zum Beispiel die Näherinnen in der Bekleidungsindustrie durch immense Überstunden bis zum Dreifachen erarbeiten können. Andere suchen Zweitjobs, etwa als Serviererin oder Animiermädchen in einem der unzähligen Bierlokale in den Städten.

Qualifizierte Fachkräfte kommen je nach Branche und Stellung auf 40 bis 80 Euro im Monat. Eine besondere Kategorie ist das **Hauspersonal der Ausländer.** Werden Hausdienste bei wohlhabenden Laoten oft von entfernteren Verwandten, Nachbarn oder auf dem Besitz der Reichen siedelnden Leuten aus ärmeren Verhältnissen erledigt, sind die Posten bei den Ausländern sehr begehrt. Schließlich kann ein gutes Hausmädchen bis zu 150 Euro verdienen. Gärtner, Wächter, Fahrer bekommen bis zu 100 Euro – ein auch für laotische Verhältnisse üppiges Gehalt, das zudem deutlich höher liegt als das, was man in vergleichbaren Positionen bei einheimischen Firmen erhält. Gleiches trifft für die Büroangestellten zu, die von ausländischen Arbeitgebern meist mehr erhalten.

Viele der kleinen **Unternehmer** wollen oder können nicht so recht errechnen, wie hoch ihr Einkommen wirklich ist. Das hat nicht nur mit der Steuer zu tun, sondern auch mit der Tatsache, dass erst ab einer bestimmten Firmengröße überhaupt eine Buchhaltung vorgeschrieben ist. Oberhalb 1000 Euro pro Monat gehört man aber in Laos generell zu den Top Verdienern, wobei in dieser Einkommensgruppe oft die ausländischen Geber die Zahlenden sind. Dem Verdienst größerer, lokaler Unternehmer sind anscheinend nach oben keine Grenzen gesetzt.

Deklariert man ein Einkommen oberhalb 100 Dollar, zeigt sich der Fiskus von seiner fiesen Seite. 48 Prozent will er dann abhaben. Andere Abzüge gibt es nicht, denn eine Sozialversicherung ist erst im Entstehen und erfasst in der Anfangsphase nur die Staatsangestellten und ihre Familien. Einige Firmen haben Verträge für ihre Mitarbeiter mit einer Krankenversicherung, was bisher jedoch die Ausnahme ist. Deshalb haben die meisten Laoten keine Vorstellung vom Unterschied zwischen Brutto- und **Netto-Löhnen.** Nicht zuletzt deshalb werden aus den so schon enormen Gehältern der Chefexperten der Entwicklungshilfe in manchen Diskussionen am

Biertisch wahrhaft astronomische Summen. Für die meisten Laoten also ist das, was als Lohn ausgehandelt wurde, auch das, was er zum Zahltag auf der Hand hat.

Um die soziale Absicherung muss sich jeder selbst kümmern. Und das kann kosten. Die Zeiten kostenloser **medizinischer Behandlung** sind vorbei. Wer krank ist und nichts auf der Kante hat, kann nur auf Verwandte und Bekannte hoffen und manch einer hat sich durch Behandlungskosten schon hoffnungslos verschuldet. Aber auch der Fall, dass teure und langwierige Behandlungen, zum Beispiel in der Krebstherapie, aus finanziellen Gründen abgebrochen oder gar nicht erst begonnen werden, ist keine Seltenheit. Häufig sind es schon die Ärzte, die sich in einem ziemlich frühen Stadium aufwendiger Behandlung nach dem finanziellen Hintergrund der Kranken erkundigen und bei negativer Auskunft schlicht abwinken. Viele Menschen, vor allem auf dem Lande, kommen oft sowieso sehr spät, manchmal zu spät, zu einem Arzt. Schmerzen und Krankheiten, häufiger noch durchaus reparable Entstellungen oder Behinderungen von Geburt an, werden nicht selten als Schicksal hingenommen. Danach ist der erste Weg der zum Schamanen oder Naturheiler. Erst wenn das nichts bringt, wird ein Arzt konsultiert.

Viele der Laoten, die in der Nähe der Grenze zu Thailand leben und es sich auch finanziell leisten können, lassen sich im Nachbarland medizinisch behandeln. Daher lag es nahe, dass die dortigen Versicherungen sich dieser Klientel annahmen. Inzwischen versucht die laotische „Assurance Générale du Laos" („AGL"), eine Tochter der französischen „AGF", die wiederum zur Allianz-Gruppe gehört, gegen zu halten. Viele der wohlhabenden Laoten haben heute **Lebens- und Krankenversicherungen** abgeschlossen.

Renten- und Arbeitslosenversicherung sind dagegen bisher gänzlich unbekannt. Staatliche Angestellte erhalten nach Ausscheiden aus dem Dienst im Alter eine Pension, die aber verschwindend gering ist. Für diese Rentner sind andere Vergünstigungen, zum Beispiel die Lizenz für den zollfreien Import eines Autos oder das Wohnen in einem staatlichen Haus, weit erstrebenswerter. Die **Alten** aus der Wirtschaft dagegen stehen buchstäblich mit leeren Händen da. Glück für die Menschen, dass das Land eine so junge Bevölkerung und große Familien hat. Da ist die Versorgung der Alten in der Großfamilie eine Selbstverständlichkeit. Wenn tatsächlich alle Stränge reißen, dienen die Pagoden manchmal als letzte Rettung. Dabei gibt es nicht nur den Weg in die Mönchsgemeinde. In manchen Pagoden sieht man alte oder gebrechliche Menschen, die hier ein wenig zur Hand gehen und von der Gemeinde mit ernährt werden.

Stadt und Land

Rund 23 Prozent der laotischen Bevölkerung leben in **Städten.** Damit nimmt Laos unter 195 Ländern Platz 187 ein – immerhin vor Thailand und Kambodscha. Doch anders als in den beiden Nachbarländern gibt es hier keine Millionenstadt und schon gar keine Megametropole wie Bangkok. Der Verwaltungsbezirk Vientiane bringt es auf rund 600.000 Einwohner und davon lebt weniger als die Hälfte im urbanen Teil der Präfektur. Mit anderen Worten: Selbst die laotische Hauptstadt verfügt über ausgedehnte ländliche Gebiete und eine wirtschaftlich nicht unbedeutende Zahl von idyllisch aussehenden Reisfeldern. Zweitgrößte Stadt ist Savannakhet, gefolgt von Pakse, Khammouane, Luang Prabang und Sam Nüa. Keiner dieser Orte hat mehr als 100.000 Einwohner. Damit wird auch ein Hindernis für ausländische Investoren deutlich. Gerade für arbeitsintensive Zweige

Dorf in Aufregung – Impftag bei den Akha

wie Textil- oder Schuhindustrie fehlt es einfach an der notwendigen Bevölkerungskonzentration.

Doch auch in Laos ist Bewegung ins Volk gekommen. Nicht zuletzt, weil die Administration die bis in die 1990er Jahre bestehenden Restriktionen im Reiseverkehr (bis dahin brauchten Laoten schon bei Reisen über die Kreisgrenzen hinaus eine Genehmigung der zuständigen Behörden) gelockert hat. Der **Zug in die Städte** hat eingesetzt und wird sich wohl nur schwer aufhalten lassen. Schließlich haben die ländlichen Gegenden von Laos außer schwerer Arbeit und spartanischen Lebensbedingungen wenig zu bieten. Einen Trend zurück zur Natur wird es in Laos wohl in absehbarer Zeit schwerlich geben, mit Ausnahme der ausländischen Bewohner des Landes, die auf ihrer Flucht aus der modernen Zivilisation in Laos das Paradies gefunden zu haben meinen.

Anders die Laoten. Für die meisten von ihnen sind Beton, Plastik und Wellblech durchweg erstrebenswerter Ausdruck von Fortschritt und Wohlstand. Auch wachsende Bildung und Zugang zum Maßstäbe verändernden Medium Fernsehen wecken vor allem bei der Jugend Bedürfnisse, die sich auf dem Dorf nicht erfüllen lassen. Was sollen schicke Fummel, wenn es keinen Laufsteg gibt, was das neueste Motorrad, wenn es auf einem buckligen Sandpfad nur langsam bewegt werden kann?

Mit **wachsender Urbanisierung** entwickeln sich Einkaufszentren und Kultureinrichtungen, entstehen all die Segnungen der Moderne, vom Flutlichtstadion bis zum Jazzklub. Vientiane, oftmals noch als Hauptstadt mit ländlichem Charme beschrieben, baut das erste Hochhaus und installiert Rolltreppen. Sogar von einer Straßenbahn war schon die Rede. Hühner und Büffel, vor zehn Jahren noch Mitbewerber um einen Platz auf den Hauptstraßen, verschwinden in Stadtrandsiedlungen und auf Hinterhöfe. Zur Rush-Hour früh, mittags und abends stauen sich die Autos auf den Hauptstraßen. Und wenn der ASEAN-Tagungstross in Vientiane einfällt, bekommen die Hauptstädter gar eine Vorahnung vom Verkehrschaos. Aber auch Kriminalität, Modedrogen, Jugendarbeitslosigkeit, Prostitution begleiten diese Entwicklung. Noch gibt es keine ausgesprochenen Slums; und Nobelbauten und Bambushütten sind oft Nachbarn. Dennoch vollzieht sich die soziale Differenzierung deutlich sichtbar auch in den Stadtbildern, entstehen protzige Villenviertel mit beleuchteten Betonstraßen und Wachschutz. Die Vientianer Lösung, eine wenig attraktive Hüttensiedlung aus der Innenstadt einfach ins Umland umzusiedeln, wird sich auch nicht beliebig oft wiederholen lassen.

Aber auch das Leben **auf dem Land** ist nicht ohne Probleme. Die geographischen, ja generell die natürlichen Bedingungen potenzieren die Probleme aus der ethnischen Zersplitterung der Bevölkerung. Für Siedlungen

056la Foto: ms

von drei bis vier Häusern ist der Bau einer Schule oder einer Gesundheitsstation einfach nicht sinnvoll. Gleiches gilt für den Anschluss an die Infrastruktur, seien es Straßen, Telefonleitungen oder das Stromnetz. Hinzu kommt, dass die nächstgelegenen Dörfer oft von Vertretern völlig anderer Völkerschaften bewohnt werden. Umsiedlungsprogramme, die die Bevölkerung in Zentren zusammenführen und neben den genannten auch noch die Probleme Opiumanbau und Brandrodungsfeldbau lösen helfen sollen, sind durchaus legitime Mittel, aber keine Ideallösungen. Denn sie führen in der Bergwelt oft zu Landknappheit und reißen Menschen aus ihrem traditionellen Siedlungsumfeld. Auf der anderen Seite ist auch vielerorts zu beobachten, dass die Menschen von selbst ihre Dörfer an neu errichtete Straßen verlagern, um so Anschluss an die moderne Entwicklung zu bekommen.

Noch ist das Stadt-Land-Gefälle kein brennendes Problem für die laotische Gesellschaft, doch der Zug in diese Richtung hat sich in Bewegung gesetzt und nimmt langsam Fahrt auf.

Poststation auf dem Land – was da äußerlich so bescheiden aussieht, ist für das betreffende Dorf ein riesiger Fortschritt.

Minderheitenproblematik

Eigentlich könnte man sagen, dass Laos nur aus Minderheiten besteht. Die **Lao,** die Politik, Wirtschaft und Kultur bestimmen, kamen bei der letzten Volkszählung 1995 auf knapp über 50 Prozent. Erst gemeinsam mit anderen Tai-Lao-Völkern addieren sie sich auf rund zwei Drittel der Gesamtbevölkerung. Was aber selbst kulturell nicht viel besagt, denn bei weitem nicht alle zur Tai-Lao-Gruppe zählenden Völker sind beispielsweise Buddhisten. Dennoch sind die Unterschiede zwischen diesen Völkern geringer als die zu den anderen großen Gruppen. Auch das relativ kompakte Siedlungsgebiet entlang des Mekong und seiner Nebenflüsse stärkt die Dominanz der Lao. Die **anderen ethnischen Gruppen** sind nicht nur geographisch zersplittert, sondern in kleine und kleinste Stämme, Unterstämme und Sippen gegliedert. Das „Summer Institute of Linguistics" (Dallas/Texas) klassifizierte im Jahre 1996 beispielsweise 90 ethnische Gruppen, der französische Forscher *Laurent Chazée* kam nach jahrelanger Feldforschung in Laos gar auf 132. In den politischen Reden der laotischen Revolutionäre wird deshalb oft der Begriff vom polyethnischen Volk strapaziert.

Nach 1975 wurde stets auf die Einheit dieses bunten Völkergemisches gepocht, nicht zuletzt, weil es vor allem die Bergvölker waren, die für die Revolution gekämpft hatten und denen nach dem Sieg ein besseres Leben sowie eine deutlich höhere Beteiligung an allen Belangen des Staates versprochen worden war. Dabei war der **nationale Einigungsprozess** nicht frei von allzu simplem Verständnis. So wurde zum Beispiel versucht, die kulturellen Traditionen der Bergvölker auf das Niveau der Lao „anzuheben", meist indem den kleinen Völkern einfach die Errungenschaften der laotischen Kultur übergestülpt wurden. Ich kann mich gut erinnern, dass uns noch Ende der 1980er Jahre bei einem Kulturprogramm mit Vertretern verschiedener ethnischer Gruppen stolz verkündet wurde, sie seien jetzt alle in der Lage, die Lieder und Tänze der Lao aufzuführen. Wir hätten schon damals lieber die ursprüngliche Kultur der Bergvölker erlebt.

Natürlich brauchte der Staat eine **Landessprache.** Dass die Wahl dabei auf Lao fiel, ist durchaus verständlich, denn Französisch war aufgrund der Kolonialherrschaft diskreditiert. Diese Wahl wird von einigen Bergvölkern aber auch als Ausdruck der Dominanz der Lao verstanden, zumal die Regierung aus politischen Gründen zum Beispiel gegen die von Missionaren entwickelte und das lateinische Alphabet nutzende Schrift der Hmong vorging. Wenn schon eine eigene Schrift, dann mit laotischen Buchstaben.

Mädchen von zwei verschiedenen Akha-Stämmen und Hmong (Mitte)

Angesichts der Globalisierung fragt man sich heute, ob es tatsächlich eine kluge Entscheidung war, für ein Volk von heute rund 5 Millionen eine völlig eigenständige Schrift zu bewahren. Doch das ist eine andere Frage.

Knapp 30 Jahre nach dem Sieg der „Pathet Lao“ lässt sich jedoch konstatieren, dass der Wunsch nach einer raschen Angleichung der Lebensbedingungen und von der entsprechenden Vertretung der **Bergvölker** in der staatlichen Verwaltung nicht in vollem Maße in Erfüllung ging. Heute sind die ärmsten Gebiete des Landes durchweg von kleinen Völkern bewohnte Bergregionen. Zwar hat sich in der Repräsentanz der Bergvölker, nicht zuletzt aufgrund besseren Zugangs zu Bildung, im Parlament wie in örtlichen Verwaltungen einiges getan, doch viele Volksgruppen sind immer noch unterrepräsentiert. Dagegen sind ironischerweise die Hmong, die im Krieg überwiegend auf der gegnerischen Seite zu finden waren, heute überproportional in der Verwaltung vertreten – vielleicht weil ihnen die laotische Führung gerade wegen dieser Vergangenheit besondere Förderung zukommen lässt.

Die meisten Völker leben in Laos bis auf den heutigen Tag in **gutem Einvernehmen** miteinander. Das mag auch daran liegen, dass man sich bisher ob der Größe und lockeren Besiedlung des Landes nur wenig ins Gehege kam. Vermischung der Völker ist eher selten und auch die wirtschaftlichen Kontakte zwischen den verschiedenen Volksgruppen sind wenig entwickelt. Mit wachsender Bevölkerung wird sich dies alles sicher ändern und es bedarf dann in zunehmendem Maße einer klugen Minderheitenpolitik, um Konflikten zwischen den Volksgruppen vorzubeugen.

Einwanderungs- und Fremdenproblematik

Sind die Laoten sonst berühmt für ihre Toleranz, so hört dies seitens der offiziellen Stellen beim Thema Einwanderung auf. Vielleicht fürchtet die Regierung, dass eben jene Toleranz bei großzügigen Einwanderungsregeln rasch in fremde Dominanz umschlagen könnte. Anders jedenfalls lässt sich kaum erklären, dass schon seit Generationen in Laos lebende vietnamesische, chinesische, pakistanische und indische Familien nach wie vor *taang dao* (wörtlich „vom fremden Stern"), im Amtslaotisch **„ansässige Ausländer"**, sind. Sie müssen jährlich ihre Aufenthaltserlaubnis verlängern lassen und haben an ihren privaten Kraftfahrzeugen besondere Kennzeichen – gelb mit blauer Schrift. Die **Einbürgerung** ist umständlich, langwierig und ohne einen lokalen Bürgen nicht möglich.

Das ändert sich allerdings schlagartig, wenn ein Ausländer üppige Devisen-Summen im Lande investiert, was ihm die laotische **Staatsbürgerschaft ehrenhalber** einbringt. Auf der anderen Seite kann man der restriktiven Haltung des laotischen Staates durchaus auch Verständnis entgegen bringen, betrachtet man beispielsweise, was für ein illustres Völkchen sich im benachbarten Thailand auf Dauer eingenistet hat. Dabei sind die Aussteiger der westlichen Welt oft nur der nach außen sichtbare Teil des Fremdenproblems.

Laos mit seiner niedrigen Bevölkerungsdichte wirkt besonders anziehend auf die überbesiedelten Nachbarn Vietnam und Yunnan (China). Zwar hielt sich in der Geschichte der Zustrom von Chinesen und Vietnamesen in Grenzen, was sicher auch in der fehlenden wirtschaftlichen Attraktivität des rückständigen Landstrichs begründet ist. Die chinesische Diaspora, sonst in den Ländern Südostasiens eine entscheidende, oft von den nationalen Regierungen gefürchtete Größe, blieb in Laos bei verschwindend geringen zwei Prozent der Bevölkerung. **Vietnamesen** wurden vorwiegend von der französischen Kolonialverwaltung als Beamte, Handwerker und Arbeiter ins Land gebracht. Pläne einer groß angelegten Ansiedlung von Vietnamesen zur wirtschaftlichen Erschließung des ärmsten Teils Französisch-Indochinas konnten nicht mehr in die Tat umgesetzt werden.

Doch Zeiten ändern sich. In den letzten Jahren sind es vor allem **Chinesen,** die nach Laos einsickern, sich überall im Lande breit machen und zum Leidwesen der lokalen Händler billigen Tand anbieten. Vor allem im Norden werden nach und nach so ziemlich alle Geschäftsfelder von Chinesen übernommen. Sie mieten Restaurants und Gästehäuser, bestellen Gemüsefelder und legen Fischteiche an. Ähnlich wie bei den Vietnamesen fühlen sich die Behörden in einer Zwickmühle, meint man doch, ein rigoroses Vorgehen gegen die meist illegalen Einwanderer könnte das Verhältnis zu den politischen Verbündeten belasten.

Die Bevölkerung ist allen Ausländern gegenüber **aufgeschlossen und tolerant.** Letzteres manchmal bis zur Selbstverleugnung, wenn nämlich selbst die gröbsten Verstöße gegen die laotischen Vorstellungen von Anstand und Sitte (wie inniges Küssen in der Öffentlichkeit oder nahezu textilfreies Baden) zwar untereinander betuschelt, aber selten öffentlich gerügt werden.

Bei aller Toleranz aber machen die Laoten durchaus Unterschiede zwischen den Fremden, gibt es gewisse Vorlieben und Abneigungen. Gemäß dem hiesigen Schönheitsideal stehen alle **Menschen mit hellerer Hautfarbe** weiter oben in der Beliebtheitsskala. Da sich dies meist mit der Vermutung einer gut gefüllten Brieftasche paart, sind die Rollen in der interkulturellen Kommunikation also von vornherein verteilt. Nahezu jeder Weiße wird als potenzieller Geber betrachtet, was auch beim Umgang mit Behörden zum Tragen kommen kann. Unfälle werden meist unter zweitrangiger Berücksichtigung der Schuldfrage nach dem (vermeintlichen) Geldbeutel bewertet.

In touristisch erschlossenen Regionen steigt auch die Zahl derer, die Bekanntschaft und Freundschaft mit ausländischen Besuchern aus kühler Berechnung suchen. Die Zahl der meist männlichen Fremden, die zunächst dem Charme der einheimischen Mädchen erliegen und schließlich eine Großfamilie zu versorgen haben, ist sicher im Vergleich zu Thailand verschwindend gering, doch im Wachsen begriffen. Spöttische Zungen aus dem Umfeld der Glücklichen nennen den Bräutigam und späteren Gatten gern mal *Mr. Jackpot.* Dabei soll nichts gegen eine interkulturelle Bindung an sich gesagt sein, sondern nur auf mögliche Konsequenzen einer solchen Verbindung hingewiesen werden. In abgelegenen Gegenden dagegen können weiße Besucher auch schon mal als Rarität bestaunt werden, wozu sich in respektvoller Entfernung ganze Menschentrauben bilden. Die mutigsten Kinder riskieren dann sogar, eine „Langnase" zu berühren.

Menschen, die dunkler als die Laoten sind, werden dagegen oft von oben herab betrachtet oder können bei Bergbewohnern sogar Angst und Fluchtreaktionen hervorrufen. Es war ja selbst in Europa Mitte des 20. Jahrhunderts nicht ungewöhnlich, dass der „schwarze Mann" als Schreckgespenst in der Erziehung zum Einsatz kam – ähnlich wie hier. Der Gerechtigkeit halber sei gesagt, dass Kinder oft auch vor Weißen Reißaus nehmen, einfach weil ihnen aus pädagogischen Gründen ebenso eingetrichtert wird, dass Weiße Kinder fressen, mit Vorliebe ungehorsame. Der häufiger werdende Umgang mit Schwarz wie Weiß wird hoffentlich auch diese Mär aussterben lassen.

Neben der Hautfarbe ist es vor allem der **Körpergeruch,** der das Bild des Fremden negativ beeinflussen kann. Bei Laoten ist der Körpergeruch viel geringer ausgeprägt, zudem folgt nahezu jeder schweißtreibenden Aktivität eine ausgiebige Reinigung. Wenn nun ein Besucher etwas streng riecht, wird es von den stets auf körperliche Reinlichkeit bedachten Laoten fälschlicherweise mit nachlässiger Körperhygiene in Verbindung gebracht.

Doch sind dies allesamt Einzelerscheinungen, die oft auch einzelnen Begebenheiten zuzuordnen sind. Sie sind auch keinesfalls geeignet, heftige Reaktionen auszulösen, etwa den Fremden gewaltsam zu vertreiben. Schlimmstenfalls verstecken sich Menschen, besonders veschüchterte Kinder, vor der für sie ungewohnten Erscheinung. Generell überwiegen bei den Laoten Toleranz und Gastfreundschaft.

Separatismus, Terrorismus und Kriminalität

Von manchen Träumern eines Groß-Thai-Reiches wurde Laos des Separatismus bezichtigt, denn schließlich rissen die Franzosen mit der Einverleibung von Laos in ihre Kolonie Französisch-Indochina den Siamesen den sicher geglaubten Fang wieder aus den Zähnen. Umgekehrt hingen einige Kräfte in Laos dem Wunsche an, im Isaan, dem einstigen laotischen Gebiet im heutigen Nordosten Thailands, eine Bewegung zur **Abtrennung von Thailand** ins Leben rufen zu können. Alles aussichtslose Luftschlösser, denn ein hoher Vertreter der laotischen Revolutionäre sagte schon Ende der 1980er Jahre in trauter Runde: „Wir akzeptieren die Grenzen, wie sie heute sind. Auch wenn sie uns nicht gefallen."

Also alles ruhig, könnte man meinen. Leider nein, denn seit Ende des amerikanischen Indochina-Krieges sorgt ein anderes Thema immer wieder für Aufsehen: die **Hmong.** Ihnen wird der Wunsch zur Gründung eines eigenen Staates angedichtet, was in Zeiten des Kalten Krieges wohl einzig den USA gefallen hätte. Schließlich hätte dies neben Laos auch Teile von Vietnam und China, aber auch von Thailand und Myanmar betroffen. Die Hmong selbst, so schreiben heute selbst amerikanische Forscher, konnten mit der Idee nicht so viel anfangen. Doch für Unruhe sorgen einige Angehörige des Bergvolkes bis heute. Die laotischen Offiziellen bemühen sich, die **Zwischenfälle** so weit es geht herunter zu spielen oder ganz zu negieren. Nimmt man in der Öffentlichkeit Stellung, ist von Banditen-

Polizeiposten an Kreuzungen sehen martialisch aus, aber der Diensteifer hält sich in Grenzen

215la Foto: ms

tum und privaten Konflikten die Rede. Es wird alles unternommen, nicht den Anschein politisch oder ethnisch motivierter Unruhen zu erwecken. Beruhigend ist dies für das Ausland kaum. Dabei kam es 2000 bis 2002 zu einer Serie von Bombenanschlägen in laotischen Städten, die insgesamt eher auf Verbreitung von Unruhe als auf größtmöglichen Schaden ausgerichtet waren. 2004 gab es erneut mysteriöse Explosionen, zu denen sich, abgesehen von einer außer in Deutschland sonst nirgends in Erscheinung getretenen laotischen Exilgruppe, niemand bekannte. Überfälle an Straßen im Norden und Unruhen in einigen Berggebieten kamen hinzu. Entgegen der laotischen Strategie der Beschwichtigung wurden im Ausland all diese Gewaltakte einem andauernden Feldzug der Hmong gegen die Regierung in Vientiane zugeschrieben, bis hin zu heftigen Anschuldigungen an Vientiane, die Hmong gezielt ausrotten zu wollen. Das halte ich für Unsinn, denn wie schon gesagt sind die Hmong in der lokalen wie zentralen Verwaltung überrepräsentiert.

Wenn es Gruppen gibt, die seit nunmehr fast 30 Jahren bewaffnet gegen die Regierung kämpfen, sollte man sie auch beim Namen nennen, und zwar **Terroristen und Separatisten.** Nebenbei fragt sich, woher sie noch immer Waffen und Munition beziehen. Folgt man *Keith Quincy's* sehr fundiertem Buch „Harvesting Pa Chay's Wheat; The Hmong and Americas Secret War in Laos“ (Washington, 2000), sind es vor allem in den USA beheimatete Exilorganisationen der einst in CIA-Diensten gegen die Kommunisten kämpfenden Hmong, die die Aktivitäten ihrer Anhänger im Gange halten, um den Spendenstrom für ihre Verbände nicht abreißen zu lassen.

Insgesamt eine recht undurchsichtige Situation, die allerdings mit sich bringt, dass die **Sicherheit in einigen Teilen des Landes** nach wie vor beeinträchtigt sein kann. Im Zuge der Aussiedlung von rund 15.000 Hmong aus der in Thailand gelegenen buddhistischen Pagode Wat Tham Krabok in die USA und der Diskussion um die Aufnahme normaler Handelsbeziehungen zwischen Laos und den USA kochte das Problem 2004 erneut hoch, bis hin zu gewaltsamen Auseinandersetzungen zwischen Normalisierungsanhängern und -gegnern unter den Hmong in den USA. Nach Herstellung normaler Handelsbeziehungen durch die US-Regierung zum Jahreswechsel 2004/05 wird einkehrende Normalität die Frage hoffentlich bald auf Dauer lösen helfen.

Auch sonst macht die moderne Entwicklung um Laos keinen Bogen und führt – so traurig das sein mag – auch zu einem **Ansteigen der Kriminalität.** Dabei unterscheiden sich die Zustände im Land noch immer sehr angenehm von denen in anderen Ländern der Region. Leichtsinn und Unachtsamkeit sind aber nicht mehr angebracht, denn auch hierzulande gilt: Gelegenheit macht **Diebe.** Geld offen im Zimmer eines Hotels oder Gästehauses liegen zu lassen, ist schon eine starke Herausforderung an die Ehrlichkeit von Personal mit 30 Dollar Monatssalär. An der Rezeption bzw. beim Hausherren hinterlegte Wertsachen sind dagegen in der Regel sicher, wenn sich nicht einige Zeitgenossen besonders clever dünkten. Mir kam zu Ohren, dass jemand das hinterlegte Geld bewusst falsch deklariert hatte, um Begehrlichkeiten nicht extra anzuheizen. Er erhielt den deklarierten Betrag zurück, der Rest fehlte. Daraufhin machte der Gast ein Fass auf – ohne Erfolg. Man muss sich darüber im Klaren sein: Da weiße Ausländer im Ruf nahezu unerschöpflichen Reichtums stehen, erfreuen sie sich bei einem Teil der Diebeswelt besonderer Beachtung.

Schwere **Gewaltverbrechen** kommen auch in Laos vor. Meist sind es länger anhaltende Konflikte, die schließlich eskalieren. Ausländer sind aber sehr selten davon betroffen.

Auch die im Folgenden genannten kriminellen Aktivitäten richten sich selten gegen Ausländer, von denen sich die Diebe lieber fernhalten, da sie sonst Unannehmlichkeiten befürchten. Einige Verbrechensmuster im Lande scheinen gewissen Modetrends zu unterliegen. So war „Bag Lifting“ eine Zeit lang sehr verbreitet, wobei auf Motorrädern daherkommende Diebe im Vorbeifahren Taschen und Beutel aus den Transportkörbchen von Fahrrädern und Mopeds lupften. Dann schnitt man, gleichfalls im Vorbeifahren und mit ähnlichem Effekt, die Riemen von Umhängetaschen durch.

Das Abreißen von Goldketten und -gürteln gleichfalls vom vorbeifahrenden Moped führte dagegen nicht nur zum Verlust der Wertgegenstände, sondern oft zu schweren Verletzungen. Oft werden auch Mopeds selbst gestohlen, die meist auf Nimmerwiedersehen verschwinden. Besonders dreiste Diebe lauern allein fahrenden Opfern auf dunklen Nebenstraßen außerhalb des Stadtzentrums auf, versperren den Weg und erzwingen die Herausgabe des Fahrzeugs unter Androhung roher Gewalt. Einer der Gründe, dass vor allem Mädchen abends nicht gern allein in relativ unbeleuchteten Gegenden umherfahren, was letztlich Konsequenzen für die Beschäftigung zum Beispiel von Hauspersonal haben kann.

Bei länger im Land lebenden Ausländern wie auch bei wohlhabenden Einheimischen ziehen die meist reich ausgestatteten Häuser das Interesse von oft professionellen **Einbrechern** auf sich. Immer wieder hört man, dass Häuser nahezu komplett ausgeräumt wurden – bis hin zu Kühlschrank und Stereoanlage. Selbst wenn dies von Nachbarn bemerkt wird, auf deren Eingreifen ist in der Regel nicht zu rechnen, denn sie fürchten, dass die Einbrecher bewaffnet sind.

Aufklärungsraten sind erfahrungsgemäß bei Einschaltung der Dorfadministration höher als bei Hinzuziehen der Polizei, denn oft kennt man seine Pappenheimer. Voraussetzung sind indes dauerhaft gute Beziehungen zum Dorfkomitee, den Kasten Bier zur Neujahrsfeier eingeschlossen.

Bei vielen oft sehr ärgerlichen und lästigen Erscheinungen der **Kleinkriminalität** – wie von der Wäscheleine verschwindende Sachen, das Abhandenkommen von Geflügel, der Diebstahl von Obst – haben die Laoten selbst manchmal eine erstaunlich hohe Toleranzgrenze. Diese Leute erdulden still ihr Leid in der Hoffnung, dass die Diebstähle (oft sind es Serientaten) irgendwann von selbst aufhören oder sie stellen zum Beispiel die Geflügelzucht ein. Andere greifen zur Selbsthilfe und verbarrikadieren sich bis hin zur Errichtung von lebensgefährlichen Elektrozäunen. Wohl habende Leute beschäftigen Nachtwächter, was allerdings auch keinen hundertprozentigen Schutz gewährt. Am besten scheint derzeit der Einsatz eines professionellen Wachschutzes die Sicherheit eines größeren Anwesens zu gewährleisten.

Doch noch einmal sei ausdrücklich betont: In Laos ist das Leben, verglichen mit vielen anderen Ländern der Region, **sehr sicher und ruhig.** Niemand muss sich fürchten, auch nach Einbruch der Dunkelheit zu Fuß in den Städten unterwegs zu sein. Kriminelle Übergriffe sind – wenn auch generell im Ansteigen – die absolute Ausnahme. Die Ursachen für Kriminalität sind nicht anders als anderswo: der Neid bei wachsender sozialer Differenzierung, Beschaffungskriminalität bei Drogenkonsumenten oder schlicht ausweglose Armut.

008la Foto: ms

FAMILIE UND GESCHLECHTERROLLEN

Die Großfamilie

Die meisten Menschen in Laos leben in Großfamilien, oft drei bis vier Generationen in einem Haushalt. Die Familie ist der Kristallisationspunkt der Gesellschaft, der **Lebensmittelpunkt der Menschen** und meist – speziell auf dem Lande – auch eine in sich geschlossene Wirtschaftseinheit. Den Bestand der Familie gilt es zu sichern und gegen negative Einflüsse von außen zu schützen, wobei in vielen armen Gegenden der tägliche Kampf ums Überleben im Vordergrund steht. Wo die Bedingungen besser sind, geht es darum, den Wohlstand der Familie zu mehren. Innerhalb der Familie sind fester Zusammenhalt und **gegenseitige Unterstützung** geradezu Verpflichtung. Nicht selten reden sich die Gemüter heiß über diesen oder jenen Verwandten und seine Unvollkommenheiten und Fehler. Doch kommt es zur Nagelprobe, beweist sich allzu oft, dass Blut dicker ist als

Eine Yao-Frau mit ihrem Enkel

Wasser und dem eben noch gescholtenen Familienmitglied gegen Einwirkungen von außen bedingungslos beigestanden wird.

Aber wie überall sind die Menschen unterschiedlich. Es gibt aktive und weniger aktive, initiativreiche und weniger initiativreiche, erfinderische und weniger erfinderische Zeitgenossen. Und für viele der sich Abrackernden und bescheiden Erfolgreichen kann die Familie auch schnell zur **Bürde** werden, wenn sich nämlich die weniger Arbeitsamen in der familiären sozialen Hängematte rekeln und die traditionelle innerfamiliäre Solidarität weidlich ausnutzen. Familiendramen sind keine Seltenheit und keineswegs auf die ärmeren Schichten begrenzt, denn auch hier gilt ein wohl allgemein menschlicher Grundsatz: Je mehr zu verteilen ist, desto höher das **Konfliktpotenzial** und desto größer die Kampfbereitschaft.

Ungefähr 900.000 Haushalte werden im Land gezählt. Wesentlichen Einfluss auf die Größe der Familie hat natürlich die Zahl der **Kinder** und die ist in Laos üppig. Im Schnitt kommen fünf Kinder auf eine Familie, aber auch die doppelte Kinderzahl ist keine Seltenheit. Keine Ein-Kind-Politik, keine rasche Senkung des enormen Bevölkerungswachstums von 2,8 Prozent ist von der Regierung verordnet. Dennoch beginnen auch in Laos Geburtenkontrolle und Familienplanung Einzug zu halten. Zum einen sind natürlich die gesundheitlichen Belastungen für die Frauen immens. Zum anderen sorgt eine verbesserte Gesundheitsversorgung, inklusive flächendeckender Impfprogramme gegen die wichtigsten Kinderkrankheiten,für höhere Überlebenschancen der Kinder, was ohne Geburtenrückgang das **Bevölkerungswachstum** weiter beschleunigen würde.

Generell ist die laotische Führung zwar angesichts der um vieles zahlreicheren Nachbarn – 1,2 Milliarden Chinesen, 41 Millionen davon in der Grenzprovinz Yunnan, 80 Millionen Vietnamesen, 60 Millionen Thailänder – nicht böse wegen der Zunahme der Einwohner im dünn besiedelten Laos, doch werden auch die damit verbundenen Probleme und Belastungen deutlich: Guter Ackerboden wird in einigen Gegenden knapp, Bildung und Gesundheit haben Mühe, mit den wachsenden Menschenmassen fertig zu werden und die Wirtschaft wächst bei weitem nicht rasch genug, um ausreichend Arbeitsplätze zu bieten.

Dennoch ist für die meisten Familien eine große Kinderzahl durchaus wünschenswert. Sie sind willkommene Arbeitskräfte in der Familienwirtschaft und für die Alten die weitgehend einzige Form der Altersversorgung. Wer kinderlos bleibt, gilt als bemitleidenswert. Nicht selten kommt es deshalb vor, dass kinderlose Paare von den mit reichlich Kindersegen bescherten Verwandten einige Kinder „abbekommen", die sie anstelle eigener Kinder aufziehen. Auch Adoptionen von Kindern sehr armer Familien sind keine Seltenheit.

Lediglich in den großen Städten beginnen sich allmählich und meist notgedrungen auch **Zwei-Generationen-Familien** zu bilden, was von den Betreffenden selbst allerdings meist als unpraktisch angesehen wird. Schließlich sind es in der Regel die Großeltern, die auf die Kleinkinder aufpassen, wenn die Eltern ihrem Broterwerb nachgehen. Auch ist in der Großfamilie stets jemand zu Hause, was nicht nur für Besucher angenehm ist, sondern auch ungebetene Gäste wie Diebe und Einbrecher fern hält.

Die Trennung von den Großeltern und die Berufstätigkeit aller im Haushalt lebenden Erwachsenen rütteln an den traditionellen Grundfesten der Großfamilie. Die Kinder und **Jugendlichen** sind trotz Ganztagsschule oft sich selbst überlassen und anfällig für allerlei Verlockungen von Alkohol über Amphetamintabletten bis hin zu sehr frühen Geschlechtsbeziehungen. Die gestressten Eltern wollen der Schule neben der Verantwortung für die Bildung auch die für die Erziehung der Kinder gleich mit übertragen. Ihr schlechtes Gewissen versuchen sie oft mit großzügigen Geschenken wettzumachen. So werden Schulhöfe zu ausgedehnten Parkplätzen für die immense Zahl von Mopeds und zunehmend auch Autos, mit denen die Schüler zur Schule kommen. Auf der anderen Seite fehlen für die Jugendlichen attraktive Freizeitangebote an allen Ecken und Enden. Der Staat versucht dann mit administrativen Regeln, meist Verboten, regulierend einzugreifen. Es hat mehr als nur den Anschein, dass die Urbanisierung und Modernisierung des Lebens die traditionelle Großfamilie vor gewaltige Zerreiß- und Belastungsproben stellt.

Rollenverhalten von Männern und Frauen

Trotz der immensen kulturellen Unterschiede zwischen den Völkern von Laos lässt sich speziell in der traditionellen Rolle der Geschlechter eine wohl jahrtausendealte gemeinsame Tendenz feststellen: Die Verteilung der Aufgaben erfolgt meist **zulasten der Frau.** Zwar schreibt die Verfassung die Gleichheit der Geschlechter fest, doch ist das längst nicht in der alltäglichen Praxis angekommen. Formal ist der Mann das Oberhaupt der Familie. Daran rüttelt auch die Tatsache nichts, dass es in großer Zahl Geschichten und Anekdoten über Männer gibt, die zu Hause unterm Pantoffel stehen. In der Tat haben in Laos erstaunlich viele Frauen nicht nur eine gehörige Portion Selbstbewusstsein, sondern im positiven Sinne die Hosen an. Sie sind es, die die Familie zusammenhalten, die mit ordnender Hand die Mehrung des Wohlstandes steuern. Speziell bei den Lao spielen da ganz sicher auch die starken Relikte des Matriarchats eine Rolle, die z.B. matrilineare Vererbung einschließen (siehe „Hochzeit u. Ehe“: „Lao“).

0591a Foto: ms

In der **traditionellen Aufgabenverteilung** ist der Mann für die „schweren Arbeiten" verantwortlich. Dazu gehören der Hausbau, die Vorbereitung der Felder, Jagd und Fischfang einschließlich der Herstellung und Instandhaltung der dafür benötigten Gerätschaften (Waffenpflege und Munitionsbereitung, Bootsbau, Netzknüpfen usw.). Großvieh wie Rinder, Büffel, Pferde, Elefanten unterliegen in der Regel der Obhut des Mannes. Auch Korbflechten ist bei vielen Völkern Männersache.

Den Frauen sind die „leichten Tätigkeiten" vorbehalten, was jedoch eine Frage der Definition ist. Denn besonders die Beschaffung von Brennholz und Trinkwasser ist mit gehöriger Plackerei verbunden. Weiter sind die Essenszubereitung, die Versorgung der Kinder, der Gemüsegarten, die Kleintierhaltung, die Bekleidungsherstellung und ihre Pflege Aufgaben der Frauen. Eine interessante Beobachtung konnte ich bei den Lao-Töpfern machen. Die traditionelle Töpferei ist bei ihnen auch heute noch Frauensache. Erst mit der Einführung der Töpferscheibe wurde das Töpfern zum Männerberuf.

Weiter weitgehend in der Hand der Frauen sind das Sammeln von Waldfrüchten und Wurzeln. Auch der Markthandel ist überwiegend Angelegenheit der Frauen, die dann auch meist das Geld der Familie verwalten.

Die Frau dreht die Scheibe, der Mann formt den Ton

Nimmt man die nahezu jährlichen Schwangerschaften hinzu, lässt sich leicht ein Bild von der Belastung der Frauen machen. Wenn in vielen Berggebieten dazu noch Mangel- und Fehlernährung kommt, erklärt sich auch, warum viele Schwangerschaften vorzeitig enden. Selbst der normale Tagesablauf hält die Frauen länger auf den Beinen als die Männer. Wenn die Männer in der morgendlichen Kühle möglichst bald nach Sonnenaufgang aufs Feld oder in den Wald wollen, heißt dies, dass spätestens um sechs Uhr morgens der Reis fertig sein muss. Das ist dann auch die Zeit, zu der die Frauen am Wegesrand die Mönche auf ihrem morgendlichen Rundgang mit Gaben versorgen. Abends, wenn langsam Stille ins Haus einkehrt, sind es meist wiederum die Frauen, die noch in der Küche hantieren.

Große Arbeiten wie Bestellung der Felder und Ernte werden von der ganzen Familie gemeinsam erledigt, wobei nachbarschaftliche Hilfe und in den Gebieten am Mekong das Beschäftigen von Tagelöhnern in den Spitzenzeiten hilfreich sind.

In der **urbanen Gesellschaft** verändert sich das Rollenverhalten. Ist der Kleinhandel meist auch offiziell in der Hand der Frauen, so überwiegt die Zahl der Männer als Inhaber größerer Firmen beträchtlich. Oft finden sich Frauen in schlechter bezahlten und körperlich anstrengenden Jobs. Nicht wenige Investoren bevorzugen Frauen als Mitarbeiter. Sie gelten oft als zuverlässiger, sorgsamer, ernsthafter und gewissenhafter bei der Arbeit.

In der **Politik** sind Frauen eher selten. Vor allem die oberen Etagen der Macht sind noch immer eine Männerdomäne. Zwar gehört der Anteil der weiblichen Parlamentsabgeordneten in Laos im Vergleich zu den Nachbarländern mit 23 Prozent zu den Spitzenwerten in der Region, doch in die engsten Entscheidungszirkel konnten die Frauen bisher nicht vordringen. Erst 1998 brachte es die erste Frau bis auf den Posten eines Provinzgouverneurs. Eine Ministerin hatte auch die Volksrepublik bisher nicht zu bieten und das Politbüro, oberstes Gremium der allmächtigen Partei, ist seit Gründung vor rund 50 Jahren eine reine Männerrunde.

Kinder in der Gesellschaft

Kinder sind im wahrsten Sinne des Wortes der **Reichtum des Landes.** Wohin man auch kommt, zuerst fallen einem die mehr oder weniger bekleideten und meist wegen des Spiels im Freien braungebrannten Kinder auf. Und zwar nie in der Einzahl, sondern stets in größeren Gruppen. Rund 45 Prozent der Bevölkerung sind jünger als 15 Jahre. Kinder sind weder Luxus noch Belastung, sie gehören einfach dazu. In dieser Hinsicht ist Laos ein sehr kinderfreundliches Land, ohne dass dies an speziellen Speisekarten oder Stühlchen in Restaurants gemessen wird. Ein paar übereinander gestapelte Plastikstühle tun es auch und dass sich das Personal um die Kleinen kümmert, damit die Erwachsenen auch in Ruhe essen oder etwas bereden können, ist in Laos der Normalfall.

So sind Kinder in der Gesellschaft überall und ganz natürlich akzeptiert, vom ersten Tage ihrer Existenz an. Stillende Mütter in der Öffentlichkeit sind normal, ebenso wie es normal ist, dass die Säuglinge stets mit dabei sind. Aber auch sonst sind **Kinder allgegenwärtig.** Auf Feiern, Reisen, bei Besuchen – Kinder sind auch ohne vorherige Anmeldung immer mit von der Partie. Es ist die Ausnahme, wenn sich jemand offen über deren selten geräuschlose Anwesenheit oder Mängel im Benehmen mokiert. Dabei geht die Toleranz dem Nachwuchs gegenüber in den Augen der meisten Europäer wirklich sehr weit. Kinder sind bis spät in die Nacht mit den Eltern unterwegs. Auch zu Hause kennen sie keine Anordnung einer Bettzeit. Ähnlich lax wird es mit den Mahlzeiten gehalten. Meist essen die Kinder, wenn sie Hunger haben und nicht nach festem Tagesplan. Auch mit den Benimmregeln wird nicht immer alles so ernst gesehen wie in einem deutschen Haushalt, denn schließlich sind es Kinder, was vielen Erwachsenen als Begründung des laissez-faire ausreichend ist.

Natürlich gibt es auch in Laos die artig erzogenen Vorzeigekinder, meist in den **wohlhabenden Familien** der alten Elite. Sie werden umsorgt und mit dem Besten ausgestattet, nicht anders als ihre Altersgefährten in Europa. Oft haben in diesen Familien dann aber auch andere Sitten oder Unsitten aus dem Occident Einzug gehalten, wie Lern- und Erfolgsdruck oder übertriebenes Markenbewusstsein, dem selbst die vorgeschriebene Schulkleidung nur bedingt Einhalt gebieten kann. Sind Rock und Bluse bzw. Hemd und Hose vorgeschrieben, so bleiben mit Schuhen, Haartracht, Uhr, Handy, Kosmetik usw. genug Felder für die Darstellung des Unterschieds. In diesen Familien ist auch die Zahl der Kinder häufig geringer als in Familien auf dem Lande, was auch bedeutet, dass traditionell von Geschwistern übernommene Tätigkeiten nun durch Hauspersonal ausgeführt werden.

In den **Normalfamilien** sind die Kinder von frühestem Alter an in die Arbeiten in Haushalt und Familie einbezogen. Besonders die älteren Mädchen übernehmen viele Pflichten der Mutter, besonders bei der Versorgung der jüngeren Geschwister und in der Küche. Oft sieht man Kinder Brennholz herantragen und Wasser schleppen. Bei den Feldarbeiten helfen sie, so gut sie in ihrem Alter können. Die Jungen begleiten ihre Väter

In der Großfamilie übernehmen ältere Kinder schon die Betreuung der Kleinen

047la Foto: ms

zur Jagd und zum Fischfang und erlernen so die Fertigkeiten, die sie später selbst für die Ernährung ihrer eigenen Familie benötigen. Die Mädchen lernen neben Kochen auch Weben und Nähen.

In den Städten, vor allem wenn keine Oma da ist, übernehmen **Kindergärten** oft schon für Zweijährige die Tagesaufsicht. Bei vielen der überwiegend privaten Anbieter lassen pädagogische Betreuung und hygienische Zustände zu wünschen übrig, dafür bieten sie sensationell niedrige Preise von zwei bis vier Euro im Monat. Für eine anspruchsvolle Betreuung einschließlich Lernprogrammen vom Englischunterricht bis hin zum Umgang mit Computern schlagen leicht 50 bis 100 Euro monatlich zu Buche, eine Summe, die beileibe nicht nur Ausländer in die Zukunft ihrer Kinder investieren.

An sich besteht in Laos Schulpflicht für die Grundschule (5 Jahre), doch haben noch längst nicht alle Kinder in entlegenen Bergsiedlungen überhaupt Zugang zu **Schulen.** Für viele aus nur wenigen Häusern bestehende Siedlungen ist die Errichtung von Schulen einfach nicht machbar, weshalb die Regierung für Umsiedlung in Zentraldörfer plädiert. Das brächte auch Anschluss an die moderne Infrastruktur und gesundheitliche Betreuung mit sich. Doch viele Eltern vor allem der Bergvölker haben den Wert einer soliden Bildung für die Zukunft ihres Nachwuchses noch nicht erkannt und nehmen die Kinder schon nach wenigen Monaten oder Jahren wieder aus der Schule. Besonders zur Zeit der saisonalen Feldarbeiten wird jede Hand gebraucht. In der Regenzeit dagegen sind die Wege oft in derart desolatem Zustand, dass der Weg zur Schule einfach nicht zumutbar ist. Und auch das Sprachproblem wirkt hemmend auf den Schulbesuch, denn viele Kinder kommen ohne Kenntnisse der laotischen Sprache in die Schule. Dennoch gibt es riesige Fortschritte bei der Beschulung der laotischen Kinder. Immer höher steigt der Prozentsatz derjenigen, die die Mittel- und Oberschule besuchen. Deren Kapazitäten sind oft überfordert und Klassenstärken um die 60 Kinder und Schichtunterricht eher die Regel als die Ausnahme.

Das nächste Problem stellt die weitere Bildung nach Schulabschluss dar, denn nur 15 Prozent der Schulabgänger finden Aufnahme in **Berufs- oder Hochschulen.** Da danach auch Arbeitsplätze rar sind, sind die Zukunftsaussichten laotischer Kinder und Jugendlicher derzeit nicht eben rosig.

Hochzeit und Ehe

Wie überall auf der Welt kommt der Hochzeit auch in Laos ein besondere Rolle zu, schließlich wird eine neue Familie gegründet. Das ist dann aber auch so ziemlich alles, was den in Laos lebenden Völkern zum Thema Hochzeit gemeinsam ist, denn die **Vielfalt der Hochzeitsbräuche und Traditionen** ist so groß wie die der Völker im Lande. Hinzu kommt, dass moderne Auffassungen von Staat und Gesellschaft, von der Gleichberechtigung der Geschlechter sowie die soziale und wirtschaftliche Entwicklung auch an den Hochzeitsriten nicht spurlos vorübergehen.

Allerdings lassen sich auch bei weitem nicht alle Bräuche einfach per Gesetz abschaffen, mögen sie noch so archaisch erscheinen. So schreibt das Familiengesetz die Einehe vor. Doch bei vielen Bergvölkern ist **Polygamie** auch heute noch verbreitet. Bei einigen Völkern war und ist es auch heute noch ein Zeichen von Wohlstand, mehrere Frauen zu haben. Andererseits sind es dann meist die Frauen, auf denen die Last der täglichen Arbeit ruht. Ein Hmong sagte einmal zu mir, er sei arm, weil er nur zwei Frauen hätte. Da müsse er auch noch selbst arbeiten. In den traditionell polygamen Familien kommt der Hauptfrau eine besondere Bedeutung zu. Sie muss die Zustimmung geben, wenn eine weitere Frau ins Haus kommen soll. Und sie ist auch die Chefin über alle Frauen und Kinder im Haushalt. Aber nicht nur biologische Nachkommens- und wirtschaftliche Existenzsicherung können zu Vielweiberei führen. Auch soziale Ursachen können einem Mann mehrere Frauen bescheren. Wenn nämlich bei einigen Völkern der Mann stirbt, kommt die Witwe nebst Kindern traditionell zu dessen Bruder ins Haus.

Für alle Familien in Laos aber gilt: Ist ein neuer Haushalt errichtet, erhält er von den Behörden ein **Familienbuch,** in dem das Familienoberhaupt und alle im Haushalt lebenden Personen eingetragen werden. Es steht in seiner Wichtigkeit etwa anstelle der Geburtsurkunden in Deutschland. Für die meisten Amtsgeschäfte benötigen die Laoten dieses Familienbuch zur Vorlage. Es ist zudem so etwas wie Geburten- und Sterbenachweis und Meldebescheinigung in einem, denn auch Besucher, die länger bleiben wollen, sind einzutragen. Auch kürzere Besuche werden übrigens von ordnungsliebenden Einwohnern den Behörden kundgetan. Denn der Weg zwischen den Menschen und den Behörden ist kurz, da die administrativen Einheiten klein sind und man sich kennt. Auch das stellt eine Art Familie dar.

Familien sind in Laos relativ stabil, allerdings steigen die Scheidungsraten auch in Laos. Neben Untreue werden vor allem Alkoholmissbrauch, Gewalt in der Familie und finanzielle Sorgen als Gründe angegeben. Auch in Laos wird die Mehrzahl der **Scheidungen** von Frauen eingereicht, obwohl es unter Einheimischen geschiedene Frauen, vor allem solche mit Kindern, schwer haben, wieder einen Mann zu finden.

Lao

Aber der Reihe nach. Bei den Lao (Lao Lum) geht der Hochzeit eine recht umfangreiche **Brautwerbung** voraus. Wurden früher eheliche Verbindungen meist von den Eltern arrangiert und Kinder einander schon in jungen Jahren versprochen, so überwiegen heute Liebesheiraten, was natürlich dynastische Ehen in bestimmten Kreisen keinesfalls ausschließt. In der Tradition sind es unter den Alten des Dorfes ausgewählte Brautvermittler, die im Auftrag des Bräutigams den ersten Kontakt herstellen. Trifft der vorsichtige Antrag auf Wohlwollen, tritt die Werbung *(suu khoo)* in die Phase der Direktbeziehungen zwischen den Eltern ein. Eine **Verlobung** *(man)* ist der erste Schritt zum Eheglück, wobei ein Verlobungspreis *(kha man)* an die Eltern der Braut entrichtet wird. Sollte es später aus Schuld des Bräutigams nicht zur Hochzeit kommen, ist das Geld futsch. Will sich die Braut der Verbindung entziehen, wird der Preis zurückgezahlt. Der nächste Obolus wird in Form des **Brautpreises** *(kha doong)* fällig. Traditionell zahlen die Lao ihn in Gold oder Silber, aber heutige Sitten lassen auch moderne Währungen zu. Da ist von sekundärer Bedeutung, dass das Familiengesetz den Brautpreis offiziell für abgeschafft erklärt hat.

Hochzeiten werden bei den Lao mit Vorliebe in den geraden **Monaten** des laotischen Kalenders gefeiert. Besonders beliebt ist der 6. Monat, in den mit *bun bang fai* (siehe „Die Feste feiern, wie sie fallen“) auch das größte Fruchtbarkeitsfest fällt. Ein gutes Omen für die neue Familie, schließlich ist Kindersegen der am häufigsten geäußerte Wunsch für die Brautleute. Außerdem stehen die Feldarbeiten an, da bleibt dann keine Zeit zum Feiern. Nach dem 6. Monat ist dann auch Eile geboten, denn vom 8. bis 11. laotischen Monat – in der buddhistischen Fastenzeit – gibt es allenfalls „Nothochzeiten".

Die **Feier** ist **in ländlichen Gegenden** noch immer eine interessante Angelegenheit. Morgens zieht der Zug des Bräutigams zum Haus der Braut und leitet damit den offiziellen Teil der Hochzeit ein. Dazu sind Braut und Bräutigam traditionell gekleidet, er zunehmend wieder in der Wickelhose *phaa salong* und sie in *sin* und *phaa biang* (Wickelrock und Schultertuch) aus schwerem Goldbrokat. Die Haare der Braut sind streng nach hinten gekämmt und zu einem Dutt geformt, was die Braut meist streng und älter aussehen lässt. Um den Dutt liegt eine Goldkette und goldene Haarnadeln halten das Prachtwerk zusammen. Ist die Prozession des Bräutigams am Haus der Braut angelangt, werden sie von den Alten des Hauses am Tor empfangen und nach dem Begehr befragt. Rein formal werden sie abgewiesen und erst wenn sie die Alten in gewählten Worten von der Ernsthaftigkeit ihres Vorhabens und ihrer Person überzeugen können, werden sie eingelassen.

Es folgen das typische Bändchenbinden *(suu khuan)*, bei dem Dorfälteste und enge Verwandte und Freunde sowohl die Trauung bezeugen als auch ihre Glückwünsche überbringen. Buddhistische Mönche haben mit der Heirat nichts zu tun, staatliche Stellen registrierten die Heirat schon Tage vor der Zeremonie, nachdem die Eheleute im Vorfeld eine Menge Papierkram zu erledigen hatten. Über die Alten der Familie der Braut wird auch den Hausgeistern ein Opfer dargebracht, damit sie den neuen Schwiegersohn akzeptieren und ihren Schutz auch auf die neue Familie ausdehnen. Danach beginnt der Festschmaus für alle, für den auf dem Lande meist ein bis zwei Kühe geschlachtet wurden. Bei Musik und Tanz zieht sich die Feier bis in die Nacht hinein.

Vor allem **in den Städten** sind die Rituale heute vereinfacht und ihrer Mystik beraubt. Meist werden Trauung und Hochzeitstafel räumlich und zeitlich getrennt. Während das *suu khuan* meist am Vormittag im Hause der Braut und in Anwesenheit der Eltern und engsten Freunde und Verwandten stattfindet, degeneriert das Festessen mehr und mehr zu einer Massenabspeisung in großen Sälen. Fast scheint es, als finde ein Wettkampf um die aufwendigste und größte Hochzeit statt. Tausend Gäste

Brautpaar auf der Ehrenrunde

111la Foto: ms

sind keine Seltenheit, so wie auch der Besuch von drei Hochzeiten an einem Abend zwar anstrengend, aber machbar ist. Hochzeitssäle sind deshalb zwar strikt saisonales, aber gutes Geschäft. Die ankommenden Gäste werden von einem Spalier aus Brautleuten, Brauteltern und Ausrichtern, von jeder Seite vier bis sechs, die namentlich im Kopf der Hochzeitseinladung aufgeführt sind, begrüßt. Hochzeitsgeschenke sind selten, dafür kommt praktischerweise in den Umschlag der Einladung (im Volksmund spöttisch „Zahlungsaufforderung“ genannt) eine Geldsumme.

Praktisch auch deshalb, weil der Umschlag ja den Namen des Eingeladenen trägt und so die Registrierung der Summe erleichtert. Ein herzförmiger Briefkasten nimmt den Umschlag auf und dem edlen Spender wird ein Begrüßungsschnaps angeboten.

Bei small talk und Getränken vertreibt man sich die Zeit bis zum Abendessen. Nach einer kurzen Ansprache eines Vertreters der Ausrichter, meist rund eine Stunde nach der auf der Einladung genannten Zeit, wird die Schlacht um das Büfett eröffnet. Parallel beginnen die Brautleute ihre Ehrenrunde von Tisch zu Tisch, bei der sie allen Gästen einen kleinen Schnaps als Dankeschön anbieten und ihnen Gelegenheit für ein paar persönliche Worte und Wünsche einräumen. Sollten die Gäste auf der laotischen Sitte bestehen, dass der Ausschenker vor ihren Augen „vortrinken“

muss, wäre für den Bräutigam die Feier vor Erreichen des letzten Tisches vorbei. Nach keiner weiteren Stunde sind schon die ersten Gäste zur nächsten Hochzeit unterwegs. Unser Brautpaar aber wird nun zum ersten Tanz aufgefordert. Die Hochzeitsgesellschaft schrumpft nach den ersten zwei bis drei Tanzrunden auf den engeren Kreis um Brautleute und Familien zusammen und feiert bis in die späte Nacht.

Eine Besonderheit bei den Lao Lum ist: Sie leben traditionell **matrilokal,** das heißt, der Bräutigam zieht mit zur Familie der Braut. In der Regel errichten sie in der Umgebung des Elternhauses ihr eigenes Haus. Angesichts der geringen Bevölkerungsdichte war bisher auch Ackerboden für die neue Familie kein Problem. Es wurde ein neues Stück Land gerodet. Beide Ehepartner bleiben ihren jeweiligen Herkunftsfamilien eng verbunden, was sich manchmal schon in der Beibehaltung der Familiennamen dokumentiert. Der Besitz der Eltern ging auf die jüngste Tochter über, die – da normalerweise als letzte verheiratet – auch die Pflege der Alten übernahm. Schon allein aus diesem Grund ist die Geburt von Mädchen in der laotischen Kultur eher erwünscht, als mit einem Makel belastet. Heute wird der Landbesitz auch in Laos oft zwischen den Erben geteilt.

Zunehmend existiert ein Gefälle zwischen Stadt und Land, vor allem bei wohlhabenderen Männern in der Stadt zeigt sich ein gewisser Hang zur Bi- wenn nicht gar Polygamie, die zwar keine neue, aber auch nicht unbedingt eine kulturtypische Erscheinung für die Lao ist. Die Rede ist von der **Nebenfrau,** einer Beziehung, die sogar zu Aufnahme des Lao-Begriffs *mia noi* (wörtlich „kleine Frau") in die Thai-Sprache führte. Was vom Gesetz nicht anerkannt ist, findet auch in der Gesellschaft zwiespältige Aufnahme. Viele dieser durchaus dauerhaften Beziehungen bleiben so im Geheimen, das heißt möglichst vor den Augen und Ohren der Hauptfrau verborgen. Aber in einigen Fällen wurde auch schon von der notgedrungenen Einwilligung der Hauptfrau berichtet, beispielsweise bei Kinderlosigkeit. Manche Frauen ziehen eine solche Lösung, die nach außen ihre Stellung, ihr Einkommen und ihr Gesicht wahrt, einer Scheidung vor. Geschiedenen Frauen hängt nämlich noch immer der Makel an, für eine Ehe, sprich für das Umsorgen eines Mannes, nicht tauglich zu sein. Zunehmende soziale Differenzierung, schlechte Bildung und geringe Chancen auf einen ansprechend bezahlten Arbeitsplatz lassen viele junge Mädchen und Frauen hoffen, mit einer Heirat ein sorgenfreies Leben zu erlangen. Der Traum vom Märchenprinzen wird zwar selten wahr, aber auch eine längere Beziehung beispielsweise als *mia noi* ist recht einträglich und sichert oft mehr als das Überleben. Nicht selten springt noch das Startkapital für ein kleines Geschäft, etwa einen kleinen Shop oder einen Schönheitssalon, heraus.

Die Hochzeitsriten anderer Völker unterscheiden sich zum Teil fundamental von denen der Lao. So bestehen bei den vielen zur Gruppe der Mon-Khmer zählenden Völkern (Lao Theung) trotz ethnischer Verwandtschaft gravierende **Unterschiede in den Traditionen** zu Ehe und Hochzeit. So ist zum Beispiel, was die Ansiedlung der jungen Eheleute betrifft, das komplette Spektrum an ethnologischen Varianten anzutreffen, das Leben bei den Eltern der Braut (matrilokal) ebenso wie das Leben bei den Eltern des Bräutigams (patrilokal), das zeitweise Abarbeiten des Wertes der Braut bei deren Eltern mit anschließendem Umzug zur Familie des Bräutigams und die freie Wahl des Wohnortes (ambilokal). Auch die Wohnhäuser der Familien können kaum unterschiedlicher sein, wobei der Trend eindeutig weg von Groß- und Langhäusern, in denen Großfamilien, manchmal halbe Dorfgemeinschaften unter einem Dach leben, hin zu separaten Wohnhäusern der Kernfamilien geht. Auch bei der Wahl der Partner gelten verschiedene Vorgaben, wie beispielsweise Partnerwahl nur außerhalb des Dorfes oder des Klans.

Die **Khhmu,** nicht nur das größte Volk der Mon-Khmer-Gruppe, sondern mit rund einer halben Million Menschen nach den Lao das zweitgrößte Volk in Laos überhaupt, haben völlig andere Hochzeitsriten als die Lao. Auch heute noch wird die Heirat meist von den Eltern vereinbart, wenn die Meinung des Bräutigams auch zunehmend eine Rolle spielt. In der Brautwerbung spielen gemeinsame Stunden im Wald eine Rolle, wobei der künftige Bräutigam mit dem Spiel auf der *hrong,* einem traditionellen Streichinstrument, seine Angebetete aus dem Hause lockt. Voreheliche Intimbeziehungen ziehen eine Strafe in Höhe von sechs Silberpiastern, einem Topf *lao hai* (Reiswein) und einem Schwein nach sich. Führt die voreheliche Beziehung gar zu einer Schwangerschaft, dann sind dem Ältestenrat der Wein und das Schwein zu entrichten und die Eltern des Mädchens erhalten eine Kuh. Werden sich beide Familien über eine Heirat einig, erhalten die Eltern des Mädchens zwei Büffel. Die Eltern des Bräutigams richten zudem ein Festessen aus, das unbedingt ein ausgewachsenes Schwein und den obligatorischen Reiswein enthalten muss. Außerdem werden 6 Silberpiaster und zwei Silberbarren als Brautpreis vorgezeigt, die am folgenden Tag bei einem zweiten Festessen, diesmal im Haus der Brauteltern, auch den Besitzer wechseln. Eine Zeremonie zur Reinigung von vergangenen Sünden schließt die Feierlichkeiten ab.

Aber auch eine Heirat gegen den Willen der Braut ist nicht unüblich, wobei beide Elternpaare und der Bräutigam meist gemeinsame Sache machen. Das Ganze gleicht dann mehr einer Entführung und die meisten

Festlichkeiten entfallen. Meist lebt das junge Paar zunächst für zwei bis drei Jahre bei den Eltern der Braut (beim Entführungsszenario natürlich nicht), bevor sie zu den Eltern des Bräutigams oder in ein eigenes Haus ziehen. Ausgeschlossen sind Heiraten innerhalb der Verwandtschaft des Vaters, einschließlich aufgenommener Familienmitglieder.

Bei den Khhmu überwiegt die Einehe. Bleibt allerdings die erste Frau unfruchtbar, obliegt es ihr, eine Zweitfrau auszuwählen, die dann mit im gleichen Haushalt lebt. Scheidungen sind auch heute noch die Ausnahme, wobei die als schuldig betrachtete Seite Haus und Kinder verliert.

Hmong

Bei den Hmong, dem größten Volk der Lao Sung, herrscht striktes Patriarchat, verstärkt durch die Klanbeziehungen. Ursprünglich gab es insgesamt acht , in Laos und Thailand gibt es heute achtzehn **Klans.** Heiraten innerhalb eines Klans sind strikt untersagt, wohingegen Beziehungen zwischen Cousin und Cousine nicht unüblich sind (ein Junge heiratet die Tochter des Bruders seiner Mutter oder die Tochter seines Vaters Schwester). Dies stärkt die Beziehungen zwischen zwei Familien, die meist auch im gleichen Dorf wohnen und das Klan-Tabu bleibt gewahrt. Wird diese Konstellation von vielen Eltern auch gewünscht, so sind die jungen Hmong freier in der **Wahl ihres Partners** als die Jugendlichen der meisten anderen asiatischen Völker. Es sei denn, sie wurden von den Eltern schon mit beginnender Pubertät, nicht selten schon mit 12 Jahren, miteinander verheiratet. Mit der Heirat, oder besser mit der vollständigen Zahlung des nicht unerheblichen Brautpreises, wechselt die Braut in den Klan ihres Mannes. Der Unterschied zwischen Heirat und Zahlung des Brautpreises ist nicht unwichtig, denn solange der Brautpreis nicht vollständig abgezahlt ist, bleibt nicht nur die Braut formal Mitglied des Klans ihrer Eltern, auch ihre Kinder sind es.

Bei den Hmong ist der **Brautpreis** traditionell in Silberbarren zu zahlen und kann leicht mehrere hundert Euro erreichen. Eine Summe, die der Vater des Bräutigams – für die erste Frau – gewissermaßen vorschießt. Meist mit Gewinn, denn ein hoher Brautpreis sichert nicht nur das Wohlverhalten des Sohnes, der ohne Wohlwollen des Vaters keine standesgemäße Braut freien könnte. Er bringt der Familie in Form der neuen Schwiegertochter auch eine willkommene neue Arbeitskraft. Wenn der junge Bräutigam sich auf eine Frau aus höheren Kreisen versteift hat, die unter norma-

Brautsuche per Ballspiel zum Neujahrsfest der Hmong

len Umständen für seine Familie unerschwinglich wäre, bleibt ihm oft nichts anderes, als den Brautpreis bei seinem Schwiegervater abzuarbeiten. Eine wenig ehrenhafte Angelegenheit, die die meisten Hmong doch eher vom Sinn standesgemäßer Verbindungen überzeugt. Schlechte Behandlung der Frau, worüber ihre Familie auch später noch wacht sowie Scheidung ohne deutliches Fehlverhalten der Frau sind Gründe, dass die Frau zu ihrer Familie zurückkehrt. Für den Mann ist der Brautpreis dann verloren. Grund genug, bei der Wahl der richtigen Braut sorgsam vorzugehen. Gibt andernfalls die Frau Anlass zur Scheidung, wenn sie beispielsweise dem Opium oder einem anderen Mann anheim fällt oder schlecht bzw. gar nicht arbeitet, ist die Scheidung mit der Rückforderung des Brautpreises verbunden.

Von ihrer Mutter erhält die Braut ihrerseits eine **Mitgift,** meist ein paar Hühner, um eine neue Zucht zu beginnen, aber auch traditionellen, manchmal mehrere Kilogramm schweren Silberschmuck und Kleidung, wodurch der Status der Braut im neuen Haushalt beeinflusst und ihre neue Familie stets daran erinnert wird, dass die junge Frau nicht mit leeren Händen kam.

Hmong entwickeln Zuneigung zueinander ziemlich frei. Junge Männer versuchen nachts mit Überredungskünsten und Minnesang, die Erwählte aus dem Haus zu locken. **Sexuelle Beziehungen von nicht miteinander**

099la Foto: ms

Verheirateten in einem Haus würde die Geister erzürnen – eine Vorstellung, die übrigens auch bei traditionsbewussten Lao weit verbreitet ist und die Betreiber der allgegenwärtigen Stunden-Gästehäuser zu großen Sündern macht. Also bleiben Mutter Natur und eine geflochtene Matte für nächtliche Rendezvous. Zeitigen diese Spiele Früchte und es kommt zu keiner Heiratsvereinbarung, hat der werdende Vater eine Strafe an die Familie des Mädchens zu zahlen. Das Mädchen ist damit aber nicht gebrandmarkt, sondern hat im Gegenteil ihre Fruchtbarkeit unter Beweis gestellt und kann sich ernsthafter Anträge nun relativ sicher sein.

Die beste Zeit für die öffentliche Bekanntgabe, manchmal aber auch überhaupt für den Beginn einer Beziehung überhaupt, ist das **Ballspiel zurzeit des Hmong-Neujahrsfestes** im Dezember (siehe auch Exkurs „Brautsuche per Ballspiel"). In zwei gegenüber stehenden Reihen werfen sich Jungen und Mädchen zu Neck- und Scherzgesängen einen aus schwarzem Stoff gefertigten Ball zu. Wer ihn fallen lässt, gibt ein Pfand, das gleich oder später gegen ein Lied wieder eingelöst werden kann. Zieht sich der Rücktausch bis in die Nacht, kann vom Erfolg des Minnedienstes ausgegangen werden.

Die **Hochzeit** selbst, vom Vater des Bräutigams ausgerichtet, ist eine komplizierte Angelegenheit, gilt es doch zunächst, die Ahnengeister der Braut in ihrer neuen Umgebung so einzugewöhnen, dass sie den Menschen im Haus nicht übel mitspielen. Auch der Bräutigam bringt den Ahnengeistern Opfer und versöhnt auch die lebenden Hausinsassen mit der Aussicht auf Zuwachs. Dann begibt sich der Zug inklusive Braut und Bräutigam zum Haus der Braut, wo zwei Opferhühner und der Brautpreis überreicht werden und erneut Versöhnungsriten gegenüber allen männlichen Bewohnern, verbunden mit einer Menge Reisschnaps, vollzogen werden. Traditionelle Gesänge besiegeln die Eheschließung. Zurück im Hause des Bräutigams wird ein großes Fest ausgerichtet.

Anders als bei den Lao ist **erneutes Heiraten einer geschiedenen oder verwitweten Frau** kaum ein Problem. Bei Witwen kommt es vor, dass sie als zusätzliche Frau zum jüngeren Bruder des verstorbenen Mannes ziehen. Dies war speziell in der Kriegszeit in Laos öfter der Fall, als nicht genug Männer zur Verfügung standen. Heiraten außerhalb der Familie sind aber heute häufiger. Die Frauen sind oft recht begehrt, denn eventuell vorhandene Kinder zeugen zum einen von deren Fruchtbarkeit und bringen potenzielle Arbeitskräfte ins Haus. Zum anderen kommt der geringere Brautpreis bei einer Wiedervermählung einigen Männern entgegen.

In der traditionellen Hmong-Gesellschaft war die **Zahl der Ehefrauen** nicht begrenzt. Jeder Mann konnte so viele Frauen heiraten, wie er wollte bzw. korrekter, wie er sich leisten konnte. Das heißt, dass Mehrehen meist wohlhabenden Männern vorbehalten blieben. Eine Frau dagegen kann nur einen Mann haben. Seit in Laos das Familiengesetz die Einehe vorschreibt und auch der Gedanke von der Gleichberechtigung von Mann und Frau propagiert wird, versucht die Regierung, dies mit Überzeugung und Druck auch bei den Hmong durchzusetzen.

Der Lebenszyklus: Geburt, Jugend, Alter, Tod

Geburt und Kindheit

Bei den Lao, die der buddhistischen Auffassung vom nahezu ewigen Kreislauf der Wiedergeburten anhängen, sind Geburt und Tod nur Durchgangsstadien auf dem Weg von einer Existenz *(saat)* zur nächsten. Hohe Geburtenraten, statistisch gesehen 4,8 Geburten pro Frau im gebärfähigen Alter, verbunden mit bislang schlechter Gesundheitsfürsorge und daraus resultierender hoher **Kindersterblichkeit** lassen manchmal den Eindruck entstehen, als würde den neuen Menschen von den Eltern nicht die gebührliche Aufmerksamkeit und Zuneigung zuteil. Das lässt sich nicht zuletzt damit erklären, dass es bis vor kurzem eher die Regel als die Ausnahme war, dass Familien auf dem Land nur die Hälfte ihrer Kinder groß bekamen. Das konnten auch die unten geschilderten Versuche zur Ablenkung böser Geister, wozu ja auch ein äußerlich recht distanziertes Verhältnis zu Kindern gehört, nicht verhindern. Heute noch sterben 87 von 1000 lebend geboren Kindern vor Erreichen des ersten, 107 vor Erreichen des fünften Lebensjahres. Zwar ist die Gesundheitsversorgung vor allem in den letzten zehn Jahren spürbar verbessert worden, doch halten es viele Menschen in Laos weiterhin lieber mit den traditionellen Göttern und Geistern als mit den Halbgöttern in Weiß.

Selbst bei **Entbindungen** in Krankenhäusern erhalten die Verwandten eine Plastiktüte mit scheinbar undefinierbarem Inhalt. Es ist die Plazenta, die zwecks Erhalt der Gesundheit von Mutter und Kind unter einem Baum nahe dem Haus vergraben wird. Hmong vergraben die Plazenta im Haus neben der Hauptsäule und graben sie zur Beisetzung dieses Menschen wieder aus, da sie meinen, dass der Mensch in der Kleidung, mit der er auf die Welt kam – also in der Plazenta – auch wieder aus ihr gehen soll.

Wöchnerinnen der Lao liegen rund zwei Wochen buchstäblich auf dem Feuer. Unter einem eigens angeschafften Bettgestell glimmt Tag und Nacht ein Holzkohlefeuer und soll helfen, die Gesundheit der Frau schnell wieder herzustellen und ihre Jugend und Schönheit zu erhalten. Bei einigen Bergvölkern ist es auch heute noch Usus, dass die Frau zur Entbin-

Nomen est omen

Namensgebung ist eine Wissenschaft für sich. Gefragt sind neben den Eltern auch hier Schamanen, Wahrsager, Mönche, Orakeldeuter oder einfach erfahrene alte Leute. Die ziehen Mond und Sterne, die Umstände der Geburt und wer weiß was sonst noch alles mit heran, um einen schönen und gehaltvollen Namen zu ermitteln. Denn der Name ist engstens mit dem Schicksal seines Trägers verbunden. So eng, dass bei schweren Schicksalsschlägen der Name, und damit fast schon die Identität, geändert werden kann. Aber neben der Namenswahl unter dem Schicksalsapekt gibt es natürlich Vorlieben für bestimmte Namen. Einschränkungen dagegen sind mir nicht bekannt. Sicher ist es nicht jedermanns Sache, wie *Kaysone Phomvihane,* der Führer der „Pathet Lao", seinen Sohn anlässlich der Unterzeichnung des Koalitionsabkommens mit der Vientianer Seite *Santhiphap* (Frieden) zu nennen. Aber bedeutungsvoll ist es allemal. Auch *Saysana* (Sieg) oder *Saysomboun* (vollständiger Sieg) waren durchaus gängige Namen der Kriegszeit.

Allgemein und dauerhaft beliebt sind Namen, die Wohlstand verheißen und so ist die Zahl der Wortkombinationen mit den Silben *kham* und *thong* (zwei Idiome für Gold) oder *phet* (Diamant) nahezu unendlich. Großer Beliebtheit erfreuen sich auch *si* (heilig, schön), *bun* (buddhistisches Verdienst; französische Schreibweise *boun*) oder *suk* (Glück, gesund; französische Schreibweise *souk*). Schon allein die Kombination aus ihnen füllt ein stattliches Register häufig vorkommender Namen wie *Bounsouk, Khamsouk, Thongsi, Khamsi, Bounkham* usw. Weitere Renner sind *som* (Summe, entsprechend) und *vi(la)* (Held). Blumig wird es bei allen Kombinationen mit *bua* (Lotusblüte, französische Schreibweise *boua*), die nicht auf das weibliche Geschlecht beschränkt sind.

Eine eindeutige Beziehung zum Geschlecht des Trägers gibt es bei laotischen Namen allerdings nicht, wenn auch bestimmte poetische Namen häufiger bei Mädchen als bei Jungen anzutreffen sind. Die Geschlechterbestimmung erfolgt durch das Voranstellen der Silben *thao* (Junge) oder *naang* (Mädchen), im Alltags- und Familiengebrauch meist ersetzt durch die sonst sehr unhöflichen Zusätze *bak* (Kerl) und *ii* (Weib). Besucher sollten diese Begriffe möglichst nicht übernehmen, da sie sich auf die spezielle Konstellation innerhalb der jeweiligen Familie bzw. ihres engsten Freundeskreises beziehen und deshalb von Fremden – oft zur Erheiterung der ganzen Gesellschaft – leicht falsch eingesetzt werden.

Einige Familien machen die Namensgebung für die Kinder zu einer Art Serienspiel, in dem bestimmte Silben immer wiederkehren. Bei einer bekannten Familie beginnen zum Beispiel alle Mädchennamen mit *khem* (Nadel) und die der Jungen mit *som.*

Bei den Ruf- oder Spitznamen dagegen geht es manchmal auch einfach nach der Reihenfolge, wobei *tho* zwei und *tii* drei bedeutet. Weitere weit verbreitete Spitznamen sind *noi* (klein), *tjoi* (dünn, schlank), *tui* (dick) und *lää* (dunkel). Jüngstes Kind heißt auf Laotisch generell *luuk laa* und so wird das Jüngste dann in der Regel auch so gerufen.

Ein Zwischending zwischen offiziellem und Spitznamen ist die in Freundeskreisen verbreitete Sitte der Verkürzung der oft mehrsilbigen Namen auf nur eine Silbe. Das erfolgt oft nicht einheitlich und aus der gleichen *Vanhkham* wird in einem Umfeld *Vanh* und in einem anderen *Kham.* Dies ist auch in der Beziehung zu dem/der Betreffenden eine Art Zwischending zwischen förmlicher Distanz und familiärer Nähe.

2004la Foto: ms

dung in den Wald geht. Kommen Frau und Kind zurück, ist alles gut gegangen. Bei den Akha herrscht noch immer der Glaube, dass Zwillinge das Werk böser Geister sind. Die Kinder werden grausam getötet und die Eltern aus dem Dorf vertrieben. Gegen diese Traditionen anzugehen, hat sich die Regierung auf die Fahnen geschrieben.

Haben Mutter und Kind die ersten Wochen nach der Entbindung gut überstanden und die Mutter auch die Zeit auf dem Feuerbett hinter sich, wird mit einem *suu khuan* für das Wohlverhalten der Geister gedankt und Gleiches für den weiteren Lebensweg gewünscht. Dabei ist das neue Kind Anlass der Feier, nicht der Mittelpunkt.

Auch sprachlich verhalten sich Lao kleinen Kindern gegenüber alles andere als freundlich. Sie werden fast schon abfällig als Gegenstände bezeichnet und mit Necknamen versehen, die wörtlich übersetzt eher ins Gruselkabinett passen. Dick, dünn, narbig, rot, schwarz – abgeleitet von körperlichen Besonderheiten, meist Unzulänglichkeiten oder Gebrechen, werden die Kinder mit **Namen** belegt, die anderswo als Hänselei gelten. Ein niedliches Kind ist hassens- oder schlagenswert, niemals aber schön. Sicher ist das alles nicht wörtlich gemeint, aber es verfolgt einen Zweck. Einen guten natürlich, denn mit den abfälligen Bemerkungen sollen die bösen Geister in die Irre geführt und von dem kleinen hilflosen Wesen abgelenkt werden. Dem dient auch die Tatsache, dass dem Kind erst zum *suu khuan* nach ein paar Wochen ein „richtiger" Name gegeben wird, der aber – auch zur Verwirrung der Geister – im Tagesgebrauch kaum benutzt, sondern von Spitznamen ersetzt wird. Hilft auch das nicht, die bösen Geister fern zu halten, dann wird zum nächstwirksamen Mittel gegriffen und der Name des Kindes geändert. Schließlich haben Namen in Laos eine direkte Bedeutung, anders als in Europa, wo das Wissen um Ursprung und Bedeutung der Namen schon seit Generationen verloren und heute Experten vorbehalten ist. Namen sollen zum einen schön klingen, aber auch den Charakter seines Trägers beeinflussen. Schließlich gibt es auch Bezüge zu bestimmten Umständen der Geburt. Der Name *phitsamay* (unzeitgemäß) deutet u. U. auf eine Frühgeburt, *sengchanh* (Mondschein) auf helle Haut oder eben einen hellen Mond usw.

Da Kinder immer im Plural vorkommen und der Tod generell zu den natürlichen Begleitern gehört, wird auch der frühe **Tod eines Kindes** als Natur gegeben hingenommen. Nicht ohne Trauer über den Verlust, aber auch nicht mit einer schicksalhaften Schwere, die das Weiterleben wenn nicht unmöglich, so doch zu einer großen Bürde macht.

Kinder wachsen in ihrer natürlichen und sozialen Umwelt auf und lernen sehr früh, zum Broterwerb der Familie beizutragen. Wobei den **Jungen** weit größere Freiheiten eingeräumt werden als den **Mädchen,** die schon in sehr jungen Jahren der Mutter im Haushalt zur Hand gehen, während ihre Brüder spielen. Für viele Mädchen auf dem Land und in den Bergen schließt sich an diese Erfahrung beinahe nahtlos die eigene Mutterschaft an. Zwar schreibt das Gesetz 18 Jahre als Heiratsalter fest, doch können Mädchen mit Einwilligung der Eltern auch früher heiraten. Das ist vor allem bei den Bergvölkern eher die Regel als die Ausnahme, wohingegen in den Städten das Heiratsalter ebenso steigt, wie die Kinderzahl abnimmt.

Kein Hobby für jedermann: Jet-Ski auf dem Mekong

112la Foto: ms

Jugend

In den Städten findet man auch das, was man sich gemeinhin unter **Jugendkultur** vorstellt. Dabei sind die Freizeitangebote verglichen mit Thailand eher spärlich, doch rapide im Wachsen: Discos, Picknickplätze, Schwimmbäder, Rockkonzerte, Knutschen in den Stadtparks oder einfach das Fahren mit den Motorrädern durch die Straßen der Stadt. Auch Tourismusangebote, wie sie meist für Ausländer entstehen, beginnen die wohlhabenden laotischen Jugendlichen zu interessieren. Skateboards und Inline Skater gehören zu den selteneren Erscheinungen, sicher, weil vielerorts der Zustand der Straßen und Wege wenig Gelegenheit zum Skaten gibt. Dafür wurden die ersten Jet Skis auf dem Mekong und anderen Gewässern gesichtet. Andere Vergnügungen wie das Frequentieren der Bierschenken sehen die Behörden nicht gern, daher gibt es administrative Regeln, die den Jugendlichen unter 18 den Zugang zu Nachtklubs versperren und auch den Ausschank von Alkohol verhindern sollen.

Damit kann aber einer anderen Leidenschaft der Jugend nicht Einhalt geboten werden: Man feiert **Geburtstag.** An sich ist der Geburtstag gemäß der buddhistischen Lehre kaum ein Grund zum Feiern, belegt er doch anschaulich, dass man den Sprung aus dem Kreislauf der Wiedergeburten ins Nirvana wieder nicht geschafft hat. Der neue Trend speist sich aus der den Urlaubern und Besuchern so angenehmen Eigenschaft der Lao, Feste so zu feiern, wie sie fallen. Je mehr, desto besser. Der Einfluss aus den USA über Thailand lässt auch hier grüßen. Eltern entdecken Weihnachten für ihre Kinder, Jugendliche zur Freude der Blumenhändler den Valentinstag und Discos sogar Halloween. Und allesamt entdecken den Geburtstag. Dafür hat sich ein neues Ritual entwickelt, das darin besteht, dass vornehmlich in den Abendstunden in den heimischen vier Wänden, in geselliger Runde im Restaurant oder mit akustischer Unterstützung einer Band im Nachtklub „Happy Birthday to you" gesungen wird und anschließend das Geburtstagskind die brennenden Kerzen auf der Geburtstagstorte ausbläst. Einige Mitbringsel, Tand und Talmi aus dem Geschenke-Shop, runden das Fest ab.

Leider gehören **Drogen,** besonders Amphetamine, heute auch in Laos zu den Problemen der Jugend, denen Staat und ausländische Geber mit einer Reihe von Aufklärungskampagnen zu begegnen suchen. Auf der einen Seite sind die Glückskinder der „Goldenen Jugend" auf der Suche nach dem ultimativen Kick, auf der anderen Seite sind viele Jugendliche aus ärmeren Familien aufgrund trüber Zukunftsaussichten auf dem Weg in die Drogenszene.

Alter und Tod

Mit steigendem Alter wächst das Ansehen der Menschen, werden sie – besonders die anerkannten Oberhäupter ihrer oft zahlenmäßig recht umfangreichen Familien – um Rat gefragt. Auch im Dorf, meist im Umfeld der Pagode, etabliert sich in informeller Weise ein **Ältestenrat,** dessen Lebenserfahrung von den Menschen nachgefragt wird und dessen Autorität auch von den Behörden bei der Durchsetzung verschiedenster Anliegen genutzt wird. Meist sind es die Alten, die sich so als die Bewahrer der Tradition herausstellen, denn sie wachen über die richtige Durchführung der traditionellen Riten, religiöser wie weltlicher. Mehr noch, bei *suu khuan,* Hochzeiten und Bestattungen wirken sie als Zeremonienmeister aktiv an der Einhaltung, Bewahrung und damit auch Weitergabe der Traditionen an die nachfolgende Generation mit. Die Alten wissen, wie *mak beng, pha khuan* oder *pasaat phöng,* die unterschiedlichen Ritualzubehöre der Lao, gefertigt werden und welche Gebetssprüche zu welchem Anlass gehören.

Erst wenn der körperliche oder geistige **Verfall** eine aktive Beteiligung am tagtäglichen Leben schwer macht, werden die Menschen aufs Altenteil gesetzt. Die Kinder und Enkel mögen sich dann über die Gebrechen und Marotten der Alten mokieren, ihre Pflege jedoch erledigen sie mit unbeschreiblicher Ausdauer, Geduld und Selbstverständlichkeit. Kein Altersheim, kein Pflegedienst steht parat. Und wie ich persönlich erleben konnte, sorgen die Verwandten auch in den letzten Minuten des Lebens mit großer Natürlichkeit für ihre dahinscheidenden Angehörigen.

Oft wird der **Tod** als der große Gleichmacher bezeichnet. Unserem Verständnis nach mag dies für die Betroffenen weitgehend so sein. Dass dies für die Hinterbliebenen ganz und gar nicht so ist, belegt Laos wiederum auf eindrucksvolle Weise. Nicht nur die Art der Bestattung reicht von der Erdbestattung über separat von Dorf angelegte Totenhäuser und schließlich -dörfer bis zur Verbrennung der Toten. Auch das Schicksal der **Seelen** fächert weit auseinander, wobei sich alle in einem einig zu sein scheinen: Mit dem Tod hört die Seele keineswegs auf zu existieren. Ganz im Gegenteil. Ihres Körpers entledigt, ist sie nun in der Lage, weitgehend unsichtbar ihr Unwesen zu treiben und als Geist die Lebenden zu traktieren. Ziel aller Bestattungsriten ist es daher vornehmlich, die Geister der Toten zu versöhnen und auf dem Weg ins Jenseits oder zu einer Wiedergeburt möglichst rasch und unbehelligt vorankommen zu lassen. Wobei hinzugefügt werden muss, dass schon bei der Zahl der dem Menschen zugehörigen Seelen erhebliche Unterschiede bestehen. Das Spektrum reicht von einer Seele – bei den zum Christentum bekehrten Bewohnern von Laos – bis zu den 32 Seelen der Lao.

Bei den **Hmong** wird meist unmittelbar nach Eintreten des Todes eine Gewehrsalve abgefeuert. Damit werden nicht nur die anderen Einwohner des Dorfes informiert, sondern auch schlechte Geister abgeschreckt, die sich der Seelen des Toten bemächtigen könnten. Eine weiße Fahne vor dem Haus bezeichnet das Trauerhaus. Die Hmong glauben, dass die Toten auf der Reise ins Jenseits die Plazenta ihrer Geburt als Kleidung brauchen. Deshalb wird diese nach der Geburt in der Nähe der Zentralsäule des Hauses vergraben und zur Beisetzung wieder ausgegraben. Der Leichnam wird gewaschen und festlich gekleidet. Zur Totenfeier erscheinen alle Helfer paarweise, die Khään-Spieler (*khään* ist ein traditionelles Musikinstrument), Trommler, Sargmacher, Holzsammler, Tischdeckerinnen, Reisstampferinnen. Der Tote, dem wichtige Gebrauchsgegenstände mit auf den Weg ins Jenseits gegeben werden, bleibt mindestens drei, idealerweise bis zu zwölf Tagen im Haus aufgebahrt – je höher der soziale Status des Verschiedenen, desto länger. Natürlich beginnt der Körper zu verfallen. Das zu beobachten ist Ziel der Aufbahrung, denn nur so wird vor der Bestattung sichergestellt, dass alles in Ordnung ist und sich nicht ein Geist des toten Körpers bemächtigt. Gegen den unangenehmen Geruch stopfen sich die Totenwachen duftende Blätter in die Nasenlöcher. Eine Bestattung ist eine sehr kostspielige Angelegenheit, denn alle Trauergäste sind zu versorgen. Das können weit über einhundert Personen sein. Zudem muss täglich ein Schwein geopfert werden. Außerdem sind alle Schulden des Toten zu begleichen. Passiert dies nicht, so glauben die Leute, dass der Tote im nächsten Leben als Schwein oder Hund im Hause seines Gläubigers wiedergeboren wird.

Der Platz der Bestattung wird von den Alten der Familie sehr sorgsam ausgewählt, hat er doch wesentlichen Einfluss auf das Wohlbefinden des Toten – und wie es dem Ahnen geht, hat auch eine Rückwirkung auf die lebenden Nachkommen. Am vorgesehenen Bestattungsplatz werden Rinder und Ochsen angepflockt, die von den verheirateten Söhnen und den Schwiegersöhnen des Verstorbenen geopfert werden. Von einem männlichen Familienmitglied mit der Axt erschlagen, werden nun die Tiere zubereitet und verspeist. Interessanterweise werden dabei die Rollen vertauscht. Männer servieren das Essen (obwohl aus nahe liegenden Gründen die Frauen dennoch gekocht haben), holen Feuerholz und Wasser und fordern die Frauen auf, als Erste zu essen. Der letzte Weg zur Grabstätte kann mehrfach unterbrochen werden und im Zickzack erfolgen. Schließlich sollen so die bösen Geister verwirrt werden. Endlich wird der Sarg verschlossen, ins vorbereitete Grab gelassen und mit Erde bedeckt. Ein Pfeilschuss über dem Grab soll noch einmal dazu dienen, Geister zu verscheuchen. Dreizehn Tage später wird im kleinen Kreis der Familie eine weitere Zeremonie abgehalten, in der die beim Grab verbleibende Seele ein letztes Mal ins Haus eingeladen und dann für immer ans Grab gebunden werden soll. Die zur Wiedergeburt bestimmte Seele wird erst später, im Lauf eines Jahres nach dem Tod, in einer anderen Zeremonie endgültig von ihrem letzten Dasein befreit. Erneut Grund für ein großes Fest, bei dem Schweine geschlachtet werden und auch reichlich Alkohol fließt. Gelegenheit auch für das Anbahnen neuer Liebesbande und damit neuen Lebens in der Hmong-Gemeinde.

Auch die **Khhmu** bestatten ihre Toten in Erdgräbern. Je nach berechnetem Bestattungstag bleibt der Körper drei bis fünf Tage im Haus aufgebahrt. In dieser Zeit ist den Familienangehörigen jede Arbeit untersagt – außer natürlich die mit den Zeremonien verbundene, wozu auch hier tägliche Tieropfer und die Versorgung der Trauergemeinde zählen. Der Leichnam wird in eine Matte gerollt und an einer Bambusstange zum Bestattungsplatz im Wald getragen. Anders als bei vielen anderen Völkern wird der Tote nicht in neue oder spezielle Kleider gehüllt, sondern in abgetragene. Als Grabbeigaben sind zerbrochene Gebrauchsgegenstände üblich. In den Mund bekommt der Leichnam eine Silbermünze. Allesamt Maßnahmen zur Beruhigung der Seele des oder der Verstorbenen. Am Grab wird ein Schwein geopfert und über dem Grab errichten die Angehörigen eine Bambushütte. Auf dem Rückweg vom Grab zum Dorf schlagen die Trauernden einige Umwege ein, um so den Geist des Toten zu verwirren und an der Rückkehr ins Dorf zu hindern, wo er sonst Unruhe stiften könnte. Die Trauerfeier zieht sich noch weitere drei Tage hin, an denen die am Bestattungstag zubereiteten Speisen verzehrt werden.

Wie alle Buddhisten verbrennen die **Lao** ihre Toten. Auch sie bahren die Toten bis zum Bestattungstag im Haus auf, wobei die Regel ist, dass der Tote nicht an einem *wan sin* (buddhistischen Gebetstag) im Haus liegen soll. So kann die Verbrennung auch etwas überstürzt von einem Tag auf den nächsten erfolgen. Aufgebahrt wird in einem weißen Sarg, an dessen Kopfende Kerzen brennen. Weiß ist hier die Trauerfarbe, wobei nach Thai- und westlichem Vorbild schwarz als zweite Variante Anhänger gewinnt. Weiße Blumen als Geschenk zu anderen Anlässen als Trauerfällen sind also unangebracht.

Oft wird auf den Sarg ein Foto des/der Toten gestellt. Die nächsten Angehörigen halten die Totenwache und meist sind es die älteren Frauen unter ihnen, die auch die Beileidsbekundungen der vor allem abends kommenden Trauergäste entgegen nehmen. Neben Blumen und Räucherstäbchen sind es auch ein paar Geldscheine, die in den *khan*, das traditionelle meist silberne Sakralgefäß, wandern. Sicher sind auch bei den Lao die Angehörigen, Freunde und Bekannten traurig über den Verlust eines nahe stehenden Menschen. Doch anders als bei den Hmong sollte dies nicht offen gezeigt werden, hält zu starke Trauer doch den Geist des/der Verstorbenen fest und behindert seinen/ihren Weg ins nächste Leben. Ein Trauerhaus heißt wörtlich auch „Gutes Haus" *(hüüan dii)*. Also sind Trauerfeiern stets mit Zerstreuungen für die Lebenden verbunden. Per Video werden Filme vorgeführt, die Leute essen und trinken (keinen Alkohol) und vertreiben sich die Zeit beim Plauschen und beim Kartenspiel. Am Morgen des festgesetzten Bestattungstages werden männliche Angehörige des/der Toten zu (Kurzzeit-) Mönchen geweiht und entsprechend geschoren und eingekleidet. Die nächsten weiblichen Angehörigen sowie männliche, die, aus welchen Gründen auch immer, nicht in den Mönchsstand wechseln können oder wollen, tragen weiße Mönchsroben oder

213la Foto: ms

gänzlich weiße Kleidung *(buat khao)*. Dann wird die Prozession vorbereitet, die gegen Mittag das Haus Richtung Verbrennungsplatz verlässt. Der kunstvoll verzierte Sarg wird von einem weißen Baldachin überragt. An einer weißen Schnur ziehen symbolisch die Mönche und weiß Gekleideten den Wagen mit dem Sarg. Einwohner in Häusern am Weg streuen Asche in die Toreinfahrten, wodurch der Geist des Verstorbenen daran gehindert werden soll, vom Prozessionsweg ab- und in das Haus einzubiegen. Selbst ein wenig Hänsel und Gretel kommt in der Zeremonie vor, denn der Weg des Zuges wird mit Puffreis markiert, den dann natürlich Vögel und Insekten holen. So kann der Geist des Toten den Weg zurück ins Haus nicht finden, obwohl er doch von seinen Verwandten als formales Zeichen der Anhänglichkeit sorgsam gekennzeichnet worden war.

Verbrennungen werden entweder auf dem Gelände von Pagoden oder – oft auf dem Lande zu finden – an einer speziellen Stelle außerhalb des Dorfes durchgeführt. Obwohl in Vientiane die ersten Krematorien errichtet wurden (die aber bisher kaum benutzt werden, da viele Leute meinen, die Seelen können wegen des engen Schlots nicht frei aufsteigen), erfolgt die Verbrennung nach wie vor auf freiem Feld. Nach einer Gebetsrunde mit buddhistischen Mönchen wird ein letztes Mal der Sarg geöffnet, um dem/der Verstorbenen mit Kokosmilch das Gesicht zu waschen. Auch die Lao geben ihren Toten eine Münze für den Wegezoll in den Mund. Die Trauergäste defilieren am Sarkophag vorbei und legen Blumen, Räucherstäbchen und Kienspäne am Sarg ab. Als nächster Punkt der Zeremonie hat sich eingebürgert, dass sich die nächsten Verwandten in verschiedenen Gruppierungen vor dem Scheiterhaufen fotografieren lassen. Die normalen Trauergäste treten schon den Heimweg an. Nur die wenigsten warten, bis schließlich der Holzstapel unter dem Sarg in Brand gesetzt wurde. Für die Familienangehörigen ist es allerdings wichtig, das Feuer und den Rauch zu beobachten, da beidem eine Bedeutung für das eigene Leben zugeschrieben wird. (Das ist auch der Grund, warum die Krematorien bisher kaum in Aktion getreten sind.) Wenn das Feuer nicht gleich brennen will, dann ist der Geist des Verstorbenen noch nicht bereit und es sind noch Probleme in der Familie zu erwarten. Auch aus Menge, Form und Gestalt des Rauchs lesen die Hinterbliebenen eine Vorhersage für die Zukunft. Meist werden die Matratze, das Kopfkissen und einige dem Verstorbenen besonders lieb gewordene Kleidungsstücke mit verbrannt, damit sie ihm auch weiter zur Hand sind.

Am Abend des Verbrennungstages findet sich wieder alles im *hüüan dii* zum Totenschmaus ein, nur ein paar Verwandte wachen über das Feuer. Am nächsten Morgen werden von den nächsten Angehörigen Knochenreste aus der Asche gesammelt und in einer Urne aufbewahrt. Auch aus den Knochen wird die Zukunft gedeutet. Findet jemand gar einen Ring oder ein anderes Schmuckstück des Toten, so gilt dies als besonderes Glückszeichen. Im Trauerhaus findet am Morgen *thak baat* statt, die buddhistische Spendenzeremonie. Eine weitere Zeremonie zu Ehren des/der Toten findet, ebenfalls unter Mitwirkung buddhistischer Mönche, nach 100 Tagen statt. Und auch sonst können die Lao ein *suu khuan* oder *kathin* (Spendenzeremonie, bei der einer Pagode Betten, Gebrauchsgegenstände und Kleidung für Mönche gestiftet werden) zu Ehren ihrer verstorbenen Vorfahren, meist der Eltern, veranstalten, wenn sie auf diese Weise Verdienste erwerben und den Vorfahren ihre Ehrerbietung bezeigen können. Die Mönche treten in diesem Fall als Mittler zwischen den Welten auf und nehmen die Gaben stellvertretend für die Verstorbenen entgegen.

Das Andenken der Toten wird nicht nur bei den reinen Anhängern des Ahnenkults bewahrt. Auch in vielen Häusern der an sich buddhistischen Lao findet sich ein kleiner **Ahnenaltar,** auf dem Bilder der verstorbenen Familienangehörigen, manchmal selbst die Urne mit den Knochenresten sowie weitere Erinnerungsstücke aufgebaut werden und denen an den Gebetstagen *(wan sin)* und zu anderen Gelegenheiten die Ehre durch klei-

Schier endloser Trauerzug. Noch ist der Wagen mit dem Sarkophag nicht in Sicht.

ne Spenden erwiesen wird. Eine besondere Rolle spielt der buddhistische „Totensonntag", *hoo khau padap din* (wörtlich „Reispäckchen, die die Erde verzieren"), in der Neumondnacht zum Ende des neunten laotischen Monats. Der vorbuddhistischen Auffassung nach werden in dieser Nacht die Seelen aller noch nicht wiedergeborenen Toten freigelassen. Damit sie in den Pagoden bleiben und nicht unter den Lebenden Unwesen treiben, werden in den Pagoden in den Nachtstunden Spenden für die Toten aufgestellt. Die Päckchen enthalten Reis, aber neben weiteren Lebensmitteln auch Zigaretten und ein Gläschen Hochprozentigen.

Laoten im Ausland

Es gibt mehr Laoten im Ausland als in Laos. Ein Paradoxon, das sich noch weiter zuspitzen lässt, denn es trifft auf die meisten der in Laos lebenden Völkerschaften ebenso zu. Generell lassen sich die Auslandslaoten in zwei große Gruppen trennen, nämlich **jene, die nie oder schon sehr lange nicht mehr in Laos gelebt haben** und die, die während und nach dem Indochinakrieg emigriert sind. Zur ersten Gruppe zählen vor allem die Lao im Isaan, dem heutigen Nordostthailand. Fast 20 Millionen dieser Lao, die meist zu den Untergruppen Isaan und Phuan gehören und sich selbst heute eher als Thai empfinden, stehen den rund zweieinhalb Millionen ethnisch zur gleichen Volksgruppe zählenden Lao in Laos gegenüber. Seit dem 18. Jahrhundert, als Laos in drei Teilreiche zerbrochen war, die früher oder später allesamt unter siamesische Herrschaft gerieten, währt der Prozess der Spaltung. Ein Markstein dieser Entwicklung war der niedergeschlagene Unabhängigkeitskampf unter König *Anouvong* im Jahre 1827, als weite Teile des Territoriums rechts des Mekong entvölkert und die Menschen im Isaan angesiedelt wurden. Viele Familien haben auch heute noch verwandtschaftliche Beziehungen über den Mekong hinweg.

Nicht anders verhält es sich mit anderen Völkern. Die Tai Lü sind in Südchina (Sipsongphan Na) weit zahlreicher als in Laos, die Tai Dam und die Tai Däng (Sipsong Tjao Tai) siedeln in Vietnam in großer Zahl. Die spät zugesiedelten Hmong und Yao leben gleich in mehreren Nachbarstaaten von Nordlaos, wie auch die Akha und viele der kleinen und kleinsten Völker und Stämme. Ähnlich ist die Situation vieler Mon-Khmer-Völker im Süden, die sich gleichfalls in Vietnam und Kambodscha finden. Der Austausch zwischen ihnen ist rege und lässt sich auch kaum durch offizielle Staatsgrenzen kontrollieren, geschweige denn unterbinden. Teilweise funktionieren diese Beziehungen nach dem Prinzip der kommunizierenden Röhren: Wenn sich die Lebensbedingungen in einem der Länder gravierend verändern, setzt eine gewisse Umsiedlung ein, was die Politik der beteiligten Länder heute weitgehend zu verhindern sucht.

Die zweite große Gruppe der Laoten im Ausland sind **die während und nach dem Indochinakrieg emigrierten Menschen.** Von ihrer Größe und ihrer politischen Aktivität sind es zwei Völker, die besonders zu erwähnen sind – die Lao und die Hmong. Während Erstere ziemlich weit über die Welt verstreut sind mit größeren Kolonien in Frankreich, Großbritannien, Australien, Japan und Nordamerika, konzentrieren sich die Hmong sehr stark auf die USA, wo heute etwa 180.000 von ihnen leben, speziell in den Staaten Kalifornien, Minnesota und Wisconsin. Begründet ist dies durch die enge Verbindung, die ein Teil der Hmong unter General *Vang Pao* in den 1960er bis Anfang der 1970er Jahre zu den USA hatten, von deren Geheimdienst CIA sie im „geheimen Krieg" beraten, ausgerüstet, versorgt und in den Kampf gegen die Kommunisten geschickt wurden. Die meisten kamen im Laufe vieler Jahre über die Zwischenstation Flüchtlingslager in Thailand in die Vereinigten Staaten. Gewissermaßen als Spätfolge dieses Konflikts kamen im Jahre 2004 noch einmal rund 15.000 Hmong aus einer Hmong-Siedlung in Wat Tham Krabok (Thailand) in die USA. Um diese Siedlung hatte es jahrelang Diskussionen gegeben, da sie nicht offiziell zu den Flüchtlingslagern der Indochinakriege gezählt wurde und es folglich auch unterschiedliche Auffassungen über Herkunft und Status der dort siedelnden Menschen gegeben hatte.

024la Foto: ms

DER ALLTAG VON A BIS Z

Arbeitsleben

Laosexperten haben ausgerechnet, dass die Lao **auf dem Lande** rund 150 Tage im Jahr arbeiten. Bedingt ist das dadurch, dass nur in der Regenzeit die Reisfelder bestellt werden. Lediglich in den großen Reisanbaugebieten am Mekong in den Ebenen von Vientiane, Savannakhet und Champasak erlauben aufwendige Bewässerungssysteme zwei Ernten im Jahr. Doch selbst hier erlebten die Planer, die eigentlich eine höhere Reisproduktion im Sinn hatten, manche Überraschung. Nicht wenige Bauern reduzierten einfach die Fläche und verteilten damit die für ihre Eigenversorgung benötigte Reismenge und damit die Arbeit auf zwei Anbauzyklen. Dabei ist dieses Tun durchaus verständlich, denn in vielen Gegenden gibt es einfach keinen Markt für überschüssigen Reis und die oft schlechten

An einem Imbissstand wird tam maak hung gestampft, der laotische Scharfmacher

Verkehrsverbindungen in Mangelgebiete lassen wenig Anreize entstehen. Doch auch in Laos ändern sich die Zeiten. Besonders um die rasch wachsende Hauptstadt Vientiane wird das Land inzwischen nahezu ganzjährig genutzt. Auf Reis folgt Gemüse oder Mais und nicht wenige einstige Reisfelder wurden zu profitablen Fischteichen umfunktioniert. Es ist der Markt, die Chance, Geld zu verdienen, die auch die Arbeitseinstellung der Menschen ändert.

Dennoch behalten die Laoten ihren Hang zur Individualität. Zumindest versuchen sie es. Ein Acht-bis-Fünf-Uhr-Job ist den meisten ein Gräuel und die vom Band diktierte Arbeit in der Bekleidungsindustrie wird von vielen als Freiheitsbeschneidung empfunden. „Da kann man nicht einmal eine Suppe essen, wenn man Hunger hat", war ein Kommentar zu der Tatsache, dass der Unternehmer nach Schichtbeginn wohl aus gutem Grund das Werktor verschließen und nur zu den Pausen öffnen ließ. Es ist die erste Generation von **Fabrikarbeitern,** die in Laos eben im Entstehen begriffen ist. Und selbst das in eher bescheidenem Umfang. Ganze 80.000 Beschäftigte zählt die verarbeitende Industrie, wobei die Mehrzahl der Firmen weniger als 10 Mitarbeiter hat.

Viele aus ländlichen Verhältnissen stammende Menschen verstehen unter einem Job weniger ein Geschäft von Leistung gegen Geld als vielmehr ein traditionelles Gefolgschaftsverhältnis, das auf dem Prinzip gegenseitiger Hilfe beruht: Ich helfe dir bei der Arbeit, so gut ich eben kann, und du hilfst mir mit etwas von deinem vielen Geld. Dass das Geld nur durch entsprechende Leistung erwirtschaftet werden kann, wird erst von wenigen verstanden. Vielleicht trägt auch das laotische **Verständnis des Begriffes Arbeit** selbst zu der für manchen westlichen Investor schwer verständlichen Lage bei. Das Wort für Arbeit – *wiak* – meint ursprünglich keineswegs eine lohnabhängige Beschäftigung, sondern „etwas vorhaben", zum Beispiel auch familiäre und religiöse Zeremonien. Der folgende Dialog entstammt der Realität und wirft ein Licht auf dieses Missverständnis.

Unternehmer: „Wieso warst du gestern nicht zur Arbeit?"
Angestellter: „Ich hatte Arbeit."
Unternehmer: „Ich denke, das hier ist deine Arbeit."
Angestellter: „Nein, das ist DEINE Arbeit, ich hatte gestern MEINE Arbeit." (Der Angestellte hatte wegen der überstandenen Krankheit seines Vaters ein *suu khuan* ausgerichtet.)

Arbeit, das heißt in Laos vor allem schwere Feldarbeit

031la Foto: ms

Die nach wie vor überwiegenden landwirtschaftlichen Arbeiten sind noch dazu nicht auf die Minute fixiert und natürlich zuerst **dem Lauf der Natur unterworfen.** Der Tag beginnt mit dem Morgengrauen und endet – bis auf etwas Unterhaltung bei Kerzenlicht – mit dem Einbruch der Dunkelheit. Regnet es, bleibt man im Haus. Wird die Hitze über Mittag zu stark, legt man sich in den Schatten, meist in das eigens errichtete *tiang naa* (wörtlich „Feldbett"), eine kleine überdachte Plattform auf Stelzen, die von voreiligen Besuchern schon mal fälschlicherweise für eine Behausung der Ärmsten gehalten wird. Dass bei wohlhabenden Leuten das Feldbett leicht die Form einer ausgewachsenen Datsche annehmen kann, ist eine sehr neuzeitliche Erscheinung.

Erst elektrische Beleuchtung verlängert den Tag und Fernsehen führt auch auf dem Lande exakte **Uhrzeiten** ein. Aber auch in der Stadt macht der Spruch von der laotischen Gummiuhr noch immer voller Berechtigung die Runde. Bürozeiten der staatlichen Angestellten sind von 8 bis 12 Uhr und von 13 bis 16 Uhr. Sonnabends und sonntags wird nicht gearbeitet. Aber sowohl beim Dienstantritt als auch beim Feierabend herrscht eine gewisse Kulanz zugunsten der Staatsdiener. Kinder sind hier ein guter Vorwand und man kann sich des Eindrucks nicht erwehren, dass deren Transport zur und von der Schule zu den Dienstpflichten der Angestellten gehört. In vielen Firmen haben dagegen schon Stechuhren Einzug gehalten und lassen eine Ahnung aufkommen, dass „Zeit ist Geld" auch in Laos auf dem Vormarsch ist. Firmen arbeiten übrigens in der Regel von 8 bis 17 Uhr und meist auch sonnabends, Nähereibetriebe je nach Auftragslage auch mal rund um die Uhr in rollender Woche.

Im Lebenszyklus der Menschen beginnt das Arbeitsleben sehr früh. Schon in der **Kindheit** wachsen die meisten Laoten in die Familienwirtschaft hinein und werden zu vielen Handreichungen hinzugezogen, sei es bei den landwirtschaftlichen Arbeiten oder im Haushalt. Da gerade auf dem Lande die Schulbildung oft nur bis zum Abschluss der Grundschule reicht und Berufsbildungsangebote rar gesät sind, beginnt für die meisten das Arbeitsleben schon mit 12 oder 13 Jahren. Das laotische Arbeitsgesetz schreibt ein Mindestalter von 16 Jahren vor und erlaubt Jugendlichen unter 18 Jahren nur 6 Stunden Arbeit am Tag bei Verbot von Überstunden, Nacht- und Wochenendarbeit. Doch gelten diese Regeln allenfalls für Teile der Bekleidungsindustrie, wo die internationalen Großkunden wie „Nike", „Reebok" und „Adidas" peinlich genau über die Einhaltung der Arbeitsbestimmungen wachen. Da wirkt das Gesetz dann für die arbeitsuchenden Schulabgänger eher kontraproduktiv, weil diese Firmen niemanden unter 18 Jahren einstellen.

Die meisten Fähigkeiten und Fertigkeiten erwerben die laotischen Jugendlichen in der Praxis, da nur für rund 15 Prozent der Absolventen der Sekundarschulen Ausbildungsplätze in Berufsschulen zur Verfügung stehen. Also heißt es zugucken, mitmachen, nachmachen. Den Anforderungen einer modernen Wirtschaft entspricht eine solche Ausbildung natürlich nicht, weshalb sich speziell die deutsche Entwicklungszusammenarbeit unter anderem auf die Verbesserung der **beruflichen Bildung** konzentriert. Auch viele andere Geber unterstützen Qualifizierungen, oft auf dem so genannten Graswurzel-Niveau, wenn in Kursen von wenigen Tagen bis Wochen Dauer absolute Grundfertigkeiten in verschiedenen Tätigkeiten, zum Beispiel Geflügel-, Fisch- oder Froschzucht oder Veredelung von Obstbäumen, vermittelt werden.

Ansonsten sind die Menschen in ihrem Arbeitsleben weitgehend sich selbst überlassen. Eine **Sozialversicherung** ist erst im Aufbau begriffen und richtet sich zuerst an staatliche Angestellte und Beschäftigte größerer Firmen. Staatsangestellte sind bislang auch die Einzigen mit einer Pension, die meist in der monatlichen Summe sehr bescheiden ausfällt. Ausscheidende Beamten, denen gewisse Verdienste nachgesagt werden, können dagegen auch schon mal ein Wohnhaus oder ein Auto zum Abschied erhalten. Andere sind zufrieden, wenn sie das Recht auf zollfreien Import eines Fahrzeuges erhalten, das sich gegebenenfalls mit einigem Gewinn veräußern lässt. Eine große und wirtschaftlich erfolgreiche Familie ist für die absolut meisten die einzige Form der **Altersvorsorge,** wobei auch die Lao das Sprichwort kennen: „Eine Mutter kann zehn Kinder ernähren, aber zehn Kinder nicht eine Mutter". Um den Kindern so wenig wie möglich zur Last zu fallen und um weiterhin in die Familienbelange einbezogen zu sein, machen sich die Menschen bis ins hohe Alter irgendwie nützlich und wenn sie nur das Haus hüten, während der Rest der Familie auf dem Feld ist. Altersarmut und Vereinsamung sind deshalb bis auf den heutigen Tag keine Themen für Laos.

Alkohol, Rauchen, Drogen

Alkohol

„Lao Brewery Company" ist der Name der bislang einzigen nennenswerten Brauerei von Laos und gehört seit 2002 zur Hälfte dem dänischen Brauereiriesen „Carlsberg". Die 2003 produzierten 85 Millionen Liter **Bier** reichen nicht aus, um den wachsenden Bierdurst der Laoten zu stillen. Deshalb werden die Dänen rund 7 Millionen Euro in die Fabrik am Stadtrand von Vientiane investieren, damit ab 2007 rund 120 Millionen Liter „full taste of happiness" („der volle Geschmack des Glücks" – so ein Werbespruch der Firma) verkauft werden können. „LBC" ist der umsatzstärkste Betrieb in Laos, der größte Werbekunde, der größte Sponsor für Sport und Kultur und der größte Steuerzahler. Statistisch gesehen trank im Jahre 2003 also jeder Laote rund 15 Liter Bier, was sich wenig von anderen asiatischen Ländern unterscheidet. Doch nach Angaben der Brauerei wurde etwa die Hälfte der Produktion allein in der Hauptstadt verkauft. Hier erhöht sich der Pegel dann auf knapp 100 Liter und das ist Eichstrichhöhe mit Belgien und Dänemark und in Reichweite der Deutschen, die 2001 pro Kopf 123 Liter schluckten. Bier erfreut sich zu jedem Anlass großer Beliebtheit und hat in den Städten den heimischen **Reisschnaps,** bekannt als *lau lao,* weitgehend verdrängt. In den Nachtklubs und Bars dagegen regiert „Johnny Black", der **Nobelwhisky** aus dem Haus „Johnny Walker". Auch das Angebot an importierten **Weinen** ist überraschend gut und umfangreich. Da fragen sich viele Besucher, wo das Geld herkommt, das hier Tag für Tag in Alkoholika mit verschiedenem Prozentgehalt umgesetzt wird.

Dabei spielt Alkohol im **traditionellen Leben** der Lao eher eine Nebenrolle: Nur zu Feiertagen und besonderen Anlässen greift man zu berauschenden Getränken, meist *lau lao* oder *lau hai,* ein in Keramikkrügen op-

084la Foto: ms

tisch attraktiv angebotener Reiswein, der besonders unter den Lao Theung weit verbreitet ist. Und während der buddhistischen Fastenzeit von Juli bis Oktober kommt Alkohol nur in absoluten Ausnahmefällen auf den Tisch.

Läuft auf dem Lande das Leben vielerorts noch fast in den alten Bahnen, hat es manchmal den Eindruck, als seien in den großen Städten alle Hürden niedergerissen. Als Jugendliche immer häufiger von der Schule gleich in die nächste Bierschwemme zogen, sahen sich die Behörden zu rigorosem Eingreifen genötigt und versuchen seitdem, wenigstens den ärgsten Entwicklungen zu begegnen. Zwar untersagt auch die laotische Straßenverkehrsordnung das **Fahren unter Alkohol,** doch gibt es keinerlei Kontrollen. Sprüche wie „Ich muss ja mit dem Auto fahren, weil ich nicht mehr aufrecht gehen kann" mögen die Ausnahme sein, allerdings eine in der Praxis erlebte. Die eigentliche Gefahr geht jedoch von angetrunkenen Motorradfahrern aus, die selbst auch die am höchsten Gefährdeten sind. Zum Wochenende und zu Feiertagen berichten Vientianer Krankenhäuser von bis zu einhundert Unfallopfern, die pro Nacht eingeliefert werden, überwiegend alkoholisierte Jugendliche.

Sanuk ist es, was die Leute wollen. *Sanuk* lässt sich vielleicht am besten mit „Spaß haben" übersetzen, gepaart mit einem gehörigen Schuss Sorglosigkeit. Leider ist dann im Krankenhaus für viele der Spaß vorbei. Dass abschreckende Beispiele kaum Schule machen, hat dann wieder mit dem der Lebenseinstellung innewohnenden Fatalismus zu tun.

Drogen

Nur wenigen Ländern der Welt wird eine so innige Beziehung zu Drogen nachgesagt wie Laos. Das **Goldene Dreieck** ist berühmter, als es die meisten Olympiasieger sind, und der laotische Anteil am Goldenen Dreieck wird in den letzten Jahren immer so dargestellt, als sei es Laos, das es den Thais nicht ermögliche, endlich mit der Drogenproduktion in Myanmar aufzuräumen. Produziert wurde in jenem imaginären Dreieck, das eigentlich auch nach Südchina und Nordvietnam hineinreicht, hauptsächlich **Opium.** Und das über viele Jahre hinweg nicht gegen, sondern durch den brutal durchgesetzten Willen der Kolonialmächte. Ausgangspunkt war die China-Politik Englands, das in den Opiumkriegen von 1840–42 und 1856–60 die völlige Legalisierung des Opiumhandels und die Freiheit christlicher Missionierung in China durchsetzte. Allein schon die Kombination ist aufschlussreich. Beachtliche Mengen der Droge (im Jahre 1879 allein 5800 Tonnen) kamen aus der britischen Kolonie Indien, wo 1856 rund ein Sechstel aller Einnahmen aus dem Opiummonopol der Briten stammte. Forderung nach freiem Handel bei Sicherung des Monopols auf Herstellung war der britische Weg zu Maximalgewinnen.

Als die **Franzosen** 1893 die Etablierung ihrer Kolonie Französisch-Indochina mit der Eroberung von Laos abgeschlossen hatten, waren auch sie an den Profiten aus dem Drogenhandel interessiert und keinesfalls gewillt, den Engländern allein das Geschäft zu überlassen. Ein Opiummonopol auch in der französischen Kolonie war die Folge und den Bewohnern der nördlichen Berggebiete, in denen der Schlafmohn gut gedeiht, wurde ei-

Teamwork bei Regen – Hauptsache, den Spaß nicht verlieren

ne in Opium zu entrichtende Steuer auferlegt. Anders gesagt, die Opium bis dato in kleinen Mengen mehr oder weniger für den lokalen Verbrauch produzierenden Bergvölker wurden gezwungen, den Anbau drastisch zu erweitern. In den 1920er Jahren machten die Einkünfte aus dem Opiummonopol rund ein Drittel aller Einnahmen des Haushalts der Kolonie aus. Die radikale Erhöhung der Opiumsteuer u.a. zur Finanzierung des Ersten Weltkrieges war einer der Gründe für Aufstände der Hmong. Im Verlauf des Zweiten Weltkriegs waren es erneut die Franzosen, die den Anbau von Schlafmohn in Nordlaos forcierten.

Mit dem Anbau einher ging natürlich auch der **Gebrauch von Opium.** Zunächst wurde Opium vor allem als schmerzstillendes Medikament erzeugt. Der Missbrauch als Rauschmittel fand erst über den Katalysator der europäischen Eroberer rasante Verbreitung. Dabei war dann in Laos Opiumsucht weitgehend ein Problem der älteren Menschen auf dem Lande sowie vor allem der chinesischstämmigen Stadtbevölkerung. Bei vielen Opium produzierenden Bergvölkern gönnen sich die Männer gern ein Pfeifchen. Schließlich machen die Frauen ja die Arbeit.

Erneut war es ein Krieg, der die Dinge vollends aus dem Ruder laufen ließ. Zunächst focht Frankreich gegen die von *Ho Chi Minh* geführten Freiheitsbewegungen von Vietnam, Laos und Kambodscha. Der Abschaffung des Opiummonopols durch die französische Kolonialmacht folgte die nahtlose Übernahme des hoch profitablen Geschäfts durch **Geheimdienste und paramilitärische Gruppen.** Aus den Opiumgewinnen finanziert wurden lokale Milizen und die Oberschicht der Frankreich treuen Regimes in Saigon, Phnom Penh und Vientiane. Teile dieser lokalen Eliten waren bald mehr an den Profiten aus dem Opiumhandel interessiert als am Kampf gegen die Kommunisten. In Laos tat sich vor allem der Luftwaffenchef *Ouane Ratikoun* hervor, der schließlich besten Zugriff auf die Transportmittel hatte. Eine seiner größten militärischen Aktionen war denn auch der **laotische Opiumkrieg 1967,** als er unter Einsatz der laotischen Luftwaffe die Konkurrenz der Kuomintang und der Shan austrickste, sich großer Teile der gesamten Jahresernte bemächtigte und selbst zum führenden Opiumhändler des Goldenen Dreiecks avancierte.

Laos erlebte einen Boom besonderer Besucher, wurde zur festen Reisestation der **Hippies aus aller Welt.** Drogen waren legal und Marihuana war an jeder Ecke zu haben. Opium kam als nächste Station auf dem Traumtrip und Heroin brachte für viele das Ende. Ein deutscher Laos-Besucher berichtete, wie er 1971 im kriegsgeschüttelten Laos im Heroin-Delirium von buddhistischen Mönchen aufgelesen und mit einer Rosskur entgiftet wurde. Seitdem ist er so clean, dass er nicht einmal Cola anrührt. Ein anderer Deutscher schrieb mir 30 Jahre später, Rauschgiftgenuss solle als

Teil des Rechts auf Selbstverwirklichung legal sein. Gern hätte ich beide zusammengebracht.

Bei der **„Pathet Lao"** dagegen galten die Rauchgifttouristen als Ausdruck westlicher (Un-)Kultur schlechthin. Kein Wunder also, dass bei den Demonstrationen gegen die Kollaborateure mit den USA Jeans, Hippiefrisuren und Rauschgift verdammt wurden. Schließlich war das auch einer der Gründe dafür, dass die „Pathet Lao" nach der Machtübernahme im Dezember 1975 erst einmal generell mit dem Tourismus Schluss machte.

Offiziell kämpfte nun die **Volksrepublik** gegen die Drogen. Inoffiziell hielten sich die Gerüchte, dass alles lief wie gehabt, nur mit teilweise neuen Männern an den Schalthebeln. Besitz für den Eigenbedarf war lange Zeit straffrei, die Produktion in kleinen Mengen weitgehend geduldet. Inzwischen ist auch diese Zeit vorbei. Mit dem ersten Strafgesetz von 1989 wurde der Handel mit Drogen kriminalisiert und unter Strafe gestellt, die Strafen wurden in zwei Gesetzesänderungen erheblich verschärft. Heute droht auf den Besitz von bestimmten Mengen von Drogen, z.B. 1,5 Kilogramm Heroin, die Todesstrafe, die Mitte 2004 auch erstmals gegen einen Ausländer verhängt wurde. War im Jahre 2000 noch eine Zahl von 40.000 Rauschgiftabhängigen offiziell bekannt gegeben worden, so will Laos bis 2006 den Anbau von Schlafmohn gänzlich abgeschafft haben und geht recht rigoros an die Umsetzung dieser Zielstellung. Mohnfelder werden zerstört, Menschen umgesiedelt, Straßen gebaut und Alternativen entwickelt. Letzteres oft zu langsam. Außerdem führt die aus dem Antidrogenkampf folgende Verknappung des Stoffes zu höheren Preisen, was letztlich trotz Strafandrohung den Anbau wieder lukrativer macht. Unzugängliche Gegenden hat Laos immer noch zuhauf.

Seit Mitte der 1990er Jahre hat das Land zudem mit anderen **Drogenproblemen in einer völlig neuen Dimension** zu tun. Während es bis dato um die Drogenproduktion in den Bergen vor allem für den Export ging, machten Drogen mit einem Mal den Jugendlichen in den Städten zu schaffen, nicht selten Kindern und Enkeln hoher Funktionäre. Mit dem Schnüffeln von Lösungsmitteln hatte es begonnen und weitete sich mit der Verbreitung von synthetischen Drogen, speziell Metamphetaminen, zu einem Flächenbrand aus. Nicht in finsteren Ecken, sondern offen auf Schulhöfen wurden die Drogen vertrieben, in einigen Fällen – wenn man der laotischen Presse Glauben schenkt – sogar von den notorisch unterbezahlten Lehrern. Aufklärungskampagnen bei Kindern und Eltern, harsche Strafen, Entzugsanstalten, sogar Urintests in Schulen gibt es nun – und eine gesamtnationale Sensibilität für das Thema. Ausreichend Freizeitangebote und plausible Lebensperspektiven für viele Jugendliche gibt es bislang aber noch nicht.

Bleibt zu hoffen, dass es gelingt, bei den Drogen eine ähnlich positive Entwicklung zu erzielen wie beim Tabak. Zwar gibt es auch zum Tabakkonsum ähnlich wenig verlässliches Zahlenmaterial wie für viele andere Dinge, doch ist die Zahl der Nichtraucher vor allem in den Städten ganz offensichtlich im Steigen. Und das bei verglichen mit Europa niedrigsten Preisen für Zigaretten. Aber auch beim **Rauchen** sind die Unterschiede zwischen den Völkern immens. Wie übrigens auch die Rauchgewohnheiten. Vor allem die Lao Theung beginnen schon im Kindesalter mit der Qualmerei, entweder in Form uriger trichterförmiger Selbstgedrehter oder per Wasserpfeife. Bei den Lao Theung raucht meist die ganze Familie. Bei den Lao Sung ist Rauchen von Tabak wie von Opium überwiegend ein den Männern vorbehaltenes Laster. Auch bei den Lao Lum sind rauchende Frauen eher selten.

Dafür ist vor allem unter älteren Frauen, seltener auch Männern, das **Betelkauen** noch ziemlich verbreitet. Dazu wird ein Stück der Areka-Nuss mit Kalkpaste, die mit etwas Pflanzensaft angerührt wurde, in ein Blatt des

115la Foto: ms

Betel-Pfeffers gerollt und langsam zerkaut. Die entstehende Flüssigkeit wird ständig ausgespuckt, was nahezu jeden Neuankömmling erschreckt, der aufgrund der intensiv-roten Farbe Blut zu sehen meint und glaubt, die Frauen seien sterbenskrank. Betel-Anhängerinnen erkennt man an der intensiven Rotfärbung der Lippen und nach einiger Zeit auch Schwarzfärbung der Zähne. Dem Genussmittel wird eine anregende und belebende Wirkung zugeschrieben, irgendwo zwischen der von Alkohol und Kaffee. Hinzu kommt wohl ein Wert als Zeitvertreib, denn die Vorbereitung der Bissen hat schon fast zeremoniale Züge, so wie die Utensilien heute das Interesse von Sammlern wecken, zum Beispiel kunstvoll gefertigte Döschen und Zangen zum Zerkleinern der Betelnüsse.

Gesundheit

Wenn Laoten sich ins **Krankenhaus** begeben, dann sind sie oft schon sterbenskrank. Auf der einen Seite sind diese Institutionen nicht wirklich Vertrauen erweckend, denn meist lassen Hygiene und Service der Gesundheitseinrichtungen zu wünschen übrig. Kein Vergleich zum benachbarten Thailand. Dabei sind die meisten laotischen Ärzte durchaus gut ausgebildet und verstehen etwas von ihrem Fach. Doch schlechte Bezahlung und zu knappe Budgets für Verbrauchsmaterialien und Instandhaltung der medizinischen Geräte, die nicht selten von ausländischen Gebern finanziert wurden, sind Ursachen für die mangelnde Qualität der medizinischen Versorgung im staatlichen Gesundheitswesen. Viele Ärzte erweitern denn auch ihr Engagement ins private Feld, indem sie ihr Wissen außerhalb des Dienstes in den Krankenhäusern auch in privaten Kliniken zur Behandlung Kranker und zur Mehrung des eigenen Wohlstands einsetzen.

Auf der anderen Seite stehen die **Schamanen,** Quacksalber, Geisterheiler, zu denen die Masse der Menschen zuerst Zuflucht sucht. Erst wenn alles Besprechen nichts bringt, wendet man sich an die moderne Medizin. Manchmal zu spät. Damit soll beileibe nicht alles außerhalb der modernen Schulmedizin verdammt werden. Ganz im Gegenteil! In Laos hat sich ein solides Stück traditionellen Wissens über **Naturheilkunde** erhalten, sind empirisch über Generationen erworbene Kenntnisse – zum Beispiel über die Wirkungen von Kräutern, Wurzeln und Früchten – verbreitet, die den westlichen Normal-Städter immer wieder verblüffen. Bei bestimmten Anzeichen von Unwohlsein führen einfache Umstellungen in der Ernäh-

Beim Weben schmeckt ein Zug aus der Wasserpfeife – Frau der Katu

Einige Daten zur Gesundheitssituation

	1985	1990	2002
Geburten je Frau	6,7 (1980–85)	6,0	4,8
Müttersterblichkeit (auf 100.000 Lebendgeburten)	750 (1988)	700	530
Säuglingssterblichkeit (auf 1000 Lebendgeburten)	118	110	87
Lebenserwartung	45,0	49,7	54,5
Zugang zu sauberem Wasser	21 % (1985–88)	39 %	50 %
Zugang zu sanitären Einrichtungen	10 % (1985–88)	24 %	51 %

Quelle: Asiatische Entwicklungsbank 2004

rung oft ebenso zum Erfolg wie die Anwendung von pflanzlichen Mixturen. Manchmal kommt noch etwas Spirituelles hinzu in der Art von Zauber und Beschwörungsformeln; auch hier gilt die alte Wahrheit, dass der Glaube Berge versetzen kann. Wenn allerdings Leute behaupten, mit einem Kräutersud Krebs und AIDS quasi in einem Aufguss heilen zu können, mag etwas Skepsis angebracht sein.

Ein Phänomen, das Kranken nicht nur Besserung bringt, ist die **Selbstbehandlung.** Medikamente werden weitgehend frei verkauft und von vielen Menschen ohne Arztkonsultation nach eigenem Gutdünken oder auf Empfehlung von Verwandten und Bekannten eingenommen.

Die verbreitetste Krankheit in Laos ist Malaria, gefolgt von **Erkrankungen** des Verdauungstraktes. In Vientiane rangieren Folgen von Verkehrsunfällen in der Statistik der Krankenhäuser weit oben. Die Stresskrankheiten des Westens dagegen sind (noch?) nicht so weit verbreitet. Zeitlich und örtlich begrenzt können Cholera und Typhus auftreten und in den Monaten der Regenzeit wird selbst Vientiane Jahr für Jahr von einer Welle von Denguefieber erfasst.

Dass das laotische Gesundheitswesen zu schneller und wirksamer Aktion fähig ist, bewies es bei der SARS-Epidemie 2002. Bis zu westlichen

Aufklärungsplakat in der Provinz: „Vor Aids kann man sich schützen, wenn man im außerehelichen Geschlechtsverkehr Kondome benutzt!"

127la Foto: ms

Standards in der Gesundheitsversorgung der Bevölkerung ist es allerdings noch ein weiter Weg, besonders wenn man berücksichtigt, dass viele Leiden und Entstellungen, die nicht unbedingt lebensbedrohend sind oder große Schmerzen verursachen, von den Menschen in ihrer Unkenntnis und Unbeholfenheit einfach hingenommen und als **Bürde des Schicksals** ertragen werden. Dies trifft z. B. auf Lippen-Kiefer-Gaumenspalten und andere körperliche Missbildungen zu, die heute durch Operation oder Therapie beseitigt oder gelindert werden können.

Dazu ist vor allem Aufklärungs- und Bildungsarbeit zu leisten, wie sie zum Beispiel im Falle von **AIDS** nicht zuletzt dank internationaler Unterstützung angegangen wurde. Nach anfänglicher Ablehnung des Themas als für Laos nicht relevant stellt sich die Politik heute dem Problem offen. Zwar sind die Zahlen von HIV-Infektionen und AIDS-Erkrankungen im Vergleich zu Nachbarländern gering, doch wachsende Mobilität der Menschen birgt auch für Laos die Gefahr einer zunehmenden Verbreitung der Immunschwächekrankheit. So gibt es parallel zum Nationalen Anti-Drogen-Komitee auch ein Nationales Anti-AIDS-Komitee, das überwiegend mit ausländischer Unterstützung Aufklärung und Vorbeugung betreibt. „Number One", das von der Non-profit-Organisation „Population Services International" vertriebene Kondom, ist ein landesweit sichtbares Symbol der Aktionen. In der Werbe- und Marktpräsenz wird es wohl nur von „Beerlao" übertroffen. Pikantes Detail: In einer Studie wurden als Risikogruppen für eine HIV-Infektion neben Prostituierten, Homosexuellen und Drogenabhängigen besonders Fernfahrer und Staatsangestellte auf Dienstreisen identifiziert.

Einher mit dem Kampf gegen AIDS geht auch ein Programm zur **Geburtenkontrolle,** das das Ziel hat, durch Aufklärung und Verhütung die Zahl der Schwangerschaften zu verringern. Dieses Programm kann sicher auch auf die Verbreitung des Fernsehens und anderer Segnungen der modernen Zivilisation bauen, die ebenfalls zur Geburtenreduzierung beitragen. Schon heute liegt die Zahl der Geburten pro Frau in den Städten deutlich unter denen auf dem Land.

Wichtige **Erfolge bei der Verbesserung der Gesundheitsfürsorge** in Laos sind ohne Zweifel das landesweite Impfprogramm für Kinder und Mütter und der Aufbau eines Netzes von Gesundheitsstützpunkten auf dem Lande. Auch der Zugang zu sauberem Trinkwasser und zu sanitären Einrichtungen verbesserte sich deutlich.

Mode und Zeitgeschmack

Modenschauen sind in den letzten Jahren der große Renner, wenn auch kein Vergleich zu Paris oder Mailand. Manchmal hatte es nämlich eher den Anschein, als gelte es weniger, neue Kreationen in Stoff zu zeigen als die Sponsoren der Models. Dabei hat es Mode nicht eben leicht, offiziell anerkannt zu werden. Als ein in westlichen Augen wirklich attraktives Design auf dem Laufsteg auch ansprechend in Szene gesetzt wurde, ging ein Raunen durch die Reihen der ausländischen Besucher. Bei den laotischen Ehrengästen dagegen sah man Stirnrunzeln. Grund: Der Nabel des Models war zu sehen, ein Verstoß gegen die **laotischen Sitten.** Diese, in voller Form „die schönen Sitten und Gebräuche des laotischen Volkes" betitelt, werden von offizieller Seite fast gebetsmühlenartig wiederholt, um einerseits das lobenswerte Bemühen um die Bewahrung laotischer Kulturtradition zu fördern und um andererseits in fast schon anachronistisch anmutender Form moderne Entwicklungen zu blockieren. Das Urteil „dies widerspricht den schönen Sitten und Gebräuchen des laotischen Volkes" ist so gut wie das Ende einer Bemühung. So droht denn auch manche so genannte Modenschau an der endlosen Wiederkehr der verschiedenen Nationalitätentrachten förmlich zu ersticken und Langeweile statt Kreativität zu verströmen.

Die städtische Jugend allerdings schert sich meist wenig um die Erhaltung volkstümlichen Brauchtums. Ihre Orientierung ist klar westlich, was im laotischen Kontext Thailand bedeutet. Die neuesten Trends und Fummel aus der Weltstadt Bangkok finden ihren Weg meist auch nach Vientiane, dann allerdings in ihrer preiswerten Zweitausführung. Dabei kann ich das Bemühen der laotischen Behörden um den Erhalt der laotischen Kultur durchaus verstehen, denn die starke **Orientierung an Thailand** ist der Herausbildung einer nationalen Identität keineswegs förderlich. So stellen zum Beispiel viele Kinder nach der Einschulung ihre Lehrer vor das Problem, durch die pausenlose Berieselung durch das Thai-Fernsehen weit besser Thai als Lao zu sprechen.

Hinzu kommt, dass es *die* laotische Kultur wie Mode gar nicht gibt. Doch auf der anderen Seite haben sich überall auf der Welt administrative **Regeln und Verbote** als wenig wirksam erwiesen, den Zeitgeschmack bei Kleidung, Haarschnitt und Musik zu steuern. So gibt es in Laos Regeln, die Personen mit anders als ihrer Naturfarbe gefärbten Haaren (nebenbei bemerkt eine der kleinen Schwächen der durchaus eitlen Herren mittleren Alters in Laos ist das Schwärzen ihrer Haare) den Zutritt zu Restaurants und Nachtklubs verwehren, die junge Männer mit Ohrschmuck von der Teilnahme an traditionellen Festen ausschließen oder die Discos und Tanzdielen die Musikauswahl vorschreiben. Es versteht sich von selbst, dass solcherart Regeln eigentlich nur dazu dienen, fortlaufend missachtet zu werden und den Unmut der Betroffenen zu steigern.

Ohne die Behörden zu erzürnen, schießen derzeit allerorten **Modeboutiquen** aus dem Boden, die die Jugend weiter auf Thai Style trimmen. Eine Hand voll laotischer Modemacher(Innen) versucht mit durchaus ansehnlichem Erfolg, vor allem die national gesinnte Oberschicht und Ausländer, die ihre Verbundenheit mit dem Gastland demonstrieren wollen, traditionell angehaucht einzukleiden, was angesichts edelster seidener Handweberei Schick und Luxus verbindet.

Auch unter den **Haardesignern** hat sich ein westlich orientierter wie geschulter Oberstand herausgebildet, der im Föhnen und Legen der Konkurrenz von Ku-Damm nur im Preis nachsteht. Gut, die Läden chromfunkeln auch nicht so.

Doch selbst unter der von Thai-TV und unzähligen Modejournalen geprägten Jugend hat sich ein Stück laotischer Tradition bewahrt. Keineswegs nur aufgrund administrativer Vorschriften tragen Frauen und Mädchen zumindest zu den Feiertagen einen *sin,* den **traditionellen Wickelrock der Lao.** Die handgewebten Seidenprodukte bestechen durch Eleganz und reiche Ornamentik, die viel über soziale Stellung und geographische Herkunft der Trägerin aussagt. Wobei Letzteres heutzutage etwas in den Hintergrund gerät, denn die Entwicklung des nationalen Marktes gestattet zunehmend nur noch die Zuordnung des Rockes zu einer der herausragenden Webschulen. Besonders zu erwähnen sind die Webkünste aus Houaphanh sowie aus Champasak.

132la Foto: ms

Folge der angestrebten Nationenbildung ist, dass der *sin* in seiner Alltagsform auch bei den **anderen ethnischen Gruppen** mehr und mehr Verbreitung findet – in harter Konkurrenz zu chinesischen Billigprodukten ursprünglich westlichen Zuschnitts. Vor allem die Männer erscheinen überwiegend in dunkler Stoffhose und (oft ehemals) weißem Hemd, während Frauen abenteuerliche Kombinationen von kunterbunten T-Shirts mit eigenartigsten Aufdrucken, billigen Baumwoll-Wickelröcken und Teilen ihrer Nationaltrachten tragen. Das heißt, auch die einst so malerischen Bergvölker halten ihre traditionellen Kleider mehr und mehr für festliche Anlässe bereit und kleiden sich im Alltag nach zwei Grundsätzen, bei denen modische Überlegungen kaum eine Rolle spielen: praktisch und billig. Bei Letzterem sind die Chinesen kaum zu schlagen, die sehr zum Verdruss der laotischen Seidenweberinnen auch die kompliziertesten Muster auf computergesteuerten Webstühlen imitieren und auch vor der Nachahmung der Festkleidung der Bergvölker nicht halt machen. So gibt es die sehr aufwendig in Monate langer Arbeit gefertigten Röcke der Hmong, deren Hanfstoffe von Hand gewebt, mit Indigo gebatikt und anschließend mit Applikationen versehen werden, inzwischen in grellbunten Farben auch aus chinesischer Baumwolle für rund zwei Dollar das Stück.

Ein genereller Trend allerdings ist auszumachen: Die Bergvölker orientieren sich an den Lao Lum, die Lao Lum an Vientiane, Vientiane an Thailand und Thailand an den USA. Dem entgegen zu steuern ist nicht einfach. Um so erfreulicher deshalb, dass sich traditionelles Liedgut zu allen erdenklichen Anlässen guten Zuspruchs erfreut und dass die privat initiierte Laotische Kulturstiftung sich den Erhalt laotischer Kulturtraditionen auf die Fahnen geschrieben hat. Dabei sind die Leute an der Spitze der Stiftung realistisch genug einzuschätzen, dass dies nur neben den modernen Entwicklungen erfolgen kann. Ihr erstes großen Vorhaben ist die Einführung der *khään* (traditionelle Mundorgel der Lao) in den Schulunterricht.

Natur- und Umweltschutzdenken

Verglichen mit anderen Ländern der Welt sind sie **Umweltprobleme von Laos geradezu winzig.** Verschwindend wenige Industriebetriebe belasten Wasser und Luft, die Zahl der Kraftfahrzeuge ist zwar dramatisch im Steigen, aber immer noch vergleichsweise gering. Eine Kohlendioxidemission von 0,1 Tonne pro Kopf und Jahr liegt am unteren Ende der internationalen Skala. Die Flüsse sind chemisch kaum belastet und dienen vielerorts direkt zur Trinkwasserversorgung.

Dieser fast schon paradiesische Zustand, der natürlich zu allererst aus der schwachen wirtschaftlichen Entwicklung resultiert, bringt mit sich, dass Natur- und Umweltschutzdenken für Laos ein völlig neues Konzept ist. Denn in der traditionellen Subsistenzwirtschaft – bei spärlicher Besiedlung des Landes – war die Natur noch intakt, lebten die Menschen im **Einklang mit Natur und Umwelt.** Ein Beispiel: Universelles, praktisches und stets vorhandenes Verpackungsmaterial für Speisen waren Bananenblätter. Wasser wurde in Bambusrohren oder Flaschenkürbissen transportiert. Die Menschen lebten in und mit der Natur. Selbst die Eingriffe per Brandrodung blieben wegen der geringen Bevölkerungsdichte ohne ernsthafte Schäden. Produziert wurde nicht für den Markt, sondern den Eigenbedarf, das heißt auch nur soviel, wie verbraucht werden konnte.

Erst mit der **Einführung der Plastiktüte** entstand Müll, mit der wachsenden Bevölkerung eine Übernutzung des Bodens, mit dem Streben nach Gewinn die Produktion eines Mehrproduktes. Die Segnungen der modernen Industrie hielten stürmisch Einzug, doch das Bewusstsein der Menschen blieb unverändert. Die Plastiktüten wurden, wie einst die Bananenblätter, achtlos weggeworfen und bestenfalls an den Rand des Hofes gefegt. Die Blätter vermoderten oder vertrockneten und wurden dann irgendwann abgebrannt. Die Plastiktüten vermodern nicht und setzen beim

Typische Alltagskleidung: Der laotische Wickelrock sin,
kombiniert mit T-Shirt oder Bluse, dazu Sonnenschutz in allen Variationen

Verbrennen Schadstoffe frei. Die Menschen wissen das nicht, sie registrieren allenfalls beißenden Qualm und Kopfschmerzen. Aber sie haben ihre – früher ausschließlich biologischen – Abfälle schon immer verbrannt. Der Plastiktütenwahn ist ungebremst. Für jeden meist schon doppelt und dreifach verpackten Einkauf gibt es eine neue Tüte dazu. Wenn ich sie zurückweise und meinen Einkauf in eine der schon an meiner Hand baumelnden Tüten stopfe oder ganz einfach am oft schon vorhandenen Henkel nehme, ernte ich Kopfschütteln.

Es dauert sehr lange, **menschliche Gewohnheiten zu ändern.** Dass es geht, beweist Vientiane. Ausländische Organisationen setzen in den Schulen an, vermitteln den Kindern Wissen zum Umweltschutz und halten sie auch zu entsprechendem Handeln an. Zum anderen erwies sich auch ökonomische Not als Triebfeder. Fliegende Händler, oft im Lande lebende Vietnamesen, sammeln und kaufen jede Art von recycelbarem Abfall. Natürlich muss, damit es sich lohnt, eine kritische Masse an Abfall überschritten werden. Die Mehrzahl der laotischen Städte ist zu klein dafür oder verharrt in der Verbrennungsgewohnheit.

Laoten lieben die Natur und umgeben sich selbst in den Städten mit einer Sammlung dekorativer Pflanzen und halten auch Haustiere ohne Nahrungswert. Konzepte von Natur- und Umweltschutz allerdings wurden erst von außen hereingetragen. Denn natürlich hat die Tätigkeit von Menschen auch in Laos Auswirkungen auf die Umwelt bzw. sind solche in naher Zukunft verstärkt zu erwarten. Schon heute sind **Waldvernichtung** und der Handel mit **vom Aussterben bedrohten Tier- und Pflanzenarten** ernste Probleme. Ihren Energiebedarf decken die Einwohner des Landes noch immer zu 88 Prozent aus traditionellen Quellen, in der Regel Brennholz und Holzkohle. Brandrodungsfeldbau und Abholzung lassen den Waldbestand jährlich um ein halbes Prozent schrumpfen, obwohl die Regierung durch extensive Aufforstung den Trend eigentlich umkehren wollte. Heute sind nach unterschiedlichen Angaben zwischen 40 und 47 Prozent des Landes bewaldet. 1940 waren es noch 70 Prozent. Auch ist der heutige Waldbestand durch selektiven Einschlag zum Teil in seiner Zusammensetzung degradiert, da der Export tropischer Harthölzer nach wie vor eine der wichtigsten Einnahmequellen des Landes und Ursprung des unverhältnismäßigen Wohlstands einiger Einzelner ist.

Die Offiziellen haben sich des Themas angenommen und inzwischen den **Export von Rund- und Schnittholz untersagt.** Auch die Einrichtung von insgesamt 20 **Biosphärenreservaten** *(National Bioderversity Conservation Area – NBCA)* auf mehr als 33.000 Quadratkilometern oder 13 Prozent des Gesamtterritoriums des Landes wird von internationalen Umweltschutzorganisationen als beispielhaft betrachtet. Bleibt zu hoffen, dass der gesetzlich verbriefte Schutz dieser Gebiete auch in der Praxis umsetzbar ist. Schließlich müssen dazu die in oder nahe an diesen Gebieten lebenden Menschen zu einer nachhaltigen und schonenden Nutzung der Reservate befähigt und angehalten werden. Das „World Conservation Monitoring Center" gab 1998 an, dass 220 Pflanzen- und 151 Tierarten, darunter 60 Säugetier-, 72 Vogel- und 10 Reptilarten, vom Aussterben bedroht sind.

Der **Umgang der Laoten mit Tieren** kann manchmal Besuchern die Haare zu Berge stehen lassen und würde Tierschutzvereine in Daueralarm versetzen. Dabei verbietet der Buddhismus das Töten jedweden Lebewesens. Die meisten Tiere werden von den Völkern in Laos lediglich nach ihrem kulinarischen oder pharmazeutischen Wert beurteilt. Als essbar erweisen sich dabei sehr viele Tierarten, von Insekten bis Reptilien. Das Verspeisen bestimmter Körperteile bestimmter Tierarten aber steht darüber hinaus in dem Ruf, magische Kräfte zu verleihen, physische Leistung, durchaus auch sexueller Art, zu potenzieren oder den ewigen Jungbrunnen zu versprechen. Entsprechend werden sie gejagt und gehandelt. Dabei ist der generelle Glaube verbreitet, dass Wildtiere weit mehr Stimulanzien enthalten als Haustiere. Ein Glaube, der vor allem aus China bzw. seitens der Chinesen in ganz Südostasien stets neue Nahrung und Nachfrage erhält. Doch auch die Laoten schwören auf die Potenzwunder, die durch das Gehörn des hühnergroßen Zwergrehs hervorgerufen werden, oder die magischen Kräfte einer Tigerkralle.

Durch ein Bündel an Maßnahmen zum **Tierschutz** sollen die in Kriegs- und Nachkriegszeit arg gebeutelten Tierbestände zur Erholung kommen und einige Tierarten, wie das als äußerst schmackhaft geltende Gürteltier oder die Königspython, vor dem Aussterben gerettet werden. Zu diesen Maßnahmen zählen die Durchsetzung von Jagdregeln, die nach altem Brauch eine generelle Schonzeit für die buddhistischen Fastenmonate vorsehen, die Reduzierung der Zahl der Waffen sowie harsche Verbote für den Handel mit den meisten Wildtierarten. Die Entdeckung des *Saola,* einer neuen Säugetierart, im laotisch-vietnamesischen Grenzgebiet machte nicht nur weltweit Schlagzeilen, sondern rief weitere Umweltinitiativen auf den Plan, die heute den Großinvestoren in Wasserkraftanlagen und Bergbauprojekten auch über den mutmaßlichen Lebensraum des seltenen Tieres hinaus aufmerksamer auf die Finger schauen.

Aber auch im **häuslichen Umfeld** ist der Anblick des Umgangs mit Tieren gewöhnungsbedürftig. Das tägliche Zusammenleben mit Tieren macht einerseits den Umgang mit ihnen selbstverständlich, bringt aber nicht unbedingt die den Europäern inzwischen anerzogene Ethik hervor. Bei den Laoten ist neben aufrichtiger Zuneigung zum Hofhund ebenso ein achtloser Umgang mit allerlei Getier zu beobachten. Käfern werden Beine und Flügel ausgerissen, damit sie Kindern als Spielzeug dienen, Vögeln bindet man zum gleichen Zweck eine Schnur ans Bein. Schweine und Rinder werden oft auf abenteuerliche Weise zum nächsten Markt transportiert, teilweise gut verschnürt auf dem Dach eines Kleinbusses. Geflügel hängt, an den Beinen zu Bündeln verknotet, kopfüber an Mopeds oder Lastwagen. Dabei lieben auch Laoten die Haltung von seltenem Getier, werden allerlei Vögel, Affen, Bären oder Tiger in Käfigen aufbewahrt und bewundert. Sicher ist es da in erster Linie der Unwissenheit der Menschen zuzuschreiben, dass von artengerechter Haltung meist nicht die Rede sein kann.

Immerhin gibt es einen Brauch, zum Erwerb buddhistischer Verdienste **Tiere freizulassen** wie zum Beispiel Fische, Schildkröten oder Vögel. Der Haken an der Sache ist nur, dass sie zuvor eingefangen werden. Vor einigen Pagoden hat sich dies schon als Geschäft etabliert. Die zum Freilassen in kleinen Käfigen angebotenen Vögel sind so präpariert, dass sie keinen langen Flug schaffen und so leicht eingefangen und für den nächsten Kunden erneut in den Käfig gesteckt werden können.

Einzig in den Pagoden gilt das **Tötungsverbot** noch ziemlich absolut. Selbst Mücken werden nur verscheucht und Flöhe vorsichtig auf den Hund zurück gesetzt. Auch kranke und altersschwache Hunde und Katzen finden nicht selten in den Pagoden Aufnahme und wenigstens Futter und wohlwollende Duldung.

Schmutz und Hygiene

Keine Frage, klinisch rein ist Laos nicht. Aber auch nicht zugemüllt wie einige andere Entwicklungsländer. In Vientiane ist die **Müllabfuhr** inzwischen recht gut organisiert und auch die Deponie ordentlich geführt. Der Müll wird dort sogar sortiert und alles recycelfähige Material irgendwie wieder zu Geld gemacht. Ein Problem ist das achtlose Wegwerfen von Müll in den Straßen, was einerseits durch zu wenig Abfallkörbe und andererseits durch die erwähnte Gewohnheit des Verbrennens begünstigt wird. Einige Leute riefen deshalb schon nach der Wiedereinführung der „roten Sonnabende", unentgeltlichen Arbeitseinsätzen am Wochenende (vielen Ostdeutschen sicher noch in Form der *Subbotniks* in Erinnerung), an denen bis in die 1990er Jahre Schulen und staatliche Stellen mit Mann und Maus zur Stadtreinigung antraten.

Denn es ist nicht einfach, blitzende Sauberkeit zu erzeugen. Dafür sorgt schon die Natur, die die harte rote Erde des Landes in der Trockenzeit zu einem alles durchdringenden Staub und in der Regenzeit zu einem äußerst anhänglichen Schlamm werden lässt. So sind Staub und Schmutz in Laos nicht wie in Deutschland grau, sondern rötlich gefärbt. Auch mehrmaliges Fegen pro Tag, wie in den meisten Haushalten üblich, kann ihm nichts anhaben. Einzig hoher Aufwand in hermetisch geschlossenen klimatisierten Gebäuden hält die rote Erde in Schach. Solch ein Haus und die teuren Reinigungsmittel, nicht zu vergessen das notwendige Personal, können sich die wenigsten leisten. Die meisten ringen mit einfachen Mitteln um **Sauberkeit in Haus und Hof:** Grasbesen und Wischlappen. Ersterer kommt für alle Arten der Bodenpflege zur Anwendung, Letzterer steht für Möbel zur Verfügung. Oft zieht dann der Lappen selbst den Willen zur Sauberkeit in Zweifel. Der Besen oder spezielle pinselartige Geräte an langen Bambusstangen dienen dazu, von Zeit zu Zeit Spinnenweben und anderen Verschmutzungen an Wänden und Decken zu Leibe zu rücken. Universelles Reinigungsmittel, meist das einzige, ist Wasser.

Einige andere Sitten sind für Besucher zunächst ungewohnt, bei näherem Hinsehen aber durchaus sinnvoll. Knochen und Gräten werden zum Beispiel in Laos nicht auf dem Tellerrand aufgestapelt. Der Teller dient schließlich den essbaren Teilen der Mahlzeit als Unterlage. Die **Essensabfälle** landen auf dem Tisch oder – in ländlichen Gegenden Brauch – auf dem Fußboden. Wobei Tisch hier als Begriff für die Vielzahl der Essplätze dienen soll, die in Laos üblich sind: der *pha khau,* ein niedriges, aus Rattan und Bambus geflochtenes Tischchen, um das herum die Esser auf dem Boden sitzen, oder auch der *saat,* eine geflochtene Matte. Der Tisch ist dabei meist nur die Zwischenstation Richtung Fußboden, denn spätestens beim Abwischen des Tisches werden die Reste auf den Boden befördert. Dort nehmen sich Hunde, Katzen und zu guter Letzt Ameisen der Dinge an. Beim Ausfegen des Hauses geraten die Überbleibsel schließlich auf den Hof. In den traditionellen Pfahlhäusern wird dies dadurch erleichtert, dass zwischen den Dielen genug Platz ist, um allerlei Reste auf kurzem Wege auf den Erdboden gelangen zu lassen. Geschirr und Besteck werden abgewaschen und auch der Tisch wird sofort nach jeder Mahlzeit sauber gehalten. Sonst würden sich binnen Minuten eifrig begangene Ameisenstraßen bilden.

Was aber, wenn in Gegenden ohne Anschluss an Trinkwasser das **Wasser** schon den rötlichen Schein mitbringt? Das gilt ganz speziell für die Pflege der Textilien, die natürlich beim Waschen im Fluss der rotbraunen Pracht ausgesetzt sind. Da helfen auch drei Weißmacher nur bedingt. Andererseits ist es immer wieder erstaunlich, wie viele Frauen und Mädchen es bewerkstelligen, trotz unerwünschter Schlammdusche durch ein durch Pfützen rasendes Auto am nächsten Tag Schulkinder und Büroangestellte der Familie wieder mit weißem Hemd bzw. weißer Bluse auf den Weg zu bringen.

Natürlich sind die Unterschiede in puncto Sauberkeit gravierend. Ein Suppenstand auf einem traditionellen Markt ist nur schwer mit einem der Vientianer Nobelrestaurants vergleichbar. Dennoch gab es in den letzten Jahren vor allem bei den Suppenständen bedeutende Fortschritte in Sachen Sauberkeit und Hygiene. Der Wichtigste davon ist ohne Zweifel die **Trinkwasserversorgung.** Nahezu überall im Land steht heute in Flaschen abgefülltes, entweder mit ultravioletten Strahlen oder mit Ozon behandeltes Wasser *(nam düüm bolisut)* zur Verfügung, das auch die meisten Laoten selbst dem zwar gekochten, aber dennoch suspekten Wasser unbekannter Herkunft vorziehen. Das Gleiche gilt für Eis, das in vielen Fällen aus behandeltem Wasser hergestellt wird. Es heißt dann auch *nam koon anamai* (hygienisches Eis).

Die Funktion von Papierservietten wird vielerorts vom preiswerteren Toilettenpapier erfüllt, das in speziellen Behältern auf dem Tisch steht. Dem Zögern mancher Besucher, aus dem Begriff Klopapier herrührend, sei der laotische Begriff *tjia anamai* (Hygienepapier) entgegen gestellt, der die Funktion nicht auf eine Räumlichkeit einschränkt. Und so gibt es noch jede Menge mehr **Hygiene** *(anamai)* in Laos, vom Hygiene-Musterdorf über den Hygiene-Stoff *(pha anamai* – Damenbinde) bis zur Hygiene-Plastiktüte *(thong jaang anamai* – Kondom).

Die Regierung propagiert zudem dauerhaft die **drei Sauberkeiten,** die von Haus, Körper und Essen, für die es auch Ehrenurkunden und Titel gibt. Erreicht wurde viel, wenn natürlich die Bedingungen eines schwach entwickelten tropischen Landes nicht mit denen der entwickelten Industrieländer vergleichbar sind. Besonders wichtig ist, dass inzwischen mehr als die Hälfte der Bevölkerung Zugang zu sauberem Trinkwasser und zu sanitären Einrichtungen hat. Tendenz weiter steigend. Doch berichten auch viele Laoten mit Sorge und Stirnrunzeln von deutlichen Abstrichen an der von ihnen gewohnten Sauberkeit in Einrichtungen, die von Chinesen frequentiert oder – vor allem im Norden des Landes – von ihnen betrieben werden.

Auch die **körperliche Reinlichkeit** gehört zu den Tugenden der meisten Völker des Landes. Körpergeruch ist eines der schlimmsten Gebrechen eines Menschen und mehrfach täglich zu baden eigentlich der Normalzustand. Nicht immer verspricht allerdings das Wasser wirklich säubernde Wirkung und bei manchen schokoladenbraunen Kindern fragt man sich,

Eingewickelt – große Wäsche im Fluss Nam Ou

077la Foto: ms

ob die Farbe komplett von der Sonne stammt oder ob die braunen Fluten der Flüsse bei der Färbung auch eine Rolle gespielt haben. Pragmatismus ist zudem in der kalten Jahreszeit in den Bergen angesagt. Da es dort schon mal zu Temperaturen um den Gefrierpunkt kommen kann und normalerweise nur kaltes Wasser zur Verfügung steht, würde ein Bad wohl eine unangenehm starke Erfrischung bedeuten. Also wird die Körperreinigung in die meist sonnigen Mittagsstunden verlegt.

Die Menschen legen beim Baden generell einige Scheu an den Tag, was das Zurschaustellen von **nackter Haut** angeht. Ein Bad in voller Montur an einer der vielen gut besuchten Badestellen an Flüssen und Wasserfällen ist keine Seltenheit und auch die große Körperwäsche vollzieht sich bei Frauen innerhalb eines schlauchförmigen Wickelrockes. Bei Männern bleibt zumindest der Slip an. Spezielle Badebekleidung ist eine neue und recht kostspielige Erscheinung und im Gebrauch meist auf die städtischen Swimmingpools beschränkt. Selbst ein Badeanzug scheint zu viel vom Körperbau der Mädchen und Frauen preiszugeben, weshalb sie oft ein Handtuch um die Hüften schlagen, das beim Eintauchen ins Schwimmbecken mit Eleganz fast zentimeterweise wieder abgelegt wird. Bikinis sind so selten wie Schneestürme, wohingegen Frauen in ländlichen Gegenden manchmal oben herum nichts außer Büstenhalter tragen. Dabei handelt es sich allerdings um ältere, verheiratete Frauen – für Mädchen und junge Frauen wäre das auch auf dem Land ein anstößiges Verhalten.

Eine Tatsache, die zumindest mir persönlich den Aufenthalt in tropischer Hitze sympathischer macht, ist die, dass auch die Einheimischen schwitzen. Und da versteht es sich nun tatsächlich von selbst, dass jemand, der in Schweiß geraten ist, diesen durch gründliche Reinigung möglichst schnell wieder los wird. Bei dieser Gelegenheit sei auch noch auf ein anderes Phänomen hingewiesen. Ist es in Europa schick, eine möglichst frische Sonnenbräune zur Schau zu tragen, so ist in Laos die vornehme Blässe das **Schönheitsideal,** denn Bräune zeugt hier nicht von am Meer verbrachten Urlaub, sondern von harter Arbeit auf dem Reisfeld. Wogegen ein heller Teint mit einem wohlhabenden Leben in einem festen Haus in Verbindung gebracht wird. Eine Auffassung, die Ausgrabungen schon bei den alten Römern nachweisen konnten. Die Kosmetikindustrie hat sich darauf eingestellt und bietet eine gewaltige Palette angeblicher Hautaufheller an. Manches Mädchen möchte aber nicht auf die Langzeitwirkung warten und verhilft sich mit Puder und Cremes zu einem unnatürlich weißen, ja manchmal schon geisterhaften Aussehen. In jüngerer Zeit erfreut sich auch das Färben der Haare ausgesprochener Beliebtheit, sodass kastanienbraun oder blond, zuweilen gar grün oder feuerrot getönte Laoten beiderlei Geschlechts auftauchen können und vom Siegeszug der Chemie über die Natur künden.

Spielsucht

Wer schon im Alltagsleben dem Spaßfaktor hohen Stellenwert einräumt, der ist auch einem Spielchen nicht abgeneigt. Hinzu kommt der feste Glaube an Übersinnliches, verbunden mit der Hoffnung auf schnellen Reichtum ohne große Anstrengung. So findet man in Laos viele Möglichkeiten des Spielens. Am verbreitetsten und öffentlich sichtbarsten dürften die **Lotterien** sein, deren öffentliche Ziehungen allenthalben stattfinden. Dabei wird auf zwei-, drei- oder fünfstellige Endzahlen gesetzt. Viele Leute betreiben einen beachtlichen Aufwand, um vorab die Gewinnzahlen in Erfahrung zu bringen. Die einfachste Variante ist die Traumdeutung, wobei nicht nur numerische Erscheinungen flugs in ein Los umgesetzt werden. Auch verschiedene Tiere stehen für verschiedene Zahlen, sodass das Auftauchen von Tieren im Traum wiederum in Glückzahlen umgerechnet werden kann. Andere schwören auf den Gang zu bestimmten Mönchen,

Beim Kauf von Lotterielosen:
Man kann auf zwei, drei oder fünf Endzahlen setzen

wieder andere beschwören nachts an Orten, an denen Übernatürliches beobachtet worden sein soll, die Geister, ihnen einen Hinweis zu geben. Findet man einen Geldschein, gilt die Endzahl der Seriennummer als Glückzahl. Jeder schwört auf seine Methode und wenn es dann wieder einmal nicht geklappt hat, lag es nicht an der Methode, sondern einzig an der falschen Deutung der Hinweise.

Neben den staatlichen Losverkäufern, die besonders in den Nachmittags- und Abendstunden des Ziehungstages an kleinen Ständen am Straßenrand ihre Lose verkaufen, hat sich eine illegale Konkurrenz etabliert. Dabei werden auf kleinen Zetteln die Zahlen der Spieler notiert. Die illegalen Lotterien spielen natürlich keine Zahlen selbst aus, sondern es wird einfach auf die Ergebnisse der staatlichen laotischen oder thailändischen Lotterie **gewettet.** Aber auch darüber hinaus wird auf so ziemlich alles gewettet, was denkbar erscheint. Besonders beliebt sind im Fernsehen übertragene Fußballspiele, bei denen eine Manipulation durch laotische Mitspieler nun wirklich ausgeschlossen werden kann. Aber auch Hahnenkämpfe oder traditionelle Bootsrennen feuern die Wettleidenschaft an. Auch bei einigen sportlichen Wettbewerben reizt ein finanzieller Aufschlag zu höheren Leistungen, ganz besonders beim Billard, beim sehr beliebten Petanque (oder Boule) und neuerdings beim Golf.

069la Foto: ms

Die nächste Stufe ist das **Kartenspiel.** Treffen sich drei Tuk-Tuk-Fahrer beim Warten auf Kundschaft oder regnet es auf dem Bau, sind schnell die Karten gezückt. Besonders bei Frauen kann aus Zeittotschlagen wegen Langeweile schnell Leidenschaft und schließlich Sucht werden, die schon manche Familie in den Ruin getrieben hat. Die **Spielstuben** sind unzählbar, die Zahl der Spielerinnen und Spieler ist Legion und die Einsätze sind manchmal astronomisch. Dabei sind Glücksspiele gesetzlich verboten und von Zeit zu Zeit werden zu offensichtlich betriebene Spielsalons auch schon mal von der Polizei geschlossen. Doch die meisten Betreiber von Spielsalons lassen sich davon wenig beeindrucken, ebenso wenig wie die Betreiber der privaten Lotterien.

Drastischer reagiert der Staat, wenn schon die Jüngsten zum Spiel verleitet werden. Schon mehrmals stellten geschäftstüchtige Leute in den Städten Computerspielkonsolen verschiedenster Art auf, mit der Folge, dass die **Kinder** nicht nur ihr Taschengeld verspielten, sondern der Schule gänzlich fern blieben. Wenn also eine neue Welle der Daddelkisten wieder den Schulbetrieb stört, werden die Spielstuben geschlossen.

Dabei hat der Staat selbst ein sehr ambivalentes Verhältnis zum Glücksspiel. Das ist unter der Bezeichnung *gambling* laut Strafgesetz verboten. Als aber malaysische Investoren mit großen Summen winkten, wurde nicht nur eine Lizenz für ein **Casino** – unter der Bezeichnung *gaming* – erteilt, die laotische Armee wurde auch gleich Teilhaber. Immerhin war anfangs das *gamen* im Casino, zumindest an den Black-Jack- und Poker-Tischen, ausschließlich Ausländern vorbehalten, doch das Ausbleiben des erhofften Besucherstroms ließ Betreiber wie Behörden mehr als nur ein Auge zudrücken. (Die einarmigen Banditen durften auch vorher schon von laotischen Zockern benutzt werden.) Da der Staat dennoch vom lizensierten Glücksspiel profitiert, sind vor allem mit Blick auf die als geradezu spielbesessen geltenden Chinesen weitere Casinos geplant.

Genau betrachtet allerdings gehört auch bei den Laoten Glücksspiel aller Art zum Standardprogramm nahezu jeder öffentlichen Feier, oft sogar auf den Höfen der buddhistischen Pagoden abgehalten. Für ein paar Kip (Landeswährung) kann jeder sein Glück an den meist selbst gestrickten Glücks- und Geschicklichkeitsspielen Marke „Glücksrad" oder „Bingo" (wohinter sich ein Zahlenlotto verbirgt) sowie an den Losbuden versuchen. In den letzten Jahren war das Werfen mit Dartpfeilen nach Luftballons, bei dem üppige Gewinne wie eine Flasche Bier winkten, sehr verbreitet. Abends konnte man an fast jedem einigermaßen Publikumsverkehr versprechenden Platz bei diesem Spiel seine Geschicklichkeit testen. Inzwischen ist der Boom abgeflaut, aber sicher dauert es nicht lange, bis die nächste Spiele-Neuerung für Furore sorgt.

Sport, Freizeit, Urlaub

Auf dem Lande

Eigentlich ist tropische Hitze heftiger körperlicher Anstrengung eher abträglich. So wird Sport als schweißtreibende Angelegenheit denn auch nicht sonderlich geschätzt. Vor allem auf dem Lande hat **Sport** als Begriff genauso wenig Platz wie Freizeit und Urlaub. Die meisten Menschen sind darauf aus, ihr Überleben zu sichern und vielleicht ein wenig Spaß zu haben. Geschunden haben sie sich den ganzen Tag, da müssen sie nicht mehr ins Fitnesszentrum oder auf den Fußballplatz gehen. Außerdem sollte ein gewisser Nutzen mit körperlicher Aktivität verbunden sein. Das zeigt sich beispielsweise darin, dass Laoten auf die Frage, ob sie denn schon mal einen zum Klettern förmlich einladenden Felsen bestiegen haben, mit Unverständnis und der Gegenfrage nach dem Warum reagieren.

Für viele Menschen auf dem Lande ist Freizeit, wenn **Gäste** bewirtet werden, man mit Verwandten und Freunden ein paar Gläschen trinkt oder wenn einer der traditionellen bzw. familiären Feiertage ins Haus steht. Für gewöhnlich versammeln sich dann die Frauen auch ohne großes Gehabe an der Kochstelle – der Freizeitwert gegenüber dem Alltag ist schon dadurch gegeben, dass genug im Topf ist und eine Menge mehr Gesprächspartnerinnen da sind. Auch die Männer schwatzen, meist beim Bier oder *lau lao* (Reisschnaps). Die Kinder sind auch froh über die größere Zahl an Spielkameraden und beschäftigen sich mit sich selbst.

Auch an den **Abenden in heimischer Runde** werden selten Hobbies gepflegt. Oft nimmt der Fernseher inzwischen einen zentralen Platz im Tagesablauf ein, frisst gewissermaßen jede freie Minute weg. Lesen als Freizeitbeschäftigung ist den Menschen fremd. Auch Urlaub in unserem Verständnis kennen sie nicht. Vielleicht schicken die Verwandten aus Übersee ein Ticket, damit sie einmal im Leben nach Amerika oder Europa fliegen, um die dortigen Angehörigen zu besuchen. Meist ist aber ein Scheck willkommener, denn von dem Geld kann man einen Fernseher kaufen oder ein Moped oder sogar ein Haus bauen.

In der Stadt

Anders in den Städten. Geregelte Arbeitszeiten bringen auch geregelte Freizeit mit sich, Angehörige der Mittel- und Oberschicht haben nicht nur Zeit, sondern auch Geld für eine entsprechende Freizeitgestaltung. Sie **reisen in alle Welt,** nicht nur zum Verwandtenbesuch, sondern auch, um sich die schönsten Gegenden der Erde anzusehen. Natürlich sind die Län-

0491a Foto: ms

der, in denen Verwandte wohnen, am anziehendsten. Also reist man nach Amerika, Australien, Japan oder Frankreich. Öfter noch findet man Laoten natürlich an den Stränden Thailands oder Vietnams, inzwischen auch in China und Kambodscha.

Auch im eigenen Land sind sie oft unterwegs, besuchen die verschiedenen regionalen Feste und Sehenswürdigkeiten. Beliebt sind **Ausflugs- und Picknickplätze** im Umfeld der größeren Städte, zu denen an den Wochenenden so ziemlich alles unterwegs ist, was Räder hat. Ausgeflogen wird in großer Begleitung, mit Kind und Kegel. Besonders beliebt sind vielerorts die kleinen Wasserfälle speziell in den Monaten September bis Dezember, wenn das Wetter günstig und der Wasserstand noch relativ hoch ist. Oft kündet laute Musik von der Nähe eines solchen „Erholungsortes". Beliebt sind auch Garten- und Fischrestaurants, die gewissermaßen von einigen Leuten doppelt genutzt werden. Am Wochenende mit der ganzen Familie und an den Abenden innerhalb der Woche mit Freunden oder Freundinnen.

Erfrischung in voller Montur gehört zu einem Ausflug dazu

Sport

Übermäßig schweißtreibende Betätigungen stehen nicht hoch im Kurs. Wichtig allerdings ist auch hier der Spaßfaktor. Bestenfalls lässt man mit seinem Geld andere einem Ball nachjagen oder Langboote über die Gewässer paddeln. **Wetteinsätze** eröffnen dem Sponsor immerhin die Möglichkeit, zumindest die Ausgaben zu reduzieren.

Doch einige Sportarten haben sich gut etabliert. War früher **Tennis** die Nummer eins bei den Wohlhabenden und Einflussreichen, so ist es im ASEAN-Zeitalter unumstritten **Golf.** Inzwischen (2004) kann Vientiane drei Golfplätze und vier *driving ranges* vorweisen. Volkstümlicher, ja fast schon Massensport ist **Badminton.** Vor vielen Villen findet sich ein Platz, Hallen schießen wie Pilze aus dem Boden. Ebenfalls großer Beliebtheit erfreut sich **Petanque.** Relativ neu für Laos ist **Bowling,** doch inzwischen stehen allein in Vientiane vier Bowling-Zentren zur Verfügung. Der Vorteil ist sicher, dass in klimatisierten Hallen gebowlt wird. **Schwimmen** gilt weitgehend als Vergnügen der Kinder und Jugendlichen. Dass der Schlankheitswahn auch an den laotischen Frauen nicht spurlos vorüberging, lässt sich an der Vielzahl von **Aerobic-Gruppen** ablesen, die im Freien oder in Sälen nahezu täglich ihre Übungen absolvieren. Touristenmagnet sind inzwischen die Freiluft-Aerobikerinnen von Ho Kang am Vientianer Mekongufer. Andere Gesundheitssportler **joggen** in den frühen Morgenstunden, wenn in der heißen Jahreszeit die Temperaturen noch erträglich sind. Nur Ausländer oder Schauläufer quälen sich durch die Nachmittagshitze.

Beliebt, wenn auch nicht so verbreitet wie in Thailand sind **Boxveranstaltungen,** wobei die Offiziellen immer wieder mit Nachdruck betonen, dass sich *muai lao* (laotisches Boxen) fundamental von *muai thai* unterscheide und der eigentliche Ursprung des Thai-Boxens sei. Manchmal könnte man vermuten, die Unterscheidung diene letztlich nur dazu, eine direkte Vergleichbarkeit der Boxkämpfer beider Seiten zu erschweren, da die Siege der laotischen Boxer nicht so üppig ausfallen. Gern und oft gespielt wird auch **kato wai,** die laotische Variante des in ganz Südostasien verbreiteten Sepaktakraw, eine Art Kreuzung zwischen Fuß- und Volleyball, bei der zwei Teams von je drei Spielern einen geflochtenen Ball mit Füßen und Kopf in oft artistischer Weise über ein Netz spielen. **Fußball** ist auch in Laos sehr beliebt, jedoch halten internationale Erfolglosigkeit und nationale Beschaulichkeit den Fußballwahn in Grenzen. Die Teams der englischen „Premier League" sind besser bekannt als die eigenen.

Andere Sportarten führen gewissermaßen ein Schattendasein, sodass Laos schon über Medaillen bei den Südostasiatischen Sportspielen jubelt.

Tanz und Gesang

Quasi an der Schnittstelle zwischen Sport und Freizeit liegt das, was in den Alpen als *après ski* bekannt ist. Denn manch einem gilt das sportliche Hobby nicht erst an letzter Stelle als guter Grund, sich aus dem häuslichen Umfeld problemlos abzumelden. Dem Sport folgt das Essen mit Freunden, dem sich dann nicht selten ein ausgedehntes Abendprogramm anschließt, das durch Bars und Tanzsäle führen und in einem der vielen Gästehäuser enden kann. Die bieten inzwischen nahezu flächendeckend ihre Dienste auch stundenweise an, wobei viele einschlägige Einrichtungen eher den Flair und die Ausstattung von „Kopulierkammern" aufweisen.

Tanz und Gesang jedenfalls gehören unzweifelhaft zu den gern besuchten Freizeitvergnügen. Nahezu jeder Ort, der etwas auf sich hält, hat wenigstens einen **Tanzschuppen** zu bieten. Inzwischen ist sogar die einstige Verpflichtung zu Live-Musik gelockert worden, sodass auch Discotheken das Angebot bereichern. Schließlich ist manche Tanzcombo nur bedingt ein Ohrenschmaus. Getanzt wird gern und ausdauernd in einem unübertrefflichen Mix aus *lam vong*, dem traditionellen laotischen Reigentanz, Disco, Tango bis Cha-Cha-Cha, wobei sich auch Formationstänze aus den 1960ern wie Salopp noch besten Zuspruchs erfreuen. Das Repertoire vieler laotischer **Bands** ist dann auch eine bunte Mischung aus laotischer Volksmusik, der Musik der 1960er und 1970er Jahre von „CCR" bis „Pink Floyd" sowie den aktuellen Discokrachern aus Laos und Thailand. Manchmal hat es den Anschein, als sei den Musikern dieses sonst unter Oldies geführte Liedgut schon mit der Muttermilch eingegeben worden, denn sie waren noch gar nicht geboren, als viele der Songs aktuell die Hitparaden zierten. Die Regierung hat allerdings dieser musikalischen Vererbung wie der Nachahmung neuer fremder Kompositionen den Kampf angesagt, indem sie ausländische Musik von öffentlichen Feiern möglichst ganz verbannen will.

Bunt gemixt wie das Programm sind auch die **Besucher.** Sie können auf Betriebsausflug sein oder Geburtstag feiern, es können sich ganze Großfamilien und halbe Schulklassen vergnügen oder kleine Gruppen einzelner Herren, zu denen sich dann eine entsprechende Anzahl der auf solche Gelegenheit wartenden Animierdamen gesellen. Getanzt wird faktisch vom Startschuss an ohne Pause. Steigt die Stimmung, dann erklimmt der eine oder andere Besucher die Bühne, um seine eigenen Sangeskünste unter Beweis zu stellen.

Klassischer Tanz – „Phalak Phalam", das laotische „Ramayana"

Lediglich der auf 22.30 Uhr vorverlegte **Zapfenstreich** verdirbt das Vergnügen, denn nach Hause will dann eigentlich noch keiner. Grund genug, dass es immer wieder Tanzdielenbetreiber gibt, denen Geschäft vor Gesetz geht, wobei gemunkelt wird, dass der einträgliche Gewinn zum Teil an die Ordnungshüter weitergeleitet wird, die eigentlich die Einhaltung der Schließzeit überwachen sollen. Ein Staatsdiener wusste aber auch der frühen Lokalschließzeit noch etwas Positives abzugewinnen: Das reduziere häuslichen Streit, denn man sei schließlich statt um drei Uhr morgens schon kurz nach Mitternacht wieder daheim bei Frau und Kindern.

057la Foto: ms

Ganz im Gegensatz zu diesen von offizieller Seite eher geduldeten Vergnügungen stehen die **traditionellen Tänze,** die sich weitgehender Förderung erfreuen, zählen sie doch zu den schon erwähnten „schönen Traditionen des laotischen Volkes". Nicht in diese Kategorie fallen die seinerzeit vorrangig am königlichen Hofe gepflegten klassischen Tänze, deren Glanzstück das „Phalak Phalam", die laotische Variante des indischen Epos „Ramayana" ist. Es brauchte 25 Jahre, bis Liebhaber die Wiederaufführung des Balletts an historischer Stelle, nämlich im ehemaligen Königspalast in Luang Prabang, erleben konnten. Die Volksrepublik wurde dadurch nicht erschüttert. Heute sind es vor allem Touristen, die von der mehrmals wöchentlich aufgeführten Show angezogen werden.

Kulturbeigaben sind inzwischen auch Bestandteil touristischer Programme und viele der besseren Lao-Restaurants offerieren Volksmusik und -tanz als Beigabe zum Abendessen. Auch die Volkstänze sind so vielfältig, wie es die ethnische Zusammensetzung der Bevölkerung erwarten lässt. Meist sind es Alltagsgeschichten, wie Ernte oder Fischfang, die tänzerisch dargestellt werden. Aber auch bestimmte Umgangsformen werden per Tanz auf eine höhere Ebene gehoben, etwa Begrüßung, Ehrerbietung, gute Wünsche zum Abschied. Nicht zu vergessen die Unzahl von Tänzen, die dem wohl wichtigsten Thema von Musik und Tanz gewidmet sind: der Liebe. Bleiben die Themen auch weitgehend im Rahmen, so unterscheiden sich Musik, Trachten und tänzerisches Temperament der verschiede-

029la Foto: ms

nen Völker stark voneinander. Sind die Tänze der Lao Lum eher für ihre getragenen Melodien bekannt, so wohnt vielen Tänzen der Lao Theung etwas Keckes, Erfrischendes inne, während bei Hmong und Mien stets der spiritistische Hintergrund durchzuscheinen scheint.

Auch was die Instrumente angeht, sind die Differenzen deutlich. **Volksmusik** der Lao wird durch die *khään*, eine aus 16 Bambusröhren bestehende Flötenart, beherrscht, die allein oder unterstützt von Trommeln, Zimbeln und Xylophon die Melodie vorgeben kann. In der klassischen Musik sind hölzernes Xylophon (*nang nat*), kreisförmig auf einem Gestell angebrachte Gongs (*kong vong*), Trommeln sowie zweisaitige Streichinstrumente (*soo*) Ton angebend. Sind bei fast allen Bergvölkern im Norden aus Büffelhorn gefertigte Blasinstrumente zu finden, so machen bei den Völkern im Süden vor allem Trommeln die Musik. Gesungen wird aber überall gern und häufig, wobei Bänkel-, Rund- und Minnegesänge bei fast allen Völkern besonders auf dem Lande auch heute noch aktuell sind.

Modernisierte Volksmusik – die khään muss dabei sein

Tagesrhythmus

Auf dem Lande

Auch hier gibt es gravierende Unterschiede vor allem zwischen Stadt und Land, während die ethnische Zugehörigkeit eine eher zweitrangige Rolle spielt. In jedem Fall sind es die Frauen, die den Tag vor den Männern beginnen. Sie sind schon in der Morgendämmerung auf den Beinen, um das Frühstück vorzubereiten, denn die Tage beginnen sehr früh. Schon aus dem einfachen Grund, dass die **Morgenstunden** speziell in der heißen Jahreszeit noch etwas Kühle und damit erträgliche Arbeitsbedingungen bieten. Bei den buddhistischen Völkern wird der Tag mit den Wecktrommeln der Pagoden eingeleitet. Das ist gegen vier Uhr morgens. Dann stehen die Mönche und Novizen auf, treffen sich zum Morgengebet und bereiten sich auf den morgendlichen Spenderundgang vor. Parallel dazu beginnen auch die Hausfrauen ihr Tagewerk, setzen den am Vorabend zum Quellen gewässerten Reis auf und machen sich im Haus zu schaffen. Um den Sonnenaufgang ertönen die Trommeln zum zweiten Mal, kündigen den Rundgang der Mönche an. Die Gläubigen, meist Frauen, warten nun am Straßenrand mit Reis und anderen Gaben auf die in langen Reihen auf festen Routen durch den Ort ziehenden Mönche und Novizen und tun ihre Spenden in den *baat,* die Opferschale. Das Frühstück in Pagoden und Häusern schließt sich an.

Erst danach beginnt das **eigentliche Tagewerk.** Die Männer ziehen in den Wald oder aufs Feld, die Kinder gehen zur Schule, die Frauen erledigen die häuslichen Arbeiten. In der Regenzeit reduzieren sich die Aktivitäten in Wald und Flur merklich, dafür nehmen Arbeiten am Haus und der Fischfang einen größeren Stellenwert ein. Wird fern vom Haus gearbeitet, reduziert sich das Mittagessen oft auf eine „Brotzeit" aus dem *thip khau,* dem geflochtenen Reisbehälter. An einem luftigen Platz im Schatten, auf dem Feld vorzugsweise im *tiang naa* (wörtlich „Feldbett"), versammelt man sich zu Klebereis, Trockenfleisch oder -fisch und etwas Würzsoße. Der größten Hitze des Tages entziehen sich die Menschen bei einer kleinen Siesta, um später ihr Tagewerk wieder aufzunehmen.

Die Schulkinder tummeln sich gegen Mittag auf dem Heimweg und eine reichliche Stunde später auf dem Weg zum Nachmittagsunterricht scharenweise auf den Straßen und Wegen, weshalb Autofahrer Vorsicht walten lassen müssen.

Vor der **Abenddämmerung** begeben sich Mensch und Haustier wieder zum heimischen Herd, was erneut die Autofahrer auf der Hut sein lassen muss. Denn ab etwas nach 15 Uhr sind es erneut die Schulkinder, die die

Straßen für sich beanspruchen, gefolgt kurze Zeit später von meist sich selbst überlassenen Wasserbüffel- und Rinderherden.

Den **Abend** verbringen die meisten Familien in trauter Runde. Wo noch keine Stromleitung hin reicht, brummelt wenigstens ein Generator und betreibt ein Latschenkino – entweder ein Fernseher mit Satellitenschüssel oder eine Videoanlage. Manchmal erhellen Kerosinlampen die Nacht noch für eine Weile und beleuchten hie und da eine diskutierende Runde oder einen kleinen Umtrunk.

In der Stadt

In der Stadt läuft dagegen das Leben heute nach anderen Uhren. Zwar ziehen auch hier **am Morgen** die Mönche in langen Reihen durch die Straßen, doch mit Ausnahme von Luang Prabang mit weit weniger Zuspruch als auf dem Land. Arbeitsbeginn ist 8 Uhr, das heißt, alle morgendlichen Verrichtungen sind zuvor zu erledigen. Logische Folge des einheitlichen Dienstbeginns ist ein – vorsichtig gesprochen – erhöhtes Verkehrsaufkommen um diese Zeit, das sich bei nur geringfügigen Abweichungen von der Norm, etwa ein Unfall an unpassender Stelle oder eine ausländische Delegation zu unpassender Zeit, auch jetzt schon zu einem regelrechten Stau auswachsen kann. Nicht daran zu denken, was passiert, wenn viele der heute über 100.000 Motorräder in Vientiane gegen Autos getauscht werden. Ein Familienmitglied bringt die Kinder zur Schule, ab einem gewissen Alter der älteren Geschwister ist das Angelegenheit der Kinder selbst. Nicht selten sieht man Kinder selbst Mopeds steuern, auf denen sie noch kleinere Kinder zur Schule bringen. Bei einer bestimmten Gruppe von Geschäftsleuten, nicht selten chinesischer oder vietnamesischer Abstammung, hat sich die schöne Sitte des morgendlichen Café-Besuches erhalten. Bei einem Glas sehr starkem und mit gezuckerter Milch versetztem Lao-Kaffee und einer Nudelsuppe wird über Gott und die Welt geredet und werden Geschäfte angebahnt.

Sind beide Eltern außer Haus tätig, entfällt das bei vielen aus Kostengründen sonst bevorzugte **Mittagessen** zu Hause. Kleine Essenstände gibt es überall, die für ein unglaublich geringes Entgelt den mittäglichen Hunger stillen. Ganz speziell im Umfeld größerer Betriebe, vor allem der Bekleidungsindustrie, siedeln sich nicht nur Garküchen an, sondern es entstehen regelrechte Marktflecken. Dennoch erlauben kurze Entfernungen in den laotischen Städten und großzügiger Umgang mit der Arbeits-

Rushhour zum Arbeitsschluss

121la Foto: ms

zeit vielen einen Sprung nach Hause, was das obligatorische Verkehrschaos mit sich bringt. Immerhin ist die früher übliche Siesta von zwei auf offiziell eine Stunde gekürzt worden, was allerdings den Straßenverkehr weiter verdichtet.

Immerhin gibt es einen halbwegs gestaffelten **Feierabend,** denn staatliche Büros und Schulen schließen um 16 Uhr, die meisten Firmen um 17 Uhr. Da nun auch noch viele Einkäufe erledigt werden, nicht zuletzt an den Garküchen, weitet sich die abendliche Rushhour entsprechend aus. Nicht wenige Männer nutzen den Feierabend zu einer Verabredung mit Freunden auf ein Bier. Da viele der Schankstuben nicht nur mit Bier, sondern auch mit adretten Serviererinnen aufwarten, kann sich der kurze Abstecher dann in die Länge ziehen, denn die Stimmung ist doch so angenehm. Die wohlhabenderen Kreise verabreden sich zum Abendessen in einem der vielen Restaurants, die ab 19.30 Uhr Hochbetrieb haben. Zu Hause sitzen die meisten Familien dann nach einem mehr oder weniger üppigen Abendbrot vor dem Fernseher und lassen sich von endlosen Spielshows und Seifenopern der Thai-Kanäle berieseln. Abwechslung gibt es durch die nicht seltenen Besuche unter Freunden und Verwandten, was dann oft sofort als Vorwand genutzt wird, eine kleine Feier vom Zaune zu brechen. Kinder gehen ins Bett, wenn ihnen danach ist, nicht selten erst nach den Erwachsenen.

Bars und Tanzdielen erwarten erst ab 21.30 Uhr den großen Ansturm, nicht eben viel Zeit bis zur offiziellen Schließzeit um 22.30 Uhr. Meist wissen die Nachtschwärmer, welches Etablissement zu dieser Zeit nur vor der Tür das Licht löscht und bis nach Mitternacht die Musik spielen lässt. Die sportlichen Nachtaktiven haben da mehr Glück, denn die Bowling-Bahnen dürfen bis zum Morgengrauen geöffnet bleiben.

Telefon und Kommunikation

War ein Telefon vor gar nicht langer Zeit geradezu unerschwinglicher Luxus, so ist die Lage in den Städten heute nicht viel anders als in Europa: Beinahe jedermann telefoniert beinahe pausenlos per Handy. Dabei ist die Versorgung mit Mobiltelefonnetzen noch längst nicht flächende-

118la Foto: ms

ckend, ja selbst das Festnetz ist noch nicht in alle Kreise des Landes vorgedrungen. Die Einbeziehung aller Dörfer ins **Telekommunikationszeitalter** ist noch nicht einmal als Ziel formuliert. Doch auf kaum einem anderen Gebiet war die Entwicklung ähnlich rasant. Kam Laos vor 20 Jahren noch mit vierstelligen Telefonnummern aus, sind heute sechs, in den vier Mobilnetzen des Landes sieben Stellen nötig, um die Versorgung zu sichern. Auch die Zeiten stundenlangen Wartens auf dem Telegrafenamt, um schließlich eine brüchige Auslandsverbindung zu erhalten, sind längst passé. Jede Telefonzelle erlaubt die Direktwahl ins Ausland. Einzig der geringe Wert der Telefonkarten trübt die Freude am grenzenlosen Telefonieren, denn manchmal hat man dann Mühe beim rechtzeitigen Kartenwechsel. Aber auch hier macht Laos vor modernen Entwicklungen nicht Halt. Sondertarife schaffen Verwirrung und versuchen, wieder Kunden von der sehr preiswerten, aber noch immer etwas umständlichen Internet-Telefoniererei zurückzugewinnen. Und Internet-Cafés gibt es in den großen Städten reichlich.

Trotz aller Fortschritte ist das Telefonvergnügen jedoch **keinesfalls problemlos.** Viele in Europa übliche Dienstleistungen kommen erst mit erheblicher Verspätung nach Laos und auch bei der Zuverlässigkeit steht nicht immer alles zum Besten. Internet-Verbindungen sind teuer und aufreizend langsam und die Benutzung der meisten Mobildienste im *roaming* nicht möglich. In den Städten entlang der Grenze zu Thailand hilft oft das Thai-Netz.

Neben den technischen Herausforderungen bietet das Telefon in Laos aber auch **kommunikative Extras.** Wahrscheinlich aus der an Fehlverbindungen reichen Anfangszeit des Telefonierens hat sich die Unsitte erhalten, dass der Anrufer, anstatt den Angerufenen angemessen zu begrüßen, ohne Vorwarnung ins Telefon bellt: „Wer ist denn da?" Nicht selten liegt mir die nicht weniger unfreundliche Antwort auf der Zunge: „Du musst doch wissen, wen du angerufen hast!" Wohl wissend, dass dies wenig ändern würde, verzichte ich meist auf die Polemik. Die „Begrüßungs"-Frage wird heute allerdings zunehmend durch die Verbindungsanzeigen digitaler Kommunikation überholt. Da in diesen Fällen das Telefon selbst verrät, wen man am anderen Ende vermuten kann, ändert sich auch die Eingangsfrage. Heute bekommt man statt einer Grußformel oft zu hören: „Wo bist du gerade?" Zeichen dafür, dass auch Laos eine mobile Gesellschaft hat. Wie oft die Antwort dann der Wahrheit entspricht, sei dahin gestellt.

Ohne Zweifel ist das **Mobiltelefon** eines der Statussymbole des modernen Homo sapiens schlechthin. Dessen laotische Ausgabe macht da keine Ausnahme. Stets finden sich Leute, die nicht nur irgendein, sondern stets das neueste, mit allerlei Spielereien ausgestattete Modell der elektronischen Quasselstrippen mit sich führen, obwohl die laotischen Netze oft nichts mit den überzüchteten Fähigkeiten der Geräte anfangen können. Damit die Handys auch immer richtig zur Geltung kommen, ist auch noch niemand auf den Gedanken verfallen, in Beratungen und Konferenzen zumindest auf das Stummschalten der Nervensägen zu drängen. Mancher Tagungssaal ähnelt akustisch dann eher einem Musiksalon. Telefonieren am Steuer eines Autos gehört unter diesen Umständen zum guten Ton. Und Mopeds mit Automatikgetriebe scheinen nur deshalb so beliebt, weil dann die Fahrer stets eine Hand zum Telefonieren frei haben. Auch sind abendliche Tischrunden zu beobachten, in denen zumindest zeitweilig die Kommunikation der Tischgenossen untereinander durch Telefonate eines jeden von ihnen unmöglich gemacht wird. Generell ist es in den Abendstunden am schwierigsten, jemanden anzurufen. Sehr oft geben dann Automatenstimmen bekannt, dass derzeit keine Verbindung möglich oder das Netz ausgelastet ist. Darüber hinaus wird die Allmacht der mobilen Kommunikation einzig durch die Leistungsfähigkeit der Akkus und die Reichweite der Netze begrenzt.

Treffpunkte

Die Aufforderung „Komm doch einfach mal vorbei!" ist durchaus ernst gemeint. Nicht so, dass der Eingeladene gleich beim ersten Aussprechen der Floskel sein Ränzlein zum Besuch schnürt, aber spätestens die Wiederholung der Einladung macht den Besuch eigentlich unerlässlich. Noch immer finden in Laos die meisten Treffen **im heimischen Umfeld** statt. Natürlich bedeutet dies auch geregelte familiäre Verhältnisse und einen „offiziellen" Kontakt zur ganzen Familie. Das gesamte Beziehungsgeflecht schließt stets die Familie ein. Man kennt nicht nur seine Arbeitskollegen, sondern auch deren Ehepartner, Kinder, ja Lebensumstände. Vorbei kommt man nicht auf die Minute genau, sondern irgendwann zur angegebenen Tageszeit, je nach Anlass vor-, nachmittags oder abends.

Verabredungen **außer Haus** dagegen schließen dieses Umfeld weitgehend aus. Dann kommen Kneipen und Bars, markante Punkte oder Häuser von Bekannten als Treffpunkt ins Spiel. Wobei das mit den Treffpunkten auch aus einem anderen Grund eher eine heikle Sache ist, denn nach wie vor ist Pünktlichkeit nicht eben die Top-Eigenschaft der Laoten. Abhilfe schafft da in vieler Hinsicht das Mobiltelefon. Außerdem bringt es der gesellige Charakter der Menschen mit sich, dass meist mehr als zwei Personen an der Verabredung beteiligt sind, sodass die früher Eintreffenden schon mal beginnen – womit auch immer.

Aber auch in dieser Beziehung setzt die städtische Jugend neue Maßstäbe. Sie verabredet sich in Parks oder Schankstuben, trifft sich in Discos und manchmal auch in dunklen Ecken.

Wohnen

Eigner Herd ist Goldes wert. Ein Spruch, der in vollem Umfang auf Laos und seine Bewohner zutrifft. Die dünne Besiedlung und die reiche Natur kommen dem auch sehr entgegen. Wird ein neuer Haushalt eingerichtet, ziehen Freunde und Verwandte des Häuslebauers in den Wald und kommen mit dem notwendigen grundlegenden Baumaterial zurück, denn die meisten Häuser des Landes sind nach wie vor **traditionelle Hozhäuser.** Bambus, bestimmte trockene Blätter und andere Pflanzenteile vervollkommnen das Angebot aus dem Baumarkt Natur. Die Ergebnisse der Bautätigkeit unterscheiden sich dann aber in Abhängigkeit von der ethnischen Zugehörigkeit der Bauherren beträchtlich. Die Lao leben traditionell in Pfahlhäusern, die so charakteristisch sind, dass ihr Vorhandensein schon vor Jahrhunderten zum Kriterium der Grenzziehung gegenüber den Vietnamesen wurde. Das Haus auf Pfählen macht sich in vielerlei Hinsicht gut. Schmutz und Ungeziefer haben es schwerer, ins Haus zu gelangen, ebenso wie eventuell drohendes Hochwasser. Der Platz unter dem Haus ist schattig, bietet Raum für allerlei Gerät und gewährt auch den Tieren der Familie Zuflucht. Es ist eine eher neuzeitliche Entwicklung, dass auch der Raum unter dem Haus mit Wänden umgeben wird und so weitere Räume im nunmehr zweigeschossigen Bau schafft. Das traditionelle Haus hat ein großes Wohnzimmer und mehrere kleinere Schlafzimmer. Küche und Toilette sind außerhalb, Erstere auf gleicher Höhe mit dem Wohntrakt, Letztere zu ebener Erde. Zu ebener Erde im Schatten unter dem Haus spielt sich auch das Leben meist ab. Die meisten Völker der Lao Theung leben ebenfalls in Pfahlbauten, die oft weniger hoch ausfallen und keinen Ausbau zum Zweigeschosser erlauben. Bei einigen Völkern findet man auch heute noch Langhäuser, die von einer Großfamilie bewohnt werden. Speziell die Hmong und Yao leben in ebenerdigen Häusern. Obwohl es in einigen Teilen des Landes zum Teil empfindlich kalt wird, sind Kamin und Ofen ebenso unbekannt wie Esse und Schornstein. Der Rauch des offenen Feuers zieht einfach durch das Dach ab.

070la Foto: ms

Egal, bei welchem Volk man sich heute umschaut, der Trend geht zum gemauerten **Steinhaus,** was viele charakteristische Merkmale der Bauten der einzelnen Völker einer schmucklosen Einheitsarchitektur opfert. Meist setzt der Zug zur Moderne mit dem Decken des Daches mit Wellblech ein und setzt sich dann mit Beton und Ziegeln fort. Bei den Wohlhabenden werden die Maßstäbe durch die Vorbilder aus Thailand gesetzt. Üppige bis protzige Villen oder Schlösser in allen Spielarten des schnörkeligen Thai-Barock sind die Folge der architektonischen Gleichschalterei. Dem steht eine Rückbesinnung auf eigene Traditionen gegenüber, die traditionelle Bauweise in edlen Hölzern mit den Errungenschaften moderner Haustechnik verbindet. Erstaunlicherweise sind es neben Vertretern der alten Elite vor allem Ausländer, die diesem Trend folgen.

Egal ob in Stadt oder Land, oft ist es erstaunlich, unter welch einfachen Verhältnissen Menschen leben. Dabei sind diese **einfachsten Behausungen** in der Regel nur von vorübergehendem Charakter. Bauleute schlafen auf dem Bau, nicht selten in mit Brettern oder Planen abgeteilten Verschlägen. Verkäufer schlafen im Laden, fliegende Händler einfach neben ihrer Ware am Straßenrand. Ihnen genügt eine Bastmatte als Matratze, ebenso wie den Besuchern, die sich im Haus des Gastgebers auf dem Fußboden ausstrecken. Solche Provisorien können manchmal Jahre lang halten.

Doch wohl kaum ein anderes Ziel ist den Laoten so erstrebenswert wie ein **eigenes Haus.** Zur Miete zu wohnen ist beinahe schon anrüchig, wenngleich die Zahl der Mietwohnungen in den Städten natürlich zunimmt. Logische Folge von Migration und sozialer Differenzierung. Doch ein Haus auf eigener Scholle, umgeben von einem Gärtchen mit ein paar Hühnern oder einem kleinen Fischteich, einem Hund und ein paar Obstbäumen, ist mehr als nur Statussymbol, es ist Lebensauffassung. Blumen und **Grünpflanzen** gehören gleichfalls zu jedem Lao-Haus, wogegen die Hmong im Umkreis ihrer Häuser geradezu alles Grün beseitigen.

Bei **Innenausstattung** und Möblierung dagegen geht es in Laos fast überall spartanisch zu. Das hat auch gehörig mit der Tradition zu tun, in der Tische und Stühle keinen angestammten Platz haben. So ist auch heute der Fernseher wichtiger als die meisten Möbel. Die wiederum werden nach Prinzipien der Funktionalität ausgewählt. Ein Schrank aus lackiertem Sperrholz tut seinen Dienst ebenso wie ein solcher aus stoffbespanntem Aluminiumrohr. Wozu also viel Geld ausgeben. Möbel als Schmuck des Hauses kommen auch heute nur bei wenigen Leuten vor, wenngleich deren Zahl parallel zur Entwicklung einer Mittelschicht im Wachsen begriffen ist. Als Ausnahme mögen die chinesisch beeinflussten Sitzgarnituren stattlichen Ausmaßes dienen, die nicht nur einen Eindruck vom Wohlstand des jeweiligen Besitzers vermitteln, sondern auch vom großzügigen Umgang mit tropischen Harthölzern. Bequemes Sitzen ist jedenfalls ein Konzept, das mit dieser Art Mobiliar schon im Ansatz unvereinbar ist. Eine weitere Herausforderung für Fremde stellen die wie Kinderstühlchen anmutenden Sitzmöbel dar, auf denen man mehr hockt als sitzt. Und genauso sind sie auch gemeint, als Unterstützung für die meist hockende Haltung der Menschen hier.

Für die meisten Menschen ist Wohnen noch nicht zum individualistischen Rückzug von der Gesellschaft geworden. Die Häuser stehen **offen für Besucher,** egal ob Verwandte, Freunde, Bekannte oder Nachbarn. Man wohnt miteinander, teilt Freud und Leid. Fernsehen und Wohlstandsgüter beginnen aber auch in Laos, „my home is my castle" zum nachahmenswerten Konzept werden zu lassen. Hohe Mauern und verschlossene Tore sind die Folge.

Hausbau: Der Trend geht eindeutig zum Steinhaus

304la Foto: kw

ALS FREMDER IN LAOS

Von Langnasen, Gästen und Außerirdischen

Das Bild von Touristen und von Deutschen

„Falang, falang!", rufen einem die Kinder auf der Straße nach. Die meisten Besucher ziehen daraus die Parallele zur Kolonialzeit und in der Tat heißt *falang* auf Lao „Franzose". Dennoch ein Trugschluss, denn dieses *falang*, eigentlich *farang*, kommt aus dem Thai (wo Franzose *farangseet* heißt), das es wiederum aus dem Persischen entlehnt haben soll. Dort bedeutet es so viel wie **Fremder** oder Besucher. In Thailand wie Laos bezeichnet es gemeinhin den Fremden mit weißer Hautfarbe. Offiziell ist der Ausländer in Laos *khon taang patheet*, der „Mensch aus einem anderen Land". Auch dies beziehen die meisten Laoten letztlich nur auf Weiße, denn die ande-

Hier treffen Welten aufeinander: Spaßpaddeln auf der einen und Broterwerb auf der anderen Seite (Nam Sang bei Vang Vieng)

ren Asiaten werden sehr genau nach ihren Herkunftsländern unterschieden, also *khon tjiin* für Chinesen, *khon viet* für Vietnamesen, *khon kaulii* für Koreaner usw. Schwarze dagegen werden auch wieder in einen Topf geworfen und heißen dann auch so: *khon phio dam* – Schwarzhäutige. Administrativ werden *nak thong thiao* (Touristen), *siao saan* (Experten), *nak kan thuut* (Diplomaten) und *taang dao* (Residenten, wörtlich „vom anderen Stern“) unterschieden. Umgangssprachlich dagegen gesellt sich zum Thai-Import *falang* die Langnase *(khon dang moo)* gleichfalls als Sammelbegriff für alle Weißen. Ebenso wenig schmeichelhaft wie die Langnase sind eine Reihe weiterer Bezeichnungen, wie etwa *tjek* für Chinesen, *käo* für Vietnamesen oder *khääk* für Inder. Wobei die Bewohner des indischen Subkontinents am besten wegkommen, denn *khääk* heißt eigentlich Gast und weist auf die sehr frühen Begegnungen mit Händlern und Missionaren aus Indien hin.

Unter allen Fremden genießen die Langnasen die meiste Hochachtung. Das mag von der Rolle der einstigen Kolonialherren herrühren, die ja in erster Linie als Bosse auftraten. Außerdem sind die Laoten davon überzeugt, dass alle **Langnasen unermesslich reich** sind und sich deshalb näherer Umgang mit ihnen unter Umständen auszahlen kann. In der Regel finden Besucher deshalb aufgeschlossene und kontaktfreudige Gastgeber, die jedoch nicht aufdringlich oder anbiedernd daherkommen. Dennoch wird eine gewisse Großzügigkeit der Besucher schon erwartet, wenn sich das Bild auch langsam Stück für Stück klärt. Inzwischen sind es vor allem Experten, gemeint sind damit alle in Entwicklungsprojekten tätigen Ausländer, denen ein märchenhafter Reichtum nachgesagt wird. Unrecht haben die Laoten damit nicht, fahren die meisten Experten doch sündhaft teure Autos und leben in Häusern, deren monatliche Miete nicht selten vierstellige Dollarbeträge und damit ein Mehrfaches des Bruttoinlandsproduktes pro Einwohner ausmacht. Dass die Experten, so sie denn keinen Mietzuschuss bekommen, nach solchen exorbitanten Zahlungen etwas weniger reich, die laotischen Hausbesitzer dagegen wieder ein Stück reicher sind, verstehen die wenigsten.

Ähnlich verhält es sich mit ausländischen Geschäftsleuten. Sind Vertreter dieser Kategorien in Verkehrsunfälle verwickelt, haben sie wie selbstverständlich den größten Teil der Kosten zu tragen, selbst wenn sie keine Schuld am Unfall haben. Eine Art sozialer Ausgleich, von dem übrigens wohlhabende Laoten in ähnlicher Weise betroffen sind.

Touristen und zum Teil auch Experten haben einen gewissen Bonus für Unkenntnis von Sitten und Gebräuchen. Kaum einmal werden Touristen offen gerügt, selbst wenn sie grob gegen die Traditionen der Gastgeber verstoßen. Dafür hält man sich dann an laotische oder andere Begleiter, bei denen man zum Beispiel wegen laotischer Sprachkenntnisse annehmen kann, dass sie auch ein offenes Ohr für die Anliegen der Einheimischen haben. Deshalb hier nochmals der dringende Aufruf, lokale Glaubensvorstellungen und Tabus der Völker zu achten.

Einer Unsitte sind fast alle Ausländer gleichermaßen unterworfen: den unterschiedlichen **Preisen** für Einheimische und Besucher. Eine Praxis, die darauf beruht, dass bei den Fremden größerer Wohlstand angenommen wird, was aber durchaus nicht immer und überall gerechtfertigt ist. Zum Beispiel wenn ein Traveller noch immer 20 Prozent mehr für ein Inland-Flugticket bezahlen muss als ein laotischer Millionär. Den Vogel schoss ein Hotel in Savannakhet ab, das für die gleichen schäbigen und ungepflegten Zimmer gleich drei Preiskategorien verhängte, Lao, Thailänder/Vietnamesen und Ausländer. Meine Frage, ob Thais und Vietnamesen keine Ausländer seien, fand reichlich Unverständnis. Doch ist auf diesem Gebiet schon einige Besserung eingetreten, haben beispielsweise Busse und viele Gästehäuser inzwischen gleiche Preise für alle. Andererseits wurde von Hotels, Fluggesellschaft und vielen Reisebüros die Ausnahmebestimmung, die ihnen die Entgegennahme von ausländischen Währungen erlaubt, flugs zur Regel erklärt. Per Gesetz ist nämlich der laotische Kip eigentlich das einzige legale Zahlungsmittel im Land.

Besucher aus **Deutschland** sind generell beliebt, sind sie doch auch in Laos bekannt für Ordnungsliebe und Pünktlichkeit. Für Reiseleiter und Hotelrezeptionen also angenehme Kundschaft. Generell stehen die Deutschen in dem Ruf, wenig Scherereien zu machen. Und auch die länger im Lande Weilenden erfreuen sich allseitiger Zuneigung, was nicht zuletzt darin zum Ausdruck kommt, dass nicht wenige der Experten und Geschäftsleute mit laotischen Partnern den Bund fürs Leben geschlossen haben.

Was dem Fremden sofort auffällt

Die meisten Besucher finden als Erstes die **Freundlichkeit** der Menschen erwähnenswert. In der Tat trifft man überall auf freundliche Menschen, die auch in kritischen Situationen ihr Lächeln bewahren. Dabei handelt es sich um kein maskenhaftes, abweisendes Lächeln, sondern um freundliches Entgegenkommen. Besonders den Besuchern aus Deutschland fällt dies auf, sind sie doch aus der Heimat eher mürrische Gesichter und deutlich zur Schau getragene Unzufriedenheit gewohnt. Zum Glück steckt Freundlichkeit an und so dauert es meist nicht lange, bis die Besucher zurücklächeln. Dies ist auch die beste Empfehlung in Momenten, in denen Mangel an Kommunikationsmöglichkeiten leicht zu Missverständnissen führen könnte. Ein Lächeln begleitet vom allgegenwärtigen *boo pen njang* („das macht nichts") hilft oft weiter. Begleitet ist diese Freundlichkeit auch von einer **zurückhaltenden Art** der meisten Menschen, die von den Besuchern als sehr angenehm empfunden wird im Unterschied zu manchen anderen asiatischen Ländern, in denen sich Fremde nicht selten bedrängt oder gar belästigt fühlen.

Die Frage, was auf längeren Fahrten durch das Land am meisten auffiel, wurde auch von vielen Besuchern übereinstimmend beantwortet: **Kinder!** Sie sind Reichtum und Zukunft eines Landes, dessen Einwohner zur Hälfte jünger als 20 Jahre sind. Kinder sind buchstäblich immer und überall anzutreffen und ganz selten in der Einzahl.

Geht es hinaus aus den Städten, so sind es die **Natur des gebirgigen Landes** und die **exotischen Bergvölker,** die ins Auge fallen und Laos-Besucher in ihren Bann ziehen. Auch der scheinbar mit magischer Kraft auf Touristen wirkende **Mekong** trägt das Seine zur Attraktivität von Laos bei.

Begegnung, Begrüßung, Verabschiedung

Begegnungen mit Lao und Vertretern vieler anderer Völker sind generell unkompliziert. Leicht kommt man ins Gespräch, speziell in den **Städten.** Sehr oft werden die Besucher sogar angesprochen, zum Beispiel von jungen Mönchen und Novizen oder anderen Jugendlichen, die ganz einfach ihre frisch erworbenen Englischkenntnisse in der Praxis erproben wollen. Anders sieht es in **entlegenen Dörfern** aus, in denen Ausländer seltener sind als Hagelschauer. Hier kann es passieren, dass die Bewohner sich scheu verbergen, vor allem angesichts umfangreicher Fotoausrüstungen. Wer mit den Bewohnern ins Gespräch kommen möchte, sollte etwas Geduld üben und den Leuten im Dorf Zeit geben, sich an den Anblick der Fremden zu gewöhnen. Noch besser ist natürlich, wenn man einen laotischen Führer dabei hat, der den Leuten gut zureden kann. Ich konnte selbst schon erleben, wie eine laotische Mitarbeiterin stets vor ihrem dunkelhäutigen Projektleiter in die Bergdörfer ging, um die Bewohner auf dessen Erscheinen einzustimmen. Aber diese komplizierten Gesprächsanbahnungen sind inzwischen schon eher die Ausnahme.

Die meisten Unterhaltungen beginnen mit einem *Hello* oder der laotischen Entsprechung *sabai dii* („Guten Tag"). Nicht irre machen lassen, wenn einen Leute mit *bye-bye* **begrüßen.** Sie wissen einfach nicht, dass dies ausschließlich eine Verabschiedungsformel ist. In Laos kann *sabai dii* nämlich auch zum Abschied gebraucht werden, wie „Guten Tag" auch im Deutschen für Begrüßung und Verabschiedung gebräuchlich war.

Im **Gespräch** werden Fragen gestellt, die Vertretern des westlichen Kulturkreises nicht selten als zu intim vorkommen. So wird ziemlich zum Anfang der Kommunikation nach Alter, Ehepartnern und Kindern gefragt. Zum einen dient dies der raschen sozialen und hierarchischen Einstufung des Gegenüber, zum anderen sind Fragen nach Kindern auch Ausdruck echten Interesses am Gesprächspartner, weit mehr als Erkundigungen über Posten oder Besitz. Familie und familiäres Umfeld sind als Gesprächsthemen viel weiter verbreitet als Smalltalk über Urlaub, Reisen oder Freizeitvergnügungen. Nächstes Thema ist dann meist Laos und die Beziehung des Fremden zu diesem Land. Dabei ist es nicht selten, dass der Tourist in ein bis zwei Wochen mehr vom Lande gesehen hat als die Laoten in ihrem ganzen Leben. Dennoch wird der Stolz der Laoten auf ihr Land, ihre Kultur, ihre Sehenswürdigkeiten rasch deutlich, wenn auch ihr Wissen über die Geschichte oder über Kunst und Kultur oft nur bruchstückhaft ist. Nicht selten werden Lao im Gespräch mit Ausländern zu glühenden Patrioten, die meinen, bei Vergleichen zu anderen Ländern, speziell Thailand, die Vorzüge – wenn nicht gar Überlegenheit – von Laos geradezu kämpferisch vertreten zu müssen. Gespräche über politische Themen sind keineswegs tabu, doch kritische Bemerkungen über die Politik des laotischen Staates sind als Einstiegsthema in Gesprächen mit neuen Bekannten schon mehr als eine Taktlosigkeit und nicht angebracht. Wer hat es schon gern, wenn Besucher sich negativ über den Haushalt ihres Gastgebers auslassen. Noch dazu, wenn dieses Auslassen von Vor- und Pauschalurteilen bestimmt ist.

Wer ein paar Brocken **Laotisch spricht,** wird dafür stets ausgiebiges Lob ernten. Erst wer schon recht gut mit der Sprache umzugehen versteht, erfährt auch Kritik oder Korrekturen. Das Lob soll wohl auch Ermutigung für die Anfänger sein und natürlich eine Wertschätzung denen gegenüber ausdrücken, die sich dieser exotische Sprache widmen. Also weiter machen. Der Lohn selbst für wenige Worte ist ein aufgeschlossener Umgang mit den Gastgebern, selbst wenn der Wortschatz nicht für eine umfangreiche Kommunikation ausreicht.

Geht ein Gespräch oder ein Besuch zu Ende und die Gesprächspartner auseinander, gibt der Scheidende dies auch in der **Abschiedsformel** bekannt. *Laa koon* heißt soviel wie „Ich verabschiede mich zuerst". Der am Ort Verbleibende quittiert es mit einem *sook dii,* „Alles Gute!". Auch die Ankündigung *pai koon döö* („Ich gehe zuerst") oder *müa koon döö* („Ich kehre zuerst heim") sind gebräuchlich und werden oft nur mit einem zustimmenden *tjau* („ja") oder ebenfalls *sook dii* beantwortet. Stehen weitere Begegnungen zu erwarten, ist *phop khan mai* („Bis zum neuen Treffen") weit verbreitet. In der Neuzeit darf natürlich auch das Globalisierungspro-

124la Foto: ms

dukt *bye bye* nicht fehlen. Begleitet wird dies oft von **Winken,** wobei die aufrecht stehende Handfläche nach rechts und links geschwenkt wird. Ein Winken mit aufwärts und abwärts führenden Bewegungen der waagerecht nach unten gerichteten Handfläche wird dagegen als Heranwinken missverstanden. Herangewinkt wird generell mit nach unten gekehrter Handfläche und Einkrümmen der Finger. Die gleiche Bewegung mit nach oben gekehrter Handfläche ist dagegen die Aufforderung (meist gegenüber Kindern), etwas abzuliefern.

Gastfreundschaft

Von der sprichwörtlichen Gastfreundschaft der Laoten war schon verschiedentlich die Rede. Sie manifestiert sich unter anderem mit der unter Laoten schon zur Begrüßungsformel gewordenen Frage *kin khau läo boo?* **(„Hast du schon gegessen?").** Der negativen Antwort folgt dann meist eine Einladung. Wenn die Frage schon aus der Situation heraus wirklich nur eine Form der Höflichkeit darstellt, wird der wohlerzogene Gast natürlich beteuern, schon gegessen zu haben. Selbst in diesem Fall folgt unausweichlich zumindest eine Bewirtung mit Wasser oder anderen Getränken. Seinen Ursprung hat dieser Brauch darin, dass Besuch meist von weither kam und Reisen langwierig und beschwerlich waren. Da lag stets die Vermutung nahe, der Reisende sei hungrig und durstig. Der Brauch hat sich heute auf jede Art von Besuch übertragen, selbst wenn nur der Nachbar vorbei schaut.

In anderen Situationen geht die Frage einem aufwendigen Prozedere der Bewirtung voraus. Meist kommt Besuch unangemeldet und selbst wenn der Tag vereinbart war, die Ankunftszeit war es nicht (oder sie wurde nicht ernst genommen). Also beginnt nach dem Eintreffen der Gäste die Zubereitung der **Mahlzeiten.** Oft, besonders auf dem Lande, muss dann ein Huhn oder eine Ente das Leben lassen. Männliche Gastgeber und Gäste verbringen die Zeit bei einem Schwatz, meist bei einem Gläschen Reisschnaps, während weibliche Gastgeber und Gäste sich in der Küche zu schaffen machen. Keine Angst, ausländische Frauen und Mädchen sind von dieser Sitte ausgenommen und sitzen mit in der Männerrunde. Die zuerst fertigen Gerichte gelten als Vorspeisen und kommen auch bald auf den Tisch. Dann wird sukzessive eingedeckt und getafelt. Laoten lieben die Geselligkeit und so ist es normal, dass bei Besuch in einem Haus auch die befreundeten Nachbarn zur Küchenarbeit und zur Teilhabe an der geselligen Runde herangezogen werden.

Natürlich sollte man als Besucher die so offenherzig angebotene Gastfreundschaft nicht über Gebühr strapazieren, schließlich hat man es meist mit Leuten zu tun, die selbst gerade mal eben so über den Monat kommen. In den Bergdörfern ist es außerdem nicht selten, dass die Reisvorräte nicht das ganze Jahr reichen. Großzügige Bewirtung von Gästen kann da schon heftig zu Buche schlagen, zumal sich auch in Laos in dieser Beziehung niemand etwas nachsagen lassen will. Als Besucher sollte man sich also angemessen **an den Kosten beteiligen.** Unter Laoten ist es durchaus üblich, dass der Gast etwas mitbringt, etwas zu naschen vielleicht oder etwas zu entkorken, was ohne großes Aufheben in die Haushaltung des Gastgebers eingeht. Generell wird nämlich schon auf Ausgewogenheit geachtet, was nicht heißt, dass immer alles auf gleichem Niveau sein muss. Ist der soziale Unterschied zwischen den Parteien deutlich, dann ist es auch normal, dass der Wohlhabendere sich stärker an den Ausgaben beteiligt. Geht also beispielsweise bei einem zur Festivität werdenden Besuch das Bier aus, ist es durchaus angebracht, dass der Gast die Börse zückt und die nächste Runde gibt.

Mit jungen Mönchen kommt man schnell ins Gespräch, meist wollen sie ihre Englischkenntnisse erproben

Verabredungen und Ausgehen

In Laos kommt man meist **schneller zu Verabredungen, als man denkt.** Ein kurzes Gespräch, ein paar scherzhafte Bemerkungen und schon heißt es: „Wollen wir nicht heute Abend essen gehen?“ Natürlich verbirgt sich nicht selten dahinter auch der Gedanke, einen spendablen Ausländer geködert zu haben. Aber selbst dann ergibt sich oft ein geselliger, lustiger und keineswegs exorbitant teurer Abend, vorausgesetzt, man schlägt nicht über die Stränge und lässt sich nicht auf eine schier endlose Tour von einem Laden zum nächsten ein.

Selten allerdings wird eine solche Erstverabredung in trauter Zweisamkeit erfolgen. Wenn, dann wäre eher Vorsicht geboten. Aber auch das genaue Gegenteil kann eintreten. Wie schon oft gesagt, sind Laoten ein geselliges Volk. Ausgehen macht erst **in der Gruppe** Spaß und manch ahnungsloser Gast, der meinte, eine nette Bekanntschaft gemacht zu haben, fand sich plötzlich von einem Dutzend trinkfreudiger Partygäste umgeben und zum Abschluss der Feier mit einer üppigen Rechnung konfrontiert. Im Normalfall aber sind es drei bis vier laotische Gesprächspartner, die zu den gängigen und preiswerten Gerichten der Garküchen und Straßenrestaurants und ein paar „Beerlao“ gute Stimmung präsentieren und einen Einblick ins Leben der Menschen gewähren.

Dabei sind die Verabredungen selten pünktlich auf die Minute angesetzt, jedoch örtlich an markanten Stellen orientiert. Da Straßennamen zwar meist vorhanden, aber wenig aussagefähig sind, die laotischen Ortsbezeichnungen sich zumindest den Kurzzeitbesuchern schwer erschließen, werden allgemein bekannte oder leicht zu findende **Treffpunkte** ausgemacht. In Vientiane sind der Springbrunnen „Nam Phou“ nebst „scandinavian bakery“, das Mekongufer oder das unter Travellern schon Kultstatus genießende Restaurant „Khobchai Deu“ beliebte Treffs, in Luang Prabang trifft man sich gleichfalls an einer der Flussterrassen, sei es am Mekong oder am Nam Khan. Oder der laotische Part an der Verabredung kommt am Hotel oder Gästehaus vorbei.

Gemeinsame **Abendessen** erstrecken sich normalerweise über einen Zeitraum von 19 oder 19.30 Uhr bis gegen 21 Uhr. Dann wollen die besseren Speiserestaurants auch schließen. In Bierstuben und kleinen Lokalen kann sich solch ein Abend bei guter Stimmung auch bis gegen Mitternacht ausdehnen.

Setzt sich der Abend im **Tanzlokal** fort, sind die Kommunikationsmöglichkeiten generell beschränkt. Irgendwie wird vergnügliche Atmosphäre von den Laoten mit laut übersetzt. Riesige Lautsprechergebirge und das volle Sortiment elektronischer Instrumente sind weit verbreitet. Musikalisch dagegen sind die Auswahlmöglichkeiten je nach Landesteil sehr unterschiedlich. Vientiane bietet inzwischen jede Menge Unterhaltung, von der Lifeband mit dem angestaubten Tango-über-Lam-vong-bis-Cha-Cha-Cha-Repertoire bis zur ohrenbetäubenden Disco. In den Provinzen geht es weniger abwechslungsreich zu. Oft sind es Bands von zweifelhafter Qualität, die versuchen, musikalische Unzulänglichkeiten mit Lautstärke zu überdecken und so ihr Publikum in Stimmung zu bringen. Das gelingt dank der allgemeinen Vergnügungsbesessenheit in der Regel schnell.

Der Ablauf ist dabei fast immer und überall gleich. Einem recht behäbigen Vorspiel der Band, zu dem in seltenen Fällen die ganz Eiligen schon das Tanzbein schwingen, folgt die offizielle Eröffnung des Tanzabends. Von diesem Augenblick an ist der Tanzboden Runde um Runde bestens gefüllt. Das musikalische Angebot reicht vom traditionellen *lam vong*, einem ruhigen Reigentanz, über Tango, Salopp und Slow bis zu den neuesten thailändischen Hits oder laotischen Kreationen. Alles wird von den Tanzenden bereitwillig aufgenommen und in manchmal erstaunliche Bewegung umgesetzt.

Nebenbei wird auch eifrig getrunken. Oft sind die Ausländer schon daran auszumachen, dass sie sich den ganzen Abend an einem Bier festhalten, während die Einheimischen dem Whisky (sehr verbreitet ist „Johnny Walker Black Label") gleich flaschenweise zusprechen. Nicht wenige Tanzdielen halten Animiermädchen bereit, die beim Tanzen und Trinken, in einigen Fällen auch darüber hinaus, Gesellschaft leisten. Ist die Polizeistunde erreicht bzw. überschritten, endet die Musik abrupt und die Beleuchtung im bis dahin ziemlich dusteren Saal lässt mit einem Mal Dinge zu Tage treten, die besser verborgen geblieben wären.

Im Normalfall verabschieden sich **Zufallsbekanntschaften** jetzt hastig voneinander und jeder strebt seiner Unterkunft zu. Das Spiel Erst-bring-ich-Dich-dann-bringst-Du-mich ist gleichfalls bekannt und kann auch in Laos den Beginn einer Romanze bedeuten. Andere Personen kommen schneller zur Sache und kennen die Adressen der einschlägigen Gästehäuser. An dieser Stelle sei diese Beschreibung der Praxis mit dem ausdrücklichen Hinweis verbunden, dass Prostitution (ja selbst nichtehelicher Verkehr) in Laos strafbar ist und gelegentliche Aktionen der Sicherheitskräfte dem Gesetz auch Nachdruck verleihen.

Bei wem die Nachtschwärmerei wieder Appetit entfacht hat, wird erfreut über das Angebot **nachts geöffneter Suppenküchen** sein. Hier kehrt noch ein, wer aus den Tanzschuppen ausgekehrt wurde. Tatsächlich eine schmackhafte Abrundung eines langen Abends.

Sich die **Rechnung** zu teilen, womöglich noch unter genauer Aufschlüsselung des Verzehrs, ist eine Unsitte der Langnasen, die viele Laoten schmunzeln lässt. Einer aus der Runde zahlt, natürlich in der Gewissheit, dass beim nächsten Mal ein anderer dran ist. Auch soziale Unterschiede werden so ausgeglichen. Doch auch der sozial Schwächste wird sich nicht dauernd aushalten lassen. Sein Stolz und die Wahrung seiner Unabhängigkeit verlangen, dass auch er mal einen ausgibt. Ein Ansinnen, dem sich auch der spendabelste Gönner nicht verschließen wird. Denn auch dies hat mit der Wahrung des Gesichts zu tun.

Zu Gast in der Familie

Auch zu **Einladungen** in das familiäre Umfeld kommt man in Laos rasch. Wie gesagt, sollte man nicht gleich dem ersten Hinweis folgen, sondern eine Wiederholung abwarten. Man sollte jedoch auch nicht zu lange warten, weil der Einladende sonst eine deutliche Abneigung gegen eine Zusammenkunft mit der Familie vermuten würde.

Kleine **Geschenke** erhalten auch in Laos die Freundschaft und wenn man sich nicht sicher über die Angemessenheit eines Mitbringsels für die Einladenden ist, hält man sich an die Kinder. Dann ist natürlich bestens präpariert, wer sich noch an Zahl, Geschlecht und Alter der Kinder erinnert. Dieses Wissen in der Konversation verwendet, zeigt dem Gastgeber auch, dass der Besucher ihn mit besonderer Aufmerksamkeit bedenkt. Stets willkommen sind kleine Aufmerksamkeiten aus dem Heimatland des Besuchers. Der laotischen Tradition folgend (siehe auch „Gastfreundschaft") sind kleine Naschereien oder verschiedene Delikatessen auch aus fernen Ländern stets willkommen.

Nicht wundern, wenn bei einer Einladung zum Essen in eine Familie das Essen bei Ankunft des Gastes noch etwas auf sich warten lässt. Da man es mit der Uhr in Laos nicht ganz so genau nimmt und auch Verabredungen nicht immer eingehalten werden, auf der anderen Seite viele Gerichte eine relativ kurze Zubereitungsdauer haben, wird die Küche erst richtig angeheizt, wenn der Gast schon da ist. Der vertreibt sich, während die Frauen sich mit den Speisen befassen, inzwischen mit dem Hausherrn und anderen Familienmitgliedern, eventuell weiteren Gästen, die einen Bezug zum ausländischen Besucher haben (z.B. gemeinsame Arbeitskollegen), Freunden des Gastgebers und Nachbarn die Zeit beim Schwatzen, Naschen und Trinken. Die **Teilnehmer der Runde** werden in der Regel bei Erscheinen kurz vorgestellt. Besonderes Lob verdient, wer sich auf Anhieb die Namen der Mitglieder der Gesellschaft merken kann.

Es kann sein, dass die Gastgeber eine Besichtigung des Hauses und des Grundstücks nebst landwirtschaftlicher Nebentätigkeit anbieten. Nicht selten sind Besuche auch mit **Ausflügen** zum Gartengrundstück verbunden, meist ein stattliches Anwesen außerhalb der Städte, oder zu mehr oder weniger beliebten Picknickplätzen. Dann wird der halbe Haushalt eingeladen und die Familie fährt mit Mann und Maus in die Umgebung. Nicht das kleine Picknickpaket, sondern alles – bis hin zur Kochstelle – wird mitgenommen, beziehungsweise es wird auf dem Wege eingekauft, was für ein umfangreiches Mahl nötig sein kann. Ein Gang durch den Wald kann weitere Leckereien, etwa frische Bambussprossen, hinzufügen.

Familienbesuche **auf dem Land** fallen oft viel bescheidener aus, aber auch hier lassen es sich die Gastgeber nicht nehmen, eine umfassende Bewirtung zu gewährleisten. Ein Huhn oder eine Ente, ein Stück Wild oder frischer Fisch werden überraschend schnell in ein Festmahl verwandelt. Geht es zu ärmeren Leuten, bringen viele besser gestellte laotische Besucher die zuzubereitenden Speisen manchmal gleich selbst mit und geben auch das Geld für einen Kasten Bier, Eiswürfel und ähnlichen Luxus, den sich die Besuchten sonst nicht leisten können. Daran können sich ausländische Gäste durchaus angemessen beteiligen. Solche Unterstützung wird in Anerkennung der unterschiedlichen Möglichkeiten der Menschen als selbstverständlich betrachtet.

Der **Umgang mit Geschenken** wird manchem Besucher ungewohnt vorkommen. Wir sind es gewohnt, Geschenke auszupacken, zumindest ein Pflichtmaß an Freude auszudrücken und uns beim Schenkenden je nach Situation von artig bis überschwänglich zu bedanken. In Laos wird ein kurzer Dank gemurmelt und das Päckchen wandert ziemlich achtlos irgendwohin. Es ist keine Missachtung des Geschenks, sondern Ausdruck der buddhistischen Auffassung, dass der Gebende sich mit seiner Großzügigkeit Verdienste erwirbt, die der Beschenkte erst durch das Annehmen ermöglicht. Meist wird das Päckchen geöffnet, wenn der Besuch schon wieder weg ist. Das hat auch einen praktischen Vorteil, denn wenn die Gabe nicht den Geschmack des Empfängers trifft, bleiben peinliche Situationen erspart.

Ess- und Trinkkultur

Einiges zu diesem Thema klang schon unter verschiedenen Überschriften an, doch ist das Thema wichtig genug, sich ihm noch einmal ganz speziell zu widmen. Traditionen beim Essen und Trinken sind in Laos so unterschiedlich wie die Bevölkerung. Die Lao selbst können die **meiste Zeit des Tages** kauend zubringen. Dem Frühstück folgen bis zum Mittagessen eben so viele kleine Bissen zwischendurch wie zwischen Mittagessen und

Abendbrot. Und auch dann muss keinesfalls Schluss sein, denn der kleine Hunger oder auch nur ein wenig Appetit ist an keine Zeit gebunden. Die Lao unterscheiden aber ganz genau zwischen richtigem Essen – *kin khau,* wörtlich „Reis essen" – und dem Naschen zwischendurch. Und jeder Bissen, der nicht in Verbindung mit Reis verzehrt wurde, zählt auch nicht so recht in der Tagesbilanz der Nahrungsaufnahme.

Dabei geht es stets auch **gesellig** zu beim Essen. So halten Essen und Trinken nicht nur Leib und Seele zusammen, sondern auch Freundeskreise. Wenn man sich trifft, steht schon nach kurzer Zeit etwas zu knabbern auf dem Tisch.

Beliebt ist **zwischendurch** *kin som,* „etwas Saures essen". Meist sind es unreife oder saure Früchte, die mit Salz und Chilipulver verzehrt werden. Sehr beliebt bei den Lao sind allerlei im Mörser zubereitete Appetithäppchen, allen voran natürlich *tam maak hung,* der gestoßene Papayasalat, der von würzig bis brennend scharf ausfallen kann. *Kin waan* ist das Gegenstück und heißt „etwas Süßes essen". Hierbei kann es sich um Naschwerk, Gebäck oder reife Früchte handeln. *Kääm* bedeutet in etwa knabbern und ist vor der eigentlichen Mahlzeit genauso anzutreffen wie etwa zum Bier. Die Zahl der kleinen Feuerstellen am Straßenrand, die verschiedene Leckereien brutzeln, geht in die Tausende. Hühnerfüße, Innereien, Darm- und Sehnenstücken, Käfer – die Vielfalt der auf Spießchen steckenden Speisen ist ebenfalls gewaltig. Gegessen werden diese Häppchen, die durch verschiedene Würzsoßen oder -pasten verfeinert werden können, mit den Fingern. Und auch die äußeren Umstände sind einfach. Irgendwo finden sich ein Platz zum Sitzen und einer, die Speisen darauf zu stellen.

Lässt man sich dagegen zum **richtigen (Reis-)Essen** nieder, handelt es sich bei den Lao traditionell um Klebereis *(khau niau).* Der wird gedämpft und in geflochtenen Bambusbehältern – *thip khau* – serviert. Gegessen wird auf einer Matte auf dem Boden sitzend und die Speisen sind auf einem niedrigen Tischchen *(pa khau)* angerichtet. Vielerorts hat heute jeder einen eigenen Teller zum Essen, der als Zwischenablage für die Speisen dient. Denn serviert wird alles für alle erreichbar in der Mitte des Tisches. Der Gastgeber wird mit einem *söön sääp* („lasst es euch schmecken") die Tafel eröffnen. Der Reis wird mit der Hand aus dem *thip khau* genommen, zu Röllchen geformt und mit etwas Fleisch, Fisch oder Gemüse in eine der Würzsoßen getaucht, bevor das gesamte Paket in den Mund wandert. Zu jedem Essen gehört auch eine Suppe, die gleichfalls in einer größeren Schüssel auf dem Tisch steht, aus der sich jeder per Löffel bedient.

Mit einem *nop,* den vor der Brust gefalteten Händen, bedankt sich, wer satt ist, ganz allgemein. Das Essen ist beendet, wenn der Reisbehälter wieder mit seinem Deckel verschlossen ist. Ein offener *thip khau* bringt Unglück. Wenn in wohlhabenderen Familien oder in Restaurants jeder etwas Reis einen kleinen *thip khau* bekommt, gibt jeder Einzelne durch Verschließen des Reiskörbchens zu verstehen, dass er satt ist. Zu trinken, traditionell Wasser, seltener Tee, gibt es erst nach dem Essen. Auch Obst wird als Nachtisch gereicht.

Diese traditionelle Form des Essens bei den Lao kommt mit einem Löffel für die Suppe als Besteck aus. In vornehmeren oder moderneren Haushalten gibt es Löffel und Gabel, mit denen sich die Esser selbst von den Tellern mit den Speisen vorlegen, um dann aber letztlich doch überwiegend mit der Hand zu essen. Knochen, Gräten und anderer Tischabfall wird einfach auf den Tisch getan oder den wartenden Hunden vorgeworfen. Sind europäische Möbel vorhanden, werden die Abfälle oft auch auf den Fußboden unter den Tisch geworfen, wo sich gleichfalls die Haustiere des Verwertbaren annehmen. Dieses Verhalten ist auch in Garküchen anzutreffen, in Restaurants dagegen ist es unangebracht.

Wird in einfacher Umgebung Alkohol gereicht, kommt auch eine größere Gesellschaft mit nur einem Glas aus. Meist wird ein junges Mädchen aus der Gastgeberfamilie oder die Hausfrau selbst überredet, den Ausschank beim **traditionellen laotischen Umtrunk** zu übernehmen. Natürlich schmeckt der *lau lao* von einer weiblichen Hand gereicht viel besser als aus der Hand eines Mannes. Scherze und Anzüglichkeiten begleiten die gesellige Übung, denn es gibt gewisse Spielregeln zu beachten. Die ausschenkende Person muss als erste trinken und dies auch allen deutlich anzeigen, akustisch („ich trinke zuerst") und optisch (durch Hochhalten des Glases in die gesamte Runde). Dann wird reihum in exakter Einhaltung der Reihenfolge eingeschenkt, wobei jeder jeweils dem Nachfolgenden zuprostet. Beliebtes Spiel ist es nun, die Ausschenkerin zu weiterem Trinken zu animieren, indem von jemand in der Runde die Frage gestellt wurde, ob sie denn das übliche Vortrinken absolviert habe. Natürlich wird die Ausschenkerin bejahen. Der Frager entgegnet einfach, er habe es nicht gesehen. Nun hängt es von den anderen in der Runde ab, wie der Spaß ausgeht. Wenn jemand dem Mädchen beisteht und bestätigt, sie beim Trinken gesehen zu haben, ist die Gefahr beschleunigter Trunkenheit für den Augenblick gebannt. Oft aber wird behauptet, gleichfalls nichts gesehen zu haben und so bleibt der Ausschenkerin nichts anderes übrig, als einen Schluck außer der Reihe zu tun.

Wenn dagegen Bier oder Whisky-Soda getrunken wird, hat jeder sein Glas, was allerdings nicht ausschließt, dass zusätzlich ein traditioneller laotischer Umtrunks umgeht. Da bei personengebundenen Gläsern das Alleintrinken als unhöflich gilt, wird den ganzen Abend über angestoßen. Das hält alle mehr oder weniger auf dem gleichen Pegelstand. Begleitet wird jedes Zuprosten von der Aufforderung *njok* („hochheben"), wogegen der richtige Trinkspruch *phüüa sukkhaphaap* (Zum Wohl!, wörtlich „Auf die Gesundheit!") oder auch *söön düüm* („Bitte trinken!) heißt. Gefährlich werden kann dagegen die Sitte, halb geleerte Gläser sofort wieder aufzufüllen, wodurch schon mancher Gast die Übersicht über seinen Alkoholkonsum verlor.

Bei den unterschiedlichen Völkern unterscheiden sich auch die **Tischsitten,** wobei die Mehrheit gleich den Lao mit den Fingern isst.

Reis ist bei allen Völkern des Landes **Hauptnahrungsmittel,** jedoch bei vielen kein Klebreis, sondern der auf Brandrodungsflächen angebaute Berg- oder Trockenreis. Hinzu kommen Mais, Süßkartoffeln, Gemüse. Geflügel wird gleichfalls von allen Völkern gegessen sowie für das Binnenland Laos erstaunliche Mengen an Fisch. Schweine-, Rind- oder Büffelfleisch gibt es zu großen Festen und Feiertagen. In Vientiane erfreut sich gegenwärtig Ziegenfleisch großer Beliebtheit. Darüber hinaus bieten Wald und Flur ein reichhaltiges Angebot an Wildtieren, Insekten, Blättern, Wurzeln und Früchten, die allesamt der menschlichen Ernährung dienen. Bei manchen Speisen schütteln Besucher verwundert den Kopf, andere lehnen sie rundweg ab. Sicher gehen die Meinungen auseinander bei Schlangen, Ameiseneiern, Vögeln, Echsen oder Eichhörnchen. Inzwischen sind auch manche Tiere von Aussterben bedroht, sodass die Regierung versucht, dem mit strikten Regeln für Jagd und Handel mit Wildtieren Einhalt zu gebieten. Nicht nur die wachsende Bevölkerung, sondern besonders der lukrative Handel mit einigen Tieren oder Teilen davon, die vor allem von Chinesen mit bestimmten medizinischen Wirkungen in Verbindung gebracht werden, setzen manchen Tierbeständen dennoch zu.

In den meisten einfachen Restaurants werden Tellergerichte chinesischer oder vietnamesischer Herkunft gereicht, zu denen es dann auch Löffel und Gabel gibt. Auf Wunsch bekommt man hier auch **Stäbchen,** die sonst aber weitgehend den richtigen chinesischen oder vietnamesischen Speisen vorbehalten sind. Restaurants mit europäischen Gerichten offerieren auch Besteck einschließlich Messer. Für manch einen gewöhnungsbedürftig: Auch die leckeren vietnamesischen Suppen *föö* werden mit Stäbchen und Löffel gegessen. **Föö** kann man zu jeder beliebigen Tageszeit essen, für viele sind sie schon das Frühstück. Eine weitere Delikatesse sind die gefüllten Brote, bei denen neben der Baguetteform auch der Name *khau tjii sai patee* an den französischen Vorläufer *paté* (Delikatessen-Leberpastete) erinnert. Überhaupt hat sich das **Weißbrot** der einstigen Kolonialherren bestens in der laotischen Esskultur platziert.

Esstabus wie bei den Moslems oder Hindus kennt man in Laos nicht. Und auch der Spruch „Laoten essen alles, was Beine hat, außer Tische und Stühle" greift zu kurz, finden sich doch auch fußlose Tiere wie etwa Schlangen oder Fische prominent auf der Speisekarte. **Ungewohnt** ist vielen Besuchern die Vorliebe für bittere Speisen pflanzlichen wie tierischen Ursprungs, die Beliebtheit von Innereien aller Art und manchmal zweifelhafter Konsistenz sowie der großzügige Einsatz von Chili. Auch *paa dääk,* eine übel riechende Würzsoße aus vergorenem Fisch, ist nicht jedermanns Sache. Milch und Milchprodukte sind dagegen neu auf dem Speisezettel in Laos.

Bei den **Getränken** ist Wasser heute unbestritten die Nummer eins und hat dank der Trinkwasserproduktion auch den vielerorts anzutreffenden Tee verdrängt. Der war überwiegend nur deshalb gebraut worden, weil es kein sauberes Trinkwasser gab und das Wasser sowieso abgekocht werden musste. Beliebt ist auch Kaffee, dessen laotisches Original, eine tiefschwarze Flüssigkeit über etwa einem Drittel gezuckerter Milch im Glas, nicht nur geschmacklich eine tolle Entdeckung ist, sondern auch sonst schon Kultstatus genießt. Übrigens auch als Eiskaffee. Im Gegensatz zu den Nachbarn im Osten und Norden hat Laos keine Teekultur, obwohl Tee gedeiht und auch aus vielen anderen Ausgangsstoffen inzwischen verschiedene Tee-Getränke hergestellt werden. Besonders erfolgreich sind Maulbeer- und Ingwertee, wobei Letzterer auch gegen Erkältungen hilft. Wesentlich beliebter als Tee ist Bier, wobei „Beerlao" sicher konkurrenzlos beanspruchen kann, das im ganzen Lande am weitesten verbreitete Produkt zu sein. *Lau hai,* ein Reiswein, schließt die Lücke zu den Hochprozentigen, die überwiegend selbst gebrannt werden und schon mal mit 60 Prozent daherkommen können. Im Lande abgefüllt wird „Pepsi" und einige weitere Marken des US-Getränkegiganten sowie eine lokale Kopie der amerikanischen Erfolgsmarke unter dem Namen „Cosco-Cola". Ziemlich traurig sieht es dagegen beim Angebot von Fruchtsäften aus, was zum Glück durch viele Stände zumindest teilweise wettgemacht wird, die aus dem reichen Obstangebot des Landes eine bunte Vielfalt von Fruchtcocktails (Fruchtstücke plus Eis und etwas Zuckerlösung in den Mixer, Daumen auf den Knopf, fertig. Ach so, Deckel schließen nicht vergessen!) zaubern. Die zahlreichen leckeren Obstsorten sind ein weiterer Anlass, den ganzen Tag über stets etwas zu naschen. Letztlich kein schlechtes Konzept, denn insgesamt ist diese Art der Ernährung sicher nicht ungesund. Viel frisches Obst und Gemüse, wenig Fett, stets frische Zubereitung und viele kleine Mahlzeiten.

Einkaufen

Mit großen Shoppingzentren kann Laos bislang nicht aufwarten. Sie wären bei weitem auch nicht so interessant wie die vielen **Märkte** des Landes. Auf denen bekommt man so ziemlich alles, was das Herz begehrt. Das wenigste davon stammt allerdings aus dem Lande selbst. Hier zeigt sich die schwache wirtschaftliche Entwicklung von Laos am deutlichsten, denn nahezu alle **Industrieprodukte** sind importiert. Bestimmend und auch am angesehensten in dieser Kategorie sind Produkte aus Thailand. Sie stehen im Ruf solider Qualität und entsprechen auch am besten dem laotischen Geschmack. Es folgen auf der Beliebtheitsskala die Erzeugnisse aus Vietnam. Chinesische Produkte dagegen haben den Ruf, billig, aber auch schlecht zu sein. Oft zu Unrecht, denn die Erfahrung lehrt, dass es die Händler sind, die aus Vietnam und China oft nur die billigsten und schlechtesten Sachen importieren. Dabei gibt es zumindest in den Städten inzwischen sehr wohl eine qualitäts- und markenbewusste Klientel, die sich bisher an thailändische und westliche Produkte hält, aber sicher auch hochwertige Produkte aus China oder Vietnam kaufen würde.

Aus Laos selbst stammen die meisten frischen Lebensmittel sowie ein Teil der verarbeiteten **Nahrungsmittel.** Auch einige Hersteller von

Wasch- und Reinigungsmitteln versuchen inzwischen, der ausländischen Konkurrenz die Stirn zu bieten.

Für Besucher interessanter ist das Angebot an einheimischem Kunsthandwerk. Hier sind zuerst die fantastischen **handgewebten Stoffe** zu nennen, die je nach Region und ethnischer Zugehörigkeit in Muster, Farbe und Material variieren. Vor allem die Seidenstoffe sind inzwischen weit über die Grenzen von Laos bekannt und einige Stücke werden von Sammlern zu Schwindel erregenden Preisen gehandelt. Zu den bekanntesten Zentren dieser aufwendigen Produktion gehören die Provinzen Houaphanh, Champasak und Luang Namtha. In Farbe und Muster sehr interessante Baumwollstoffe werden vor allem von Lao-Theung-Völkern im Süden in nahezu archaischer Technologie auf Hüftwebstühlen gefertigt. Auf den lokalen Märkten wird man allerdings meist vergebens nach diesen Dingen suchen, es sei denn, der betreffende Ort findet sich auf den Reiserouten der Touristen. Auf den Märkten dominieren die billigen Kopien aus chinesischen Textilfabriken oder die Massenware aus Thailand. Die laotischen Originale finden sich auf den Märkten der großen Städte und Touristenzentren oder auch auf Bangkoks berühmtem Wochenendmarkt. Nirgends allerdings ist das Angebot umfangreicher als auf dem Morning Market von Vientiane. Für beste Qualität und hohe Preise stehen einige spezialisierte Firmen, deren Kunden überwiegend Ausländer sind. Hier kann man aber auch auf Bestellung fertigen lassen.

Ein weiteres Gebiet hoher traditioneller Kunstfertigkeit ist die **Silberschmiedekunst.** Dabei ist Laos vor allem bekannt für seine reich verzierten *khan* und *oo,* dekorative Gefäße, die überwiegend für religiöse Zwecke benutzt werden. Daneben bestechen auch die silbernen Gürtel, die zum seidenen Wickelrock *sin* gehören wie der Mekong zu Laos. Von diesen traditionellen Produkten sind eine breite Palette von Silberschmuck und andere Erzeugnisse abgeleitet, doch kommen viele Silberwaren ebenso wie eine große Zahl weiterer auf den Touristenmärkten angebotener Dinge aus den Nachbarländern, vor allem China, Myanmar und Vietnam.

Auch bei **Antiquitäten** bleibt es den Experten überlassen, die Spreu vom Weizen zu trennen. An dieser Stelle sei aber der Hinweis erlaubt, dass die Ausfuhr von Gegenständen, die älter als 50 Jahre sind, der Genehmigung des Ministeriums für Information und Kultur bedarf. Die Ausfuhr von **Buddhafiguren** ist gänzlich untersagt. Persönlich unterstütze ich diese Haltung voll und ganz und würde mir wünschen, dass sie in der Praxis auch konsequent durchgesetzt wird, denn viel zu viele historische Kulturgüter sind dem Land schon verloren gegangen. Eine gute Kopie einer Antiquität, wie sie in der Region mit großer Meisterschaft und oft noch nach den alten Techniken hergestellt wird, sollte als Heimdekoration ge-

088la Foto: ms

nügen. Manche Fälschung oder Nachahmung hat sogar schon wieder ihren eigenen Sammlerwert, etwa ein Indochina-Piaster, der unter der Aufschrift *République Française* die Jahreszahl 1604 trägt oder die Münze, die eine Seite als Indochina-Piaster, die andere dagegen als mexikanischen Dollar ausweist.

Fälschungen und Kopien gibt es auch auf vielen anderen Gebieten, angefangen von Textilien bis hin zu den neuesten Spielfilmen auf DVD. Noch ist es in Laos nicht weit her mit Urheberrechten und Markenschutz, ein Problem, das übrigens auch den kreativen unter den laotischen Herstellern erheblich zu schaffen macht und sicher auch nach dem angestrebten Beitritt zur Welthandelsorganisation WTO, die recht streng auf die Einhaltung des Urheberrechts achtet, nicht verschwunden sein wird.

Auf der anderen Seite zeigen die in Laos verlangten Preise für **Textilien,** dass nicht die laotischen Hersteller daran verdienen, sondern die internationalen Handelsketten. Sie verkaufen diese Textilien in westlichen Ländern (95 Prozent der aus Laos exportierten Textilien gingen vor der Gewährung der *Normal Trade Relations* durch die USA im November 2004 in die EU) zu Preisen, die bis zu 30mal höher sind als der Betrag, den der laotische Hersteller erhalten hat. Da man viele Textilien in Laos zu einem Bruchteil der in Europa üblichen Preise erhält, decken sich viele Europäer in Laos nicht nur mit Produkten der traditionellen Seidenweberei, sondern auch mit gängiger Bekleidung ein. Wer auf die modernsten technischen Konsumgüter aus ist, dem seien die einschlägigen Einkaufparadiese in Malaysia oder Singapur empfohlen. Aber auch in Laos trifft man auf ein umfassendes Angebot von **Unterhaltungselektronik.** Die meist aus chinesischer Produktion stammenden Geräte erfüllen in der Regel ihren Zweck und einen DVD-Spieler für 60 Euro ersetzt man eher durch ein neues Modell als einen für 600 Euro.

Überhaupt **Preise!** Wer als Schnäppchenjäger auf Schilder mit der magischen 99 am Ende aus ist, wird in Laos nicht fündig. Zum einen sind die 100-Kip-Scheine, die in etwa einem Cent entsprechen, gar nicht mehr im Umlauf. Ein absolutes Paradox: In einem der ärmsten Länder der Welt, wo der größte Geldschein keine zwei Euro wert ist, ist die kleinste, schon selten anzutreffende Geldstückelung vier Cent! Das heißt, die Laoten, die im Durchschnitt nur über einen Bruchteil an Geld im Vergleich zu den Deutschen verfügen, runden die Beträge auf ca. 5 Cent, während sich z.B. im reichen Deutschland die Leute auch 1 Cent Wechselgeld herausgeben lassen. Die meisten Preise werden der Bequemlichkeit halber gleich in vollen Tausendern gemacht. Auf der anderen Seite sind viele Preise Verhandlungssache, Festpreise kommen nur in einigen besseren Geschäften der Städte vor. Nicht selten werde ich von Besuchern gefragt, ob der ausgehandelte Preis in Ordnung sei. Meist ziehe ich mich dann mit der Gegenfrage aus der Affäre, wie viel das betreffende Stück dem Kunden denn wert sei. Ganz gewiss kann man beim Handeln noch den einen oder anderen Tausender Nachlass herausschlagen. Doch bei vielen Souvenirstücken zählt der Erinnerungswert doch meist vor dem Materialwert. Dennoch ist das **Feilschen** so etwas wie eine Art Sport. Viele Händler nennen einen Preis, um ihn schon im nächsten Satz damit zu relativieren, dass man Rabatt geben könne. Also geht das Ringen los, das unter Umständen auch mehrere Tage andauern kann. Natürlich nicht, wenn es um ein paar Socken im Wert von 8000 Kip geht. Aber eine Grundregel gilt: Ist ein Preis vereinbart, wird auch gekauft. Später mit gezückter Geldbörse eine zweite Runde der Preisverhandlung anzetteln zu wollen, ist so unschicklich wie ein Abgang ohne Kauf.

Für viele Dinge des täglichen Bedarfs sind die Preise dennoch einigermaßen fix. Niemand käme auf den Gedanken, ein Brot von 3000 auf 2500 Kip drücken zu wollen. Mengenrabatt wie etwa vier Stück für 10.000 Kip sind wieder eine andere Sache. Bei Reis, Fleisch und Gemüse gibt es zwar gewisse Unterschiede, doch auf einem Markt gilt in der Regel ein Preis.

Hier entstehen hochwertige Webereien in Ikat-Technik

Fühlt man sich übervorteilt, genügt eine Nachfrage bei einem oder zwei anderen Anbietern auf dem Markt, um den Verdacht zu klären. Als eine Faustregel kann angesehen werden, dass kleine Märkte in Wohngegenden, die meist abends frequentiert werden, teurer sind als die großen Marktplätze, die direkt von den Erzeugern beliefert werden und von denen die kleinen Händler meist auch ihre Waren beziehen.

Eine lästige Unsitte ist häufiger zu beobachten. Statt mit steigenden Preisen die Kundschaft zu verprellen, verringern einige Händler lieber die Menge. Es mag zwar witzig klingen, aber man kann durchaus gefragt werden, ob man ein laotisches oder ein volles Kilo Zucker haben will. Das laotische Kilo bringt es nur auf 800 Gramm. Nicht jeder Händler ist dabei bereit, diese Differenzen auch offen kundzutun. Um diesem Treiben Einhalt zu gebieten, werden von den Behörden von Zeit zu Zeit auf den Märkten die Waagen geprüft und mit einem Prüfsiegel versehen.

Einige Preise dagegen sind **Festpreise.** Zum Beispiel der für Feingold, der sich täglich an den großen Goldbörsen der Welt orientiert. Auch in Restaurants, einschließlich Straßenküchen, wird nicht gehandelt, wenn auch manchmal die Prüfung der Rechnung durchaus Sinn macht. **Trinkgelder** werden proportional zum Standard der Einrichtung gegeben. In der Straßenküche sind sie ebenso ungewöhnlich wie beim 8000-Kip-Friseur an der Ecke, wogegen Nobelrestaurant und Hair Studio einen Aufschlag erwarten.

Eine andere Unsitte aus der entwickelten Welt beginnt auch in Laos langsam Fuß zu fassen und zwar der **Kauf auf Kredit.** Bis vor kurzem war es ein geflügeltes Wort, dass die Thais die Autos öfter wechselten, die Lao ihre aber bezahlt hätten. Nun aber bieten viele Händler ihren Kunden auch in Laos an, sich großzügig auf Jahre zu verschulden. Momentan ist das Risiko für die Händler dabei enorm, denn die rechtlichen Grundlagen für Pfändungen und Beschlagnahmen fehlen weitgehend.

Namen und Anrede, Gesprächsverhalten

Laotische **Namen** bestehen aus zwei Teilen, dem Vor-und dem Familiennamen. Sie werden genau wie im Deutschen in dieser Reihenfolge genannt. Für die persönliche Anrede allerdings findet nur der Vorname Verwendung, egal, ob der Anlass offiziell oder familiär ist. Die Unterschiede entstehen aus den Titeln, die dem Namen vorangestellt werden oder ihn ersetzen. Denn dies ist eine Spezialität der Lao, dass sie jemanden auch über längere Zeiträume in der dritten Person persönlich anreden können, ohne den Namen zu gebrauchen, ja manchmal gar ohne ihn zu kennen.

Dabei kommen die Begriffe aus der familiären und förmlichen Hierarchie zum Einsatz (siehe Übersicht in „Der kulturelle Rahmen“: „Sprache“). Geht es ganz förmlich zu, wird der volle Name mit der Funktion der betreffenden Person gebraucht. Ansonsten wird der Unterschied durch *thaan* („Herr“) bzw. die familiären Begriffe *aai* („älterer Bruder“), *phoo* („Vater“), *luung* („älterer Onkel“) oder *phoo thuu* („Großvater“) bzw. *naang* („Frau“), *üüai* („ältere Schwester“), *mää* („Mutter“), *paa* („ältere Tante“) oder *mää thuu* („Großmutter“) dargestellt, die allesamt auch ohne die Nennung des Namens auskommen.

Selbst unter Eheleuten werden die Namen selten gebraucht, Dritten gegenüber ist von *aai* oder *üüai* die Rede, für die Kinder sind es *phoo* und *mää*. In der Nachbarschaft, aber auch in der Familie hält man sich manchmal an die Kinder, um deren Eltern – auch in der direkten Anrede – zu benennen. Wenn das dazu ausersehene Kind zum Beispiel *(bak) tum* gerufen wird, wird seine Mutter zu *mää bak tum* und sein Vater zu *phoo bak tum*. Sind die Freundesbande zwischen Erwachsenen sehr eng, wird der Freund zu *siau* („Kumpel“) und dessen Frau zu *mää siau*, was den Unkundigen zugegebenermaßen schon verwirren kann, heißt das doch wörtlich „Mutter des Kumpels“.

All die **Anredeformen** in der dritten Person machen es mitunter nicht leicht, im Gespräch die Übersicht zu behalten, wer denn eigentlich gemeint ist. Aber auch die Verwendung von Namen bringt nicht immer die erwartete Klarheit, haben doch die meisten Laoten neben ihrem richtigen Namen oft noch einen Spitznamen und zusätzlich teilweise mehrere aus dem Namen derivierte Rufnamen. Der Besucher ist deshalb stets gut beraten, ältere oder in höheren Positionen befindliche Personen generell mit *thaan* (Frauen *naang*) anzureden, was die Sache auch erheblich erleichtert, wenn man sich Namen nicht gleich auf Anhieb merken kann. Jüngere oder gleichaltrige sowie gleichrangige Gesprächspartner kann man im Gespräch mit *tjau* („du“) ansprechen, so wie man selbst dann *khooi* („ich“) wird. Eine Praxis, die auch unter Laoten zunehmend Verbreitung findet, wahrscheinlich weil sie die Dinge wesentlich vereinfacht.

Will man jemanden auf sich aufmerksam machen, etwa die Verkäuferin oder die Bedienung im Restaurant, **ruft** man Frauen *naang*, junge Mädchen und Burschen *noong*. Jedoch nicht zu laut, denn auch in der **Lautstärke** liegt eine gehörige Portion Höflichkeit. Die gebietet eigentlich, dass niemand lauter spricht als der höchstrangige Anwesende, was manchmal schon zu akustischen Problemen führen kann. Wer laut auf sich aufmerksam macht, gilt als unhöflich, schlecht erzogen oder ignorant, als typische Langnase eben. Wer gar meint, seiner Unzufriedenheit durch Lautstärke mehr Gewicht verleihen zu müssen, verliert jeden Respekt.

Ruhe bewahren ist oberste Bürgerpflicht und führt weiter als jedes Lamentieren.

Auch heftiges **Gestikulieren** ist verpönt, wird als Überlegenheitsanspruch gewertet und mit Gesichtsverlust bestraft. Kleine Gesten werden ebenso wahrgenommen, beispielsweise wenn ein Passant mit nur andeutungsweiser Geste ein *Tjambo* oder *Tuk-Tuk* (Motorradrikscha) zu abruptem Halt bringt. Generell bringt die Körpersprache meist devotes, zumindest aber rücksichtsvolles Verhalten zum Ausdruck, speziell von Frauen gegenüber Männern und von Jüngeren gegenüber Älteren. Im Gespräch wird **Blickkontakt** ebenso vermieden wie zu starke Annäherung der Köpfe. Ja oft wird sogar in eine völlig andere Richtung gesprochen. Offizielle Höflichkeitsbesuche kommen dem auch einrichtungsmäßig dadurch entgegen, dass die Gesprächspartner nebeneinander oder über Eck sitzen und sich selten ins Gesicht sehen.

Demgegenüber ist eine **Berührung** am Arm oder Bein zur Erhöhung der Aufmerksamkeit nicht unüblich. Schulterklopfen und Umarmungen gehören dagegen nicht zum typischen Repertoire laotischer Körpersprache. Ausdruck traditioneller Etikette ist dagegen, dass Personen oft in gebückter Haltung vorbeigehen. Besonders deutlich wird dies bei der Bewirtung sitzender Ehrengäste oder hochrangiger Laoten, wenn die Bedienung wegen der niedrigen Sessel schon mal auf Knien herangerutscht kommt. Seinen Ursprung hat dies in der Regel, dass alle, die in der Hierarchie einen niedrigeren Rang einnehmen, ihren **Kopf** niedriger halten müssen als der hierarchisch Höherstehende. In den häuslichen Bereich übertragen bedeutet das, dass die Frau dem hierarchisch höher stehendem Mann die selbe Ehrerbietung schuldig ist. Nach einiger Zeit „revolutionärer Etikettenlosigkeit" kommen auch diese Benimmregeln wieder öfter zum Zuge. Unbedingte Entschuldigung verlangt, wenn man sich über Kopfhöhe einer anderen, in unmittelbarer Nähe befindlichen Person zu schaffen macht. Ist das **Zeigen** mit dem Finger auf Gegenstände normal, wird es gegenüber Personen heikel. Der Einsatz der Füße als Zeigestock dagegen kommt einer Beleidigung gleich.

Berührungen von Personen unterschiedlichen Geschlechts in der Öffentlichkeit sind eine ganz neue Erscheinung, die sich bislang nicht weit über Vientiane hinaus verbreitet hat. Ob frisch verliebt oder verheiratet, Paare zeigen keinerlei Gefühlsregung füreinander in der Öffentlichkeit, abgesehen von ein paar heimlichen Blicken. Ist unter Männern ein Handschlag zur Begrüßung zumindest in den Städten Usus, so ist Frauen gegenüber ein *nop* angebracht, es sei denn westlich orientierte Frauen bieten von sich aus den Handschlag an. Bei westlichen Besucherinnen ist es ähnlich: Ergreifen sie die Initiative zum Händeschütteln, gehen laotische Männer, zum Teil erleichtert, dass ihnen die Entscheidung abgenommen wurde, darauf ein. Hat der laotische Partner ganz wenig Erfahrung im Umgang mit Ausländern, kann es dennoch zu Irritationen kommen. Der Händedruck von Frau zu Frau ist nur gegenüber Laotinnen, die im Umgang mit Ausländern geübt sind, üblich.

Alle Intimitäten dagegen gehören hinter verschlossene Türen. Ausgenommen davon ist die Anmache in einigen Nachtetablissements, wobei hier die Öffentlichkeit durch stark gedämpftes Licht reduziert wird und letztlich die Türen ja auch verschlossen sind. Knutschen im Park ist definitiv dem verderblichen Einfluss westlicher Dekadenz zuzuschreiben, weshalb die dennoch vorkommende Praxis auch von Zeit zu Zeit als Zeichen des Verfalls der guten Sitten in der Zeitung kritisiert wird. Demgegenüber sind Hand in Hand durch die Straßen wandelnde gleichgeschlechtliche Paare öfter zu sehen, wobei diese Art von Körperkontakt keineswegs ein Zeichen für homosexuelle Neigungen ist, sondern einfach nur Ausdruck freundschaftlicher Verbundenheit.

2010la Foto: ms

Konfliktverhalten

Über die Verpflichtung zur Harmonie war schon die Rede. Das allein genügt aber nicht zur Konfliktvermeidung, selbst wenn nach außen alles in bester Ordnung scheint. **Konflikte werden ausgetragen** über Dritte, über schwarze Magie oder über Manipulation an Dingen. Zwischen den Konfliktparteien selbst herrscht entweder nach außen Friede, Freude, Eierkuchen oder der Zustand völliger gegenseitiger Ignoranz. Ist jemand mit etwas unzufrieden, so versucht er eine Lösung dadurch zu bewerkstelligen, dass er von seinen Problemen jemandem erzählt, von dem er meint, dieser könne (meist über weitere Mittelsmänner) die Sache zum Adressaten bringen.

Führt das zu keiner Lösung des Konflikts, können dingliche Veränderungen oder Verordnungen eingesetzt werden. Hat zum Beispiel jemand den Wasseranschluss seines Nachbarn über Gebühr strapaziert, ohne die vereinbarte Kostenteilung einzuhalten, kann plötzlich auf mysteriöse Weise der Schlauch verschwinden. Schnattern Nachbars Gänse zu laut, gibt es etwas ins Futter, auf dass sie für immer verstummen. Steigt wegen der Nichtbeachtung der Verkehrsregeln die Zahl der Unfälle, wird der Import oder der Verkauf von Fahrzeugen reglementiert. Selbst gebildete Leute vertreten die Meinung, dass die Zahl der Unfälle deshalb steige, weil Motorräder so billig seien, dass jeder Trottel sich eins kaufen könne. Wird ein Konflikt in einem Lokal gleich vor Ort mit den Fäusten ausgetragen, schließt man – richtig – das Lokal.

Allein die Tatsache des Faustkampfes deutet darauf hin, dass es doch auch offene Konfliktaustragungen gibt. Meist sind die Parteien jugendlich, betrunken, unter Drogen oder alles zusammen. Dass der Zankapfel meist weiblich ist und den Konfliktparteien bei so vielen Einflussfaktoren die Sicherungen durchbrennen, mag als Entschuldigung für das untypische Konfliktverhalten gelten. Auch der latente Konflikt, dass jemand etwas hat und jemand anderes nicht, wird hin und wieder durch ungesetzliche Änderung der Besitzverhältnisse gelöst.

Da die Behörden oft nur gegen Zahlung einer gewissen Gebühr aktiv werden, werden sie nicht oft mit Hilfsersuchen behelligt und die Leute greifen zur Selbsthilfe. Etwa, indem sie den Draht auf der Mauer ums Haus unter Strom setzen. Alle diese Beispiele sollen nur eines verdeutlichen: Es gibt **keine allgemein anerkannten Regeln zur Konfliktbewältigung,** da es kein Rechts- und also kein Unrechtsbewusstsein gibt. Es gilt nicht selten das Recht des Stärkeren, was oft mit dem Recht des Reicheren oder des Einflussreicheren zusammenfällt. Geschriebene Gesetze haben unter diesen Bedingungen allenfalls empfehlenden Charakter. Keine Versicherung steht bereit, unabsichtlich verursachten Schaden zu begleichen. Der Streitfall am Gartenzaun über überhängende Äste endet nicht per Rechtsschutzversicherung vor Gericht, sondern bleibt womöglich bis zum Absterben des Baumes ungelöst; und dann geht der Konflikt oft in die nächste Runde, weil die Besitzer des Baumes den Nachbarn unterstellen, dass sie beim Absterben nachgeholfen haben – ohne diese Vorwürfe im direkten Zusammentreffen auszusprechen.

Dies charakterisiert einen weiteren Zustand, nämlich den **Mangel an direkter Kommunikation.** Der Unmut wird nicht offen ausgedrückt, dabei könnte eine rechtzeitige Benennung des Konfliktes oft ein erster Schritt zu dessen Lösung sein. Manchmal sind Nachbarn auf Generationen verfeindet, nur weil die einen vermuten, dass die anderen dem stets bellenden Hund zu verfrühtem Ableben verholfen haben. Bleibt letztlich oft der Weg zur schwarzen Magie, die die Schuldigen ermitteln oder die gegnerische Partei verhexen soll. Hat sich allerdings zu viel Konfliktpotenzial angestaut, kann es auch bei sonst noch so friedlichen Menschen zum plötzlichen Ausbruch kommen, der nicht selten tragisch endet.

Zum Glück haben Besucher selten Gelegenheit, sich so tief in Konflikte zu verstricken. Doch schon bei den kleinen Dingen hilft eine **Entschuldigung,** ein freundliches Lächeln, ein Entgegenkommen, ohne Schwäche zu zeigen, die Situation zu entspannen. Sollte es doch zu Konflikten kommen, ist es auf jeden Fall günstig, vertrauenswürdige laotische Freunde und Bekannte hinzuzuziehen und sie um **Hilfe** bei der Lösung zu bitten. Viele Probleme lassen sich begraben, wenn die als schuldig betrachtete Seite ein *suu khuan* ausrichtet, wobei diese Zeremonie andererseits gemeinhin auch als **Schuldeingeständnis** gilt.

Kamen **Personen zu Schaden,** wird erwartet, dass der Wohlhabendere die Heilungskosten und ein Schmerzensgeld trägt, selbst wenn er keine Schuld hatte. Kommt gar jemand ums Leben, zahlt die überlebende Konfliktpartei meist Bestattung und *suu khuan.* Einem Toten Schuld aufzubürden, würde dessen Weg ins nächste Leben sehr stark beeinträchtigen.

Im alltäglichen Umgang bedeutet diese Art Konfliktbewältigung oder -vermeidung auch, dass viele Dinge nicht oder nur nach Herstellen eines allgemeinen Konsenses entschieden werden. Das ist auch ein Grund dafür, dass vieles in Laos länger dauert als anderswo. Daher werden gar nicht so selten bewusst Ausländer vorgeschoben, um bestimmte Entscheidungen anzumahnen, da bekannt ist, dass Ausländer auf ein klares Wort zu drängen gewohnt sind und häufig Rücksichten auf Kultur und Tradition des Gastlandes der Erfüllung ihrer Aufgaben unterordnen. So gesehen ergeben sich für Ausländer auch gewisse **Freiräume,** die es allerdings weise zu nutzen und keinesfalls überzustrapazieren gilt.

Umgang mit Behörden und Polizei

Dass man Offiziellen, noch dazu in einem fremden Land mit den dazugehörigen Kommunikationsproblemen, besser nicht aufmüpfig begegnet, ist sicher eine Binsenweisheit. In Laos kommt dazu, dass die Menschen ihrer Obrigkeit weitgehend in der Rolle des Bittstellers entgegentreten. Die Behörden erwarten ein solches Verhalten auch, denn sie sind die Chefs. Ein Verständnis, dass öffentlicher Dienst eigentlich Dienst an der Öffentlichkeit bedeuten sollte, ist nicht vorhanden. Es ist also ratsam, Behörden gegenüber **höflich und korrekt** zu sein. Das beginnt mit der **Kleidung.** Als sich im Travellerparadies Vang Vieng die Touristen direkt auf der Polizeistation polizeilich anmelden mussten, war es den Polizisten schließlich zu viel, ständig von Leuten im Badeoutfit aufgesucht zu werden und sie ließen überall Mitteilungen anpinnen, dass man zur Registrierung ordentlich gekleidet zu erscheinen habe. Nebenbei, ich kann mich nicht erinnern, in deutschen Amtsstuben jemals Publikum im Bikini gesehen zu haben.

Der Kontakt zu den Behörden trägt den **Charakter eines Antrags oder einer Bitte.** Wer herausfordernd auf Einhaltung seiner Rechte pocht oder gar Belehrungen über die Gesetzeslage in Laos oder – schlimmer noch – anderswo in der Welt ablässt, darf sich der unkooperativen Haltung der Amtsträger weitgehend gewiss sein. Es ist selbst bei offensichtlichen Fehlbeurteilungen durch Amtsträger auf das Wahren des Gesichts zu achten, etwa indem man eine erneute Betrachtung des Falles vorschlägt oder sich nach weiteren Lösungsmöglichkeiten erkundigt. „Könnte es sein, dass ..." oder „Ich habe gehört, es gibt ..." ist einem absoluten „Aber im Gesetz steht geschrieben" oder „in XY ist es so" unbedingt der Vorzug einzuräumen. Das gibt dem Beamten zu verstehen, dass man nicht ganz uninformiert ist und könnte ihn dazu bewegen, sich selbst noch einmal kundig zu machen. Am besten ist natürlich, man kann einen laotischen Freund oder Vertrauten hinzuziehen.

Bei **Verkehrsunfällen** ist gut beraten, wer eine laotische Versicherung abgeschlossen bzw. ein versichertes Fahrzeug gemietet hat. Die Versicherungsvertreter und die Polizisten kennen sich bestens und lösen alle Probleme in der Regel schnell. Vor finanziellen Forderungen ist man damit noch nicht gefeit, aber in Abstimmung mit der Versicherung und anderen laotischen Vertrauten sollte man sich kundig machen, was im konkreten Fall angemessen ist. Meist werden Untersuchungskosten, Schmerzensgeld und Reparatur des beschädigten Fahrzeugs gefordert. Ist man im Recht und hat auch den Versicherungsvertreter auf seiner Seite, kann man die Forderungen auch abweisen. Ein Unfall ist aber erst abgeschlossen, wenn von der Polizei das Abschlussprotokoll aufgesetzt wurde. Wenn es zu keiner Einigung kommt, gibt es in der Regel auch kein Protokoll. Nach Vorschrift geht der Fall dann vor Gericht – und das kann dauern. Da in der Regel bis zur endgültigen Klärung die Unfallfahrzeuge von der Polizei eingezogen werden, sind die meisten Beteiligten an einer raschen Klärung interessiert. Bei unbedeutenden Vorfällen ist es unter Umständen besser, ganz ohne Polizei auszukommen, was allerdings manchmal auch spätere Forderungen nach sich ziehen kann.

Viele Dinge haben sich im Laufe der Zeit gewissermaßen als **Gewohnheitsrecht** eingebürgert. Das beginnt mit den *visa on arrival,* die es inzwischen an mehreren Grenzübergängen gibt, eine bequeme Lösung, die von vielen Reisenden genutzt wird. Die Regel zur Erteilung dieser Sichtvermerke besagt jedoch, dass *visa on arrival* nur an Personen gegeben werden, die aus Ländern kommen, in denen es keine laotische Botschaft gibt. Das heißt also, formaljuristisch haben Deutsche keinen Anspruch darauf. Genauso wenig kann man auf Einreise bestehen, wenn man auf dem Landweg aus Kambodscha einreist. Denn zur Zeit des Schreibens dieser Zeilen gibt es offiziell noch keinen internationalen Grenzübergang zum südlichen Nachbarn, sodass der Einlass (mit gültigem Visum) ein Entgegenkommen der lokalen Behörden ist. Hier auf Leistungen oder Rechte pochen zu wollen, wäre sicher wenig hilfreich. Ob man will oder nicht, man wird zum Bittsteller, der letztlich auch ein kleines Aufgeld akzeptieren wird, um seiner Bitte Gehör zu verschaffen. Aber einen Rechtsanspruch gibt es hier wie bei vielen anderen Dingen nicht.

Zeitverständnis, Pünktlichkeit, Verbindlichkeit

„Komm mich doch mal besuchen!" Eine Formel, die man oft zu hören bekommt und ebenfalls nicht selten selbst ausspricht. Allerdings geht man in Deutschland davon aus, dass über das Wann noch weitere Absprachen erfolgen. Anders in Laos: Plötzlich steht Besuch vor der Tür, ohne Anmeldung, einfach so. Verabredet man sich auf Entfernungen über mehrere Dörfer, wird allenfalls der Tag angegeben. Keiner weiß so genau, wann ein Fahrzeug vorbeikommt, wie der Weg beschaffen oder wie das Wetter ist, ob nicht plötzlich die Kuh kränkelt oder das Schwein ferkelt. Besonders auf dem Lande ist **Zeit kein fester Begriff** und die Auffassung „Zeit ist Geld" ist schlicht unverständlich. Zeit wird geprägt von natürlichen Abläufen wie Sonnenaufgang, Mittagshitze und Sonnenuntergang, Neumond, Halbmond, Vollmond, Regenzeit und Trockenzeit. So sind Verabredungen wie nach der Ernte oder zu diesem oder jenem Fest üblich und ausreichend. Doch auch Besuche aus heiterem Himmel sind angesagt; aller-

045la Foto: ms

dings nutzen Handybesitzer immer mehr die Möglichkeit, sich vorher anzukündigen. Im Allgemeinen orientieren sich die Menschen eher an den **Mondphasen** als an Daten nach dem gregorianischen Kalender und können oft Wochentag, Mondphase und Tageszeit der Geburt ihrer Kinder genauer angeben als das exakte Datum. Das hat sicher damit zu tun, dass die traditionellen Angaben viel wichtiger für die Bestimmung des Schicksals des neuen Menschen durch die Wahrsager sind. So nimmt es nicht Wunder, wenn zahlreiche Laoten den genauen Tag ihrer Geburt nicht kennen und daher auffallend viele von ihnen in ihren Papieren einprägsame Daten als Geburtstag verzeichnet haben, wie 1. 1. oder 7. 7. Auch familiäre Feste und Zeremonien werden nach Mondphasen terminiert.

In den Städten ändert sich dieses Zeitverständnis schneller als auf dem Lande, doch bleiben rigide Disziplinierungsinstitute wie zum Beispiel Nähereibetriebe gewissermaßen Insellösungen. Pünktlichkeit zum Arbeitsbeginn bedeutet nicht, dass die Näherinnen im privaten Umfeld ebenfalls auf die Minute achten.

Einladungen zu offiziellen Veranstaltungen und Beratungen, aber auch zu Hochzeiten und anderen Gelegenheiten sind meist so gehalten, dass mit einer halbstündigen Verspätung für den tatsächlichen Beginn zu rechnen ist. Oft sind es die hochrangigsten Gäste, die als Erste erscheinen, vielleicht um auf dem Weg zu mehr **Pünktlichkeit** mit gutem Beispiel voranzugehen. Im privaten Umfeld nimmt man es noch weniger genau mit der Zeit. Scherze schon bei der Verabredung, ob europäische oder laotische

Zeit gemeint sei, geben aber doch oft einen Hinweis auf das eigene Verhalten. Entgegnet nämlich der Partner, es gehe nach laotischer „Gummiuhr" *(moong jaang)*, sollte man nicht auf die Minute erscheinen. Man könnte dann den Gastgeber gar in Verlegenheit bringen.

Ganz ähnlich verhält es sich mit der **Verbindlichkeit.** Da man in Laos selten ein klares Nein ausspricht, wird vieles einfach solange aufgeschoben, bis auch der hartnäckigste Nachfrager aufgibt und sich die Sache von selbst erledigt. *Müü üün* (morgen) oder *müü naa* (in den nächsten Tagen) sind gängige Zeitangaben und können sich durchaus über einen längeren Zeitraum erstrecken. Nicht wenige Ausländer meinen deshalb, in Laos das Reich der **Langsamkeit** gefunden zu haben. Für einen Urlaubsaufenthalt mag dies sehr angenehm sein, wenn man allerdings in Laos arbeiten will, stößt man rasch auf die weniger angenehmen Seiten dieses Konzepts. Wie schon erwähnt, weiß man sich deshalb unter Umständen auch der Ausländer zu bedienen, die als Kulturfremdlinge nachbohren und mehr Zuverlässigkeit bei der Einhaltung von Absprachen einfordern können. Das heißt, wenn etwas wirklich fest zugesagt ist, dann kann man in der Regel auch auf prompte und zuverlässige Erledigung bauen. Wobei eine andere Gewohnheit sich auch immer wieder aufs Neue dokumentiert: Viele Dinge werden erst auf den letzten Drücker erledigt. Natürlich wirken sich Hast und Zeitdruck dann gelegentlich auch auf das Ergebnis aus. Manchmal wird man mit der Haltung konfrontiert, dass etwas formal ja erledigt sei, auch wenn ein ganz anderes Resultat erwartet wurde

Sicherheit

Verglichen mit vielen Ländern der Welt ist Laos sehr sicher. Was nicht zum Leichtsinn verführen soll. Geld und Wertgegenstände sind natürlich unter Verschluss oder Aufsicht am besten aufgehoben. Aber die Scheu vor direkten Konflikten ist auch den **Kriminellen** eigen. Gewaltverbrechen und Raubüberfälle sind sehr, sehr selten. Diebstähle und Einbrüche kommen dagegen öfter vor. Eine Zeit lang war das Entreißen von Taschen und Beuteln von vorbeifahrenden Motorrädern aus ziemlich verbreitet, speziell aus den Gepäckkörbchen an Fahrrädern und Motorrädern. Nicht selten sind auch verschiedene Trickbetrügereien, bei denen unter Vorspiegelung verschiedener Notlagen Geld geliehen, seltener erpresst wird. Auch das Angebot verschiedener Leistungen im Umgang mit Behörden kann mit erheblichen Aufpreisen verbunden sein, wobei keine Garantie für die Leistung besteht bzw. manche Leistung schlicht ungesetzlich ist. Zum Beispiel versprechen immer wieder Leute, Eheschließungen mithilfe der lokalen Behörden rasch und komplikationslos organisieren zu können. Eheschließungen mit Ausländern können grundsätzlich nur über einen Antrag an das Außenministerium eingeleitet werden. Bis zur Genehmigung kann dann bis zu einem Jahr vergehen.

Die Sicherheit in Laos wird aber nicht nur von Kriminellen beeinträchtigt. In einigen Gebieten des Landes gibt es auch heute noch bewaffnete Überfälle und Auseinandersetzungen. Von der Regierung werden die Verursacher gemeinhin als Banditen bezeichnet, westliche Beobachter neigen dazu, sie regierungsfeindliche Aufständische oder schlicht **Regierungsgegner** zu nennen. Meist werden Geschehnisse wie Personen mit den Hmong in Verbindung gebracht, die zu Zeiten des Indochinakrieges aufseiten der USA gegen die „Pathet Lao" und ihre vietnamesischen Verbündeten gekämpft hatten. Mir persönlich fällt es schwer, Leute, die 30 Jahre nach Kriegsende bewaffnet gegen eine von aller Welt anerkannte Regierung vorgehen und dabei vor allem Zivilisten, darunter auch ausländische Touristen, töten, als wie auch immer geartete Freiheitskämpfer zu begreifen. Genauso schwer fällt es mir, die Haltung der Regierung nachzuvollziehen, die Attentäter lediglich als Kriminelle und Banditen zu betrachten. Wie dem auch sei, hier soll vor allem darauf hingewiesen werden, dass es zu bestimmten Zeiten und in bestimmten Gebieten von Laos generell zu einem erhöhten Sicherheitsrisiko kommen kann. In der Regel werden die Behörden dann von Reisen in diese Gegenden abraten.

Doch andere Dinge bedrohen die Sicherheit von Reisenden im Lande weit mehr, nämlich der oft abenteuerliche Zustand der **Beförderungsmittel,** auf die sich manche einlassen. Lange gab es in den Reiseempfehlungen der Außenämter einiger Länder Warnungen vor den Maschinen der laotischen Fluggesellschaft „Lao Aviation" (heute „Lao Airlines"). Das scheint inzwischen vorbei. Noch allerdings warnte kaum jemand vor dem manchmal schlicht nicht verkehrssicheren Zustand der Überlandbusse, der sich mit der halsbrecherischen Fahrweise vieler Busfahrer zu einem besonderen Gefahrenpotenzial koppelt. Oder vor den todesverachtenden Steuerkünsten einiger Speedboot-Kapitäne auf dem Mekong in Nordlaos. Sicher ist man nirgends auf der Welt vor Verkehrsunfällen gefeit, doch sollte man nicht unbedingt die Herausforderung suchen. Wenn immer möglich, sollten Fahrzeuge der Reisebüros denen des normalen Reiseverkehrs vorgezogen werden. Und Speedboote entwickeln Geschwindigkeiten, die ganz einfach der laotischen Lebensweise fremd sind und kaum Eindrücke von der durchquerten Landschaft zulassen.

Umgang mit Arbeitskollegen

Ein offenes und kollegiales Verhältnis zu den Mitarbeitern ist das beste Unterpfand für erfolgreiche Tätigkeit in Laos. Unbedingte Voraussetzung dafür ist, dass die laotischen Kollegen spüren, dass sie **als Partner und nicht als Untergebene** oder gar als minderwertig angesehen werden. Das bedeutet auch ein korrektes Verhältnis einschließlich einer, in Abhängigkeit von der Position des Ausländers, gewissen **Distanz.** Denn auch durch übertriebenes Bemühen um Nähe zu den laotischen Kollegen und ihren Gepflogenheiten kann man leicht an Autorität verlieren.

Im Normalfall wird der Ausländer in einer Führungsfunktion in Laos tätig sein. Da kommt es im Umgang mit den Kollegen auf viel Fingerspitzengefühl an, denn offensichtliche **Vorzugsbehandlung** eines oder mehrerer Kollegen wird genauso wenig honoriert wie offene **Kritik.** Deshalb die Empfehlung, Kritik möglichst unter vier Augen vorzubringen und wenn sie schon im größeren Kreis geäußert werden muss, möglichst anonym zu halten. Das bewahrt den Betroffenen vor Gesichtsverlust. Wenn gelobt wird, sollte sich auch für jeden etwas Positives finden.

Klare Aufgabenstellungen haben sich ebenso bewährt wie genaue **Auflagen zur Berichterstattung.** Vor allem Letzteres ist nicht einfach, denn aus Furcht oder Scham, unangenehme Nachrichten zu überbringen, kommt oft gar kein Rücklauf, wenn etwas klemmt – bis es dann nicht mehr zu verheimlichen ist oder sich der Chef der Sache plötzlich erinnert. Oft ließe sich Schaden oder Ärger bei rechtzeitiger Information abwenden.

Schon wiederholt wurde betont, wie gesellig Laoten sind. Dies zu berücksichtigen, ist ein Geheimnis guten Umgangs mit den laotischen Kollegen. Das **gesellige Beisammensein** im Kreise der Arbeitskollegen zu bestimmten Feiertagen ist dabei genauso wichtig wie die kleine Aufmerksamkeit bei familiären Ereignissen der Kollegen – von Geburt bis Bestattung. Es wird dabei ganz genau registriert, bei wem die Langnase war und wie viel sie wo in den Umschlag gesteckt hat. Natürlich wird davon ausgegangen, dass sich das vergleichsweise viel höhere Gehalt des Ausländers auch entsprechend in der Höhe des geschenkten Geldbetrages widerspiegelt. Doch Stolz und Ehre gebieten auch, dies nicht zu einer Einbahnstraße werden zu lassen und sich bei Gelegenheit auch erkenntlich zu zeigen – im Rahmen des Machbaren, versteht sich.

Der **Umgangston** kann locker sein und auch einem Scherz ist niemand abgeneigt, doch Anzüglichkeiten von Männern weiblichen Mitarbeitern gegenüber sind eindeutig fehl am Platze. Ganz schnell bekommt man dann die Sekretärin ins Bett geredet und auch die beste, mühsam aufgebaute Arbeitsatmosphäre ist im Eimer.

Verkehr und Transportmittel

Der Verkehr in Laos unterscheidet sich formal wenig von Deutschland und den meisten Teilen Europas. Gefahren wird auf der rechten Straßenseite, die meisten **Verkehsregeln** und Verkehrszeichen entsprechen weitgehend denen Europas. Die Höchstgeschwindigkeit in Ortschaften beträgt, wenn nicht anders angezeigt, 40 km/h und außerhalb 80 km/h.

Die Praxis allerdings macht doch gewaltige Unterschiede deutlich. Oft lässt sich keine Trennung von Fahrbahn und Fußweg ausmachen, sodass sich gelegentlich Fußgänger und Verkäufer auf der Straße breit machen. Außerdem tummeln sich auch alle Arten von Getier, von Geflügel bis zum ausgewachsenen Wasserbüffel, ohne Begleitung oder Aufsicht auf den Straßen des Landes. Laut Verkehrsordnung haftet der Tierhalter bei eventuellen **Unfällen mit frei umherlaufenden Tieren,** doch hat sich das noch nicht überall herumgesprochen. Wenn man ein Huhn totgefahren hat, ist man in einigen Gegenden gut beraten, schleunigst das Weite zu suchen oder sich den Schadensersatzforderungen der Dörfler zu stellen. Größte Vorsicht ist morgens, mittags und abends geboten, wenn die Schulkinder unterwegs sind, am Rande und außerhalb der Städte später abends die Rinder und Büffel.

Generell wird in Laos reichlich **schnell und oft rücksichtslos** gefahren. Auf den Fernstraßen mit einhundert Kilometern pro Stunde durch Dörfer zu fahren ist leider oft der Normalzustand, obwohl inzwischen nahezu überall Schilder 30 km/h fordern. Auf den Bergstraßen ist Kurvenschneiden eine Art Volkssport – nicht zuletzt der Busse und Lastwagen –, die Gegenverkehr damit nur die Möglichkeit hastigen Verlassens der Fahrbahn lassen. Bei heftigen Steilhängen keine echte Option. Manche Fahrer bevorzugen deshalb die Nachtstunden, da man Gegenverkehr am Scheinwerferlicht früher ausmachen kann.

In den Städten ist ebenfalls Rücksichtslosigkeit wie auch Unkenntnis der Verkehrsregeln Ursache vieler Unfälle. Meist sind es Motorräder, die zusammenstoßen. Unsitten wie das Einbiegen ohne Beachtung des fließenden Verkehrs, Linksabbiegen und Fahren auf der linken Straßenseite, bis sich Gelegenheit zum Wechsel nach rechts bietet, Überholen auf der rechten Seite, Nebeneinanderfahren zum Schwatz oder Flirt sind einige der Spezialitäten, mit denen man tagtäglich zu tun hat.

Berufsverkehr in Vientiane: Fahren, bis die Achse kracht

027la Foto: ms

Besondere Aufmerksamkeit verdienen auch die **Tjambos** und **Tuk-Tuks,** die dreirädrigen Stadttaxis, deren Reaktionen auf am Straßenrand winkende potenzielle Fahrgäste den nachfolgenden Verkehr oder den Gegenverkehr manchmal arg überraschen können. Diese Ritter der Stadtstraßen sind auch sonst bekannt für eigenwillige Auslegungen der Regeln, obwohl in den letzten Jahren schon erhebliche Besserung eingetreten ist. Sie sind es auch, die den größten Teil des Personennahverkehrs bewältigen. Ihre Verbände vermühen sich, Ordnung in das Gewirr Tausender Dreiräder und Minilaster zu bringen, indem diese an bestimmten Orten lokalisiert werden und auch Festpreise in den Fahrzeugen angeschlagen sind. Steigende Benzinpreise lassen die Fahrer damit hadern. Vor allem Ausländer sind geneigt, die Übervorteilungsvariante immer im Hinterkopf, auf den ausgewiesenen und manchmal wirklich überholten Preisen zu beharren. Natürlich sei jedem empfohlen, den Preis vor Fahrtantritt auszuhandeln. Der kann sich schon dadurch von lokalen Preisen unterscheiden, dass Ausländern meist die ganze Fuhre (alle Sitzplätze) verkauft wird, wogegen unter Laoten unterwegs fortwährend zu- und ausgestiegen wird, was natürlich die Fahrt verlangsamt und manchmal auch zu Umwegen führt.

Vientiane verfügt über mehrere **Stadtbuslinien,** die keine festen Haltestellen haben, sondern auf Wunsch der Passagiere anhalten und demnach auch nie ihren Fahrplan einhalten.

Für Touristen interessanter sind die Busse in die nähere Umgebung der Hauptstadt, die allgemein pünktlich abfahren und sehr preiswert sind. Internationale Buslinien verbinden Vientiane direkt mit Nongkhai und Udon Thani in Thailand. Darüber hinaus wird der größte Teil des **Straßenfernverkehrs** in Laos von einer steigenden Zahl von Busunternehmen abgewickelt. Abfahrtzeiten sind pünktlich, Ankunftszeiten vom Zustand der Fahrzeuge und der Straße abhängig. Von Vientiane aus sind mittlerweile alle Provinzhauptstädte erreichbar, auch eine Reihe von Querverbindungen existiert bereits. Wo die Straßenverhältnisse sehr zu wünschen übrig lassen, übernehmen zum Bus umgebaute Lkws die Aufgabe. Vor allem auf den Bergstrecken zeigt sich, dass relativ viele Laoten unter der Reisekrankheit leiden und den Kopf aus dem Fenster halten oder in eine Tüte spucken. Kürzere Strecken werden von *soong thääo* (wörtlich „Zweireiher" wegen der zwei längs angeordneten Sitzbänke) bewältigt, umgebauten Pick-ups oder inzwischen überwiegend Kleinlastern.

Auf den **Flüssen** bemühen sich Speedboote neben Slowbooten um Kundschaft. Auch Lastkähne auf dem Mekong nehmen oft Passagiere mit. Dabei ist zu beachten, dass der Mekong auf dem größten Teil der Strecke, die er durch Laos fließt, die Grenze zwischen Laos und Thailand bildet und deshalb auch Kontrollen der Papiere durchgeführt werden.

Bleibt der Luxus der **Luftreisen.** Die wichtigsten Provinzzentren werden von „Lao Airlines" aus Vientiane mit Propellermaschinen französischer oder chinesischer Herkunft angeflogen, einige Provinzstädte im Norden auch von Luang Prabang aus. Das Angebot touristisch interessanter internationaler Verbindungen wird im Rahmen der ASEAN-Tourismusstrategie stetig ausgebaut, wobei vor allem das Tourismuszentrum Luang Prabang Verbindungen nach Hue (Vietnam), Sukhothai (Thailand), Siem Reap (Kambodscha) erhielt. Fliegen ist aufgrund der großen Entfernungen und der langen Fahrzeiten zu Lande und zu Wasser wegen der teilweise noch schlechten Infrastruktur vor allem für eilige Besucher eine gute Alternative. Wer allerdings Laos richtig kennen lernen möchte, sollte sich die Zeit nehmen und die Beschwernisse geduldig ertragen, um gemeinsam mit den Laoten langsam unterwegs zu sein.

In den Touristenzentren kann man in der Regel ohne Probleme Fahrräder oder Motorräder **mieten,** Motorräder meist mit dem Pass als Pfand. In den großen Städten stehen auch Mietautos zur Verfügung, mit oder ohne Fahrer, aber auch mit oder ohne Versicherung. Taxis oder Tuk-Tuks können ebenfalls zum Tagessatz angemietet werden.

In der Unterkunft

Nein, allgemeine Benimmregeln für das Verhalten in Hotels und Gästehäusern folgen hier nicht, obwohl es bei manchen Zeitgenossen durchaus Not täte, etwas Zivilisation zu vermitteln. Etwa wenn sich zwei Leute in einem Zimmer anmelden und dann nach und nach 15 zur Übernachtung einsickern. Doch auf ein paar Besonderheiten in laotischen Unterkünften sei hingewiesen. Unterschieden werden mittlerweile **Hotels, Gästehäuser, Resorts und Serviced Apartments.** Dabei ist zumindest der Unterschied zwischen Hotel und Gästehaus in Laos ein rein formaler, der an sich nichts über Art und Umfang der gebotenen Dienste aussagt. Alles mit mehr als 15 Zimmern darf den stolzen Namen Hotel tragen. Folge dieser quantitativen Aufteilung ist, dass es sowohl Gästehäuser gibt, deren Standard es mit jedem gutklassigen Hotel aufnehmen kann, und andererseits Hotels, die man wohl besser als „Absteige" klassifizieren sollte. Resorts sind in der Regel Bungalows an wie auch immer klassifizierten Ausflugsstätten und Tourismuszielen. Und hinter einem *Serviced Apartment* kann sich bei Mangel an Langzeitmietern durchaus auch ein Hotelbetrieb verbergen. Eine spezielle Art Gästehäuser bietet nur Bett und Bad und verrät damit auch seinen Hauptzweck, nämlich Gelegenheit für Kurzzeitpärchenbetrieb. Eine deutliche Trennung in der Zweckbestimmung ist nicht immer möglich, schließlich nehmen die Betreiber Geld von allen Gästen und so mischen sich in einigen Häusern Schlaf- und Beischlafkundschaft.

Zum **Ausstattungsstandard** auch bei sehr spartanischen Gästehäusern gehören Seife, Handtuch, Toilettenpapier und meist auch eine Flasche Trinkwasser. Letzteres hat in vielen Gegenden die früher übliche Thermoskanne mit heißem Wasser ersetzt. Wo es keinen Strom gibt oder der Generator nur stundenweise welchen liefert, kann auch eine Kerze vorhanden sein. Perfekt ist, wer dies vor Einbruch der Dunkelheit prüft oder eine Taschenlampe dabei hat. Als schlicht ungeeignet haben sich Handtücher mit einem hohen Anteil synthetischer Fasern erwiesen. Sie mögen zwar billig und farbenfroh sein, zum Abtrocknen jedoch sind sie nur sehr bedingt zu gebrauchen. Der Wunsch nach Austausch würde jedoch im Normalfall ein neues Tuch der gleichen Qualität bescheren.

Lebensmittel, besonders süße Sachen, sollte man auch in großen Hotels nicht einfach liegen lassen. Im Nu hat sich eine Ameisenstraße gebildet, die für zügigen Abtransport sorgt. Also in den Kühlschrank damit (wenn vorhanden). Wenn unbedingt etwas Naschwerk zur Hand sein muss, hilft ein alter Trick: Untertasse voll Wasser und in der Mitte aus einem Glas oder Ähnlichem kunstvoll eine Insel errichten. Das verwehrt den Krabbeltieren den Zugang.

Weitere Lebewesen, mit denen man oft das Zimmer teilt, sind **Geckos.** Diese „laufen" an Wänden und Decke entlang und erfüllen eigentlich einen guten Zweck, da sie Mücken und anderes Fluggetier vernichten. Sie verschmähen aber auch Brot- und Kuchenkrümel nicht. Lässt man sie in Ruhe, tun sie dies mit den Menschen auch. Einzig das Überraschungsmoment beim Öffnen von Türen und Fenstern kann beide Parteien etwas aus dem Gleichgewicht bringen. Die Geckos verlieren dann ihre Haftung und fallen zu Boden, um sich schleunigst aus dem Staub zu machen. Dabei trennen sie sich manchmal von ihrem Schwanz, der aber wieder nachwächst. Die Menschen verlieren eher die Haltung und vor allem Frauen stoßen schon mal spitze Schreie aus. Keine Angst, Geckos sind nicht mit Krokodilen und anderen Reptilien verwandt und verwandeln sich auch nicht in solche.

Weite Teile von Laos sind Malariagebiet. Die Krankheit ist nach wie vor eine der gefährlichsten Tropenerkrankungen. Über Prävention gibt es viele Ansichten, aber in einem sind sich die Medizinmänner einig: Die beste Vorbeugung ist es, sich nicht stechen zu lassen. Rauchen im Bett wäre die ungünstigste Lösung zur **Mückenvertreibung.** Deshalb sei ausdrücklich zur Benutzung der manchmal vorhandenen Moskitonetze ermuntert. Das Einreiben mit mückenabwehrenden Mitteln ist auch empfehlenswert. Die Zeit heftigster Moskitoaktivität lässt sich übrigens auf die Abend- und Morgenstunden eingrenzen. Ein Insektenspray ist dagegen eher eine Notlösung, die aber auch gegen hie und da auftauchende **Kakerlaken** (nicht die netten Küchenschaben aus Europa, sondern fünf bis sechs Zentimeter lange Riesentiere) hilft. Einige Orte besonders in Nordlaos erfreuen sich auch bei **Ratten** großer Beliebtheit. Ein weiterer Grund, keine Lebensmittel herumliegen zu lassen.

In vielen Gästehäusern hängt die **Hausordnung** aus. Man sollte sie nicht nur wegen des gelegentlich drolligen Englisch lesen. In der Regel sind lautstarke Feiern auf den Zimmern ebenso untersagt wie die Einnahme von Drogen, Glücksspiele und das Verweilen von Besuchern nach 22 Uhr. Über gelegentliche Kontrollen darf man sich nicht wundern.

Wäscheservice ist preiswert und meist zuverlässig, aber für die Behandlung von empfindlichen Textilien nach speziellen Pflegehinweisen gibt es keine Gewähr. Ein deutlicher Hinweis auf die bevorstehende Abreise sollte zudem ergeben, ob die Wäsche rechtzeitig fertig wird.

Generell sind Eigentümer und **Personal von Gästehäusern** nett und hilfsbereit, sodass nicht selten fast schon eine familiäre Atmosphäre entsteht. Je größer das Haus allerdings ist, desto formaler und kühler wird der Umgang und desto normaler wird es auch, Zusatzdienste in Rechnung zu stellen.

Wer einen längeren Aufenthalt in Laos vorsieht, wird über das **Anmieten eines Apartments oder eines Hauses** nachdenken. Speziell in Vientiane ist der Markt eher übersättigt, sodass auch Schnäppchen möglich sind. Vom Apartment mit fast schon Hoteldienstleistungen bis zum spartanischen Holzhaus ist alles zu haben. In anderen Landesteilen sind die Angebote nicht so üppig, aber letztlich lässt sich eigentlich in relativ kurzer Zeit so ziemlich überall eine brauchbare Bleibe finden. Bei Abschluss des Vertrages ist auch hier auf das Vorhandensein bzw. den Vorteil des Abschlusses von Versicherungen zu achten sowie in Rechnung zu stellen, dass der Vermieter bis zu 30 Prozent des Mietpreises als Steuer zu entrichten hat. Letzteres erhöht den Hang zum Abfassen eines zweiten Vertrages mit geminderter Miete speziell zur Vorlage beim Finanzamt. Klarheit sollte von Beginn an darüber herrschen, welche Kosten und Leistungen vom Vermieter übernommen werden, am besten auch, in welchen Intervallen. Auch ein klärendes Gespräch über eventuell noch offene Rechnungen des Vormieters für Strom, Wasser, Telefon usw. bewahrt vor unschönen Überraschungen und späterem Ärger.

Üblich ist bei größeren Häusern auch das Beschäftigen von **Hauspersonal,** speziell Hausmädchen/Küchenhilfen, Gärtnern und Nachtwächtern. Meist werden Kandidaten für diese Tätigkeiten unter Langnasen weiter empfohlen, was wertvoller ist als schriftliche Referenzen. Oft entsteht ein sehr vertrauensvolles Verhältnis zu zuverlässigem Personal, ja manchmal scheinen die laotischen guten Geister schon mit zur Familie ihres Arbeitgebers zu gehören. Für den Wachdienst stehen aber auch spezielle Firmen zur Verfügung.

Sind Häuser als Mietobjekte für Ausländer bekannt, schlagen Strom- und Wasserversorgung erbarmungslos zu und kassieren die im Verhältnis zu Einheimischen exorbitanten Ausländerpreise.

Aufmerksamkeit verdient auch eine sichere Wasserversorgung, da viele Trinkwassernetze überlastet sind und speziell in der Trockenzeit in den Hauptabnahmezeiten morgens und abends der Hahn nur tröpfelt oder ganz versiegt. Eine Hauswasserversorgungsanlage mit Druckerhöhung, meist an großen Wasserzisternen hinterm Haus erkennbar, schafft dauerhaft Abhilfe. Weniger dauerhaft sind die Erfolge im Kampf gegen Termiten. Schon kleinste Anzeichen für das Wirken der Holzfresser im Haus sollten zur Mobilisierung des Hausbesitzers oder direkt einer Termitenbekämpfungsfirma führen. Je nach Aufwand des chemischen Krieges geben die Kammerjäger bis zu 12 Monaten Garantie gegen erneutes Auftauchen der gefräßigen Insekten.

302la Foto: kw

ANHANG

Abendstimmung auf dem Mekong bei Vientiane

Literaturtipps

- *Schultze, Michael:* **Laos-Handbuch,** Reise Know-How Verlag. Reisehandbuch für individuelles Reisen und Entdecken in allen Regionen von Laos, auch abseits der gängigen Touristenpfade. Sorgfältige Beschreibung aller sehhenswerten Orte und Landschaften mit zahlreichen praktischen Informationen zu Anreise, Verkehrsverbindungen, Unterkunft, Verpflegung, Ausflügen etc. Enthält außerdem ausführliche Kapitel zu Natur, Geschichte, Kultur und aktueller Politik und zahlreiche Exkurse zu landesspezifischen Themen.
- *Schultze, Michael:* **Geschichte von Laos,** Mitteilungsreihe des Instituts für Asienkunde, Hamburg 1993. Laotische Geschichte von den Anfängen bis zum Beginn der 1990er Jahre.
- *Werner, Klaus:* **Laotisch Wort für Wort,** Reise Know-How Verlag. Sprechführer aus der Kauderwelsch-Reihe.
- *Kotte, Heinz; Siebert, Rüdiger:* **Laos, Aufbruch am Mekong,** Horlemann 2002. Reisenotizen gepaart mit aktuellen Informationen über Land und Leute.
- *Miethig, Martina:* **Laos, Kambodscha,** Bucher 2001. Reich und ausdrucksstark bebilderte Eindrücke aus den beiden Ländern.
- *Unger, Ann H.; Unger, Walter:* **Laos,** Hirmer 1999. Informativer Bildband über Laos.
- *Lewis, Paul und Elaine:* **Völker im Goldenen Dreieck,** Stuttgart 1984. Das Buch wurde zwar überwiegend in Thailand recherchiert, gibt aber dennoch viele Informationen über die Bergvölker in Nordlaos.
- *Quincy, Keith:* **Harvesting Pa Chay's Wheat, The Hmong & America's Secret War in Laos,** Washington 2000. Die bisher beste Darstellung der Beziehungen zwischen den Hmong und den USA.
- *Grabowsky, Volker:* **Prinz Phetsarat und die Entstehung des modernen Laos,** Münster, Lit 2003. Übersetzung und Kommentierung der Werke „Eine Biographie von Cao Maha Uparat Phetsarat" und „Die Geschichte des 12. Oktober 1945" von *Maha Sila Viravong.*
- *Berger, Hans G.:* **Het Bun Dai Bun,** Knesebeck, 2000. Darstellung der kulturellen Traditionen von Luang Prabang.
- Schmidt, Klaus Jürgen: **Leben im Reisfeld. Reportagen aus Vietnam, Laos und Kampuchea,** Hammer 1984.
- *Sananikone, Chanthasene:* **Essen erleben in Laos,** Abera 2002.
- *Schmitt, Bernhard:* **Laos,** Info Verlagsgesellschaft 2001. Laos-Bildband.
- *Evans, Grant; Osborne, Milton:* **A Short History of Laos: The Land in Between,** Allen&Unwin (Australien) 2003.

- *Robbins, Christopher:* **The Ravens: The men who flew in America's Secret War in Laos,** Crown, 1987.
- *Stuart-Fox, Martin:* **A History of Laos,** 1997. Knappe und prägnante Darstellung der laotischen Geschichte.
- *Ngaosrivathana, Mayoury* (Hrsg.): **Breaking New Ground in Lao History: Essays on the Seventh to Twentieth Centuries,** 2003. Interessant, da sich hier auch laotische Historiker zu Wort melden.
- *Weldon, Charles:* **Tragedy In Paradise: A Country Doctor At War In Laos,** 1999. Aufschlussreiche Erinnerungen eines Beteiligten des geheimen Kriges.
- Der Verlag „White Lotus" in Thailand macht sich um **englischsprachige Ausgaben** der französischen Laosforscher wie auch neuer Titel zu Land und Leuten verdient. Eine Übersicht aller Titel ist zu finden unter: www.whitelotusbooks.com.

Informatives aus dem Internet

- **www.vientianetimes.org.la**
  Website der englischsprachigen Tageszeitung gleichen Namens.
- **www.kplnet.net**
  Website der staatlichen laotischen Nachrichtenagentur.
- **www.na.gov.la**
  Offizielle Website der Laotischen Nationalversammlung.
- **www.nsc.gov.la**
  Website des nationalen Statistikamtes von Laos.
- **www.laohotelgroup.org**
  Website des Laotischen Hotel- und Restaurantverbandes, Buchungen online möglich.
- **www.mekongcenter.com**
  Offizielle Seite der Laotischen Nationalen Tourismusbehörde
- **www.muonglao.com**
  Im Verbund mit der Zeitschrift „Visiting Muong Lao" bietet die Seite viele aktuelle Informationen und Hinweise.
- **www.klebreis.de**
  Deutschsprachige Laos-Informationen im Internet.
- **www.lncci.laotel.com**
  Website der laotischen Industrie- und Handelskammer mit Informationen und Links zu den angeschlossenen Wirtschaftsverbänden.

Reiseführer

Kaum eine andere Region der Welt hat sich in letzter Zeit touristisch so entwickelt wie Südostasien. Gegenden, in die man jahrelang nicht reisen durfte, stehen nun dem Besucher offen. Die Reiseführer-Reihe ***Reise Know-How*** bietet aktuelle und komplette ***Reiseführer für jedes Land der Region:***

Michael Schultze
Laos
Der komplette Reiseführer für individuelles Reisen und Entdecken
432 Seiten, 20 Karten und Pläne,
24 Seiten farbiger Atlas Indochina,
durchgehend illustriert

Andreas Neuhauser
Kambodscha
Der komplette Reiseführer für individuelles Reisen und Entdecken
504 Seiten, 24 Seiten farbiger Atlas Indochina,
70 Seiten Infos zu den Tempeln von Angkor,
durchgehend illustriert

Hella Kothmann, Wolf-Eckart Bühler
Vietnam
Handbuch für individuelles Reisen und Entdecken
664 Seiten, 50 Ortspläne und Karten, 24 Seiten farbiger Atlas Indochina, über 150 Fotos

Rainer Krack
Thailand
Der komplette Reiseführer für individuelles Reisen und Entdecken
856 Seiten, 113 Karten und Pläne,
24 Seiten farbiger Kartenatlas,
durchgehend illustriert

Reise Know-How Verlag, Bielefeld

Know-How auf einen Blick

Spaniens Mittelmeerk.
Spiekeroog
Sri Lanka
St. Lucia, St. Vin., Gren.
Südafrika
Südnorwegen, Lofoten
Südwestfrankreich
Sydney
Sylt
Syrien

Taiwan
Tansania, Sansibar
Teneriffa
Thailand
Thailand – Tauch- und Strandführer
Thailands Süden
Thüringer Wald
Tokyo
Toscana
Transsib
Trinidad und Tobago
Tschechien
Tunesien
Tunesiens Küste
Türkei, Hotelführer

Uganda, Ruanda
Umbrien
USA/Canada
USA, Gastschüler
USA, NO, S, SW, W
USA – Südwesten, Natur u. Wandern
USA SW, Kalifornien, Baja California
Usedom

Venedig
Venezuela
Ver. Arab. Emirate
Vietnam

Wales
Warschau
Westafrika – Sahel
Westafrika – Küste
Wien
Wo es keinen Arzt gibt

Yukatan

Zypern

Edition RKH

Abenteuer Anden
Burma – Land der Pagoden
Durchgedreht
Finca auf Mallorca
Geschichten/Mallorca
Goldene Insel
Mallorca, Leib u. Seele
Mallorquinische Reise
Please wait to be seated!
Salzkarawane, Die
Südwärts Lateinamerika
Taiga Tour
Traumstr. Panamerikana
Unlimited Mileage

Praxis

(Auswahl, vollständiges Programm siehe Homepage.)

Aktiv Algarve
Aktiv Andalusien
Aktiv Dalmatien
Aktiv frz. Atlantikküste
Aktiv Gardasee
Aktiv Gran Canaria
Aktiv Istrien
Aktiv Katalonien
Aktiv Marokko
Aktiv Polen
Aktiv Slowenien
Als Frau allein unterwegs
Australien: Reisen/Jobben
Australien: Outback/Bush
Auto durch Südamerika
Ayurveda erleben
Bordbuch Südeuropa
Clever buchen/fliegen
Clever kuren
Drogen in Reiseländern
Fernreisen, Fahrzeug
Fliegen ohne Angst
Fun u. Sport im Schnee
Geolog. Erscheinungen
Gesund. Dtl. Heilthermen
GPS f. Auto, Motorrad
GPS Outdoor
Inline-Skaten Bodensee
Inline Skating
Islam erleben
Kanu-Handbuch
Konfuzianismus erleben
Kreuzfahrt-Handbuch
Küstensegeln
Maya-Kultur erleben
Mountain Biking
Mushing/Hundeschlitten
Orientierung mit Kompass und GPS
Paragliding-Handbuch
Reisefotografie
Reisefotografie digital
Respektvoll reisen
Richtig Kartenlesen
Safari-Handbuch Afrika
Selbstdiagnose unterwegs
Shoppingguide USA
Sicherheit/Bärengeb.
Spaniens Fiestas
Sprachen lernen
Tango in Buenos Aires
Transsib – Moskau-Peking
Trekking-Handbuch
Trekking/Amerika
Trekking/Asien Afrika
Tropenreisen
Unterkunft/Mietwagen
Verreisen mit Hund
Wandern im Watt
Was kriecht u. krabbelt in den Tropen
Wein-Reiseführer Italien
Wein-Reiseführer Toskana
Wildnis-Ausrüst., Küche
Wohnmobil-Ausrüstung
Wohnmobil-Reisen
Wüstenfahren

KulturSchock

Ägypten
Argentinien
Australien
Brasilien
China, VR/Taiwan
Cuba
Familenmanagement
Finnland
Golf-Emirate, Oman
Indien
Iran
Islam
Japan
Jemen
Kambodscha
Kaukasus
Laos
Leben in fremd. Kulturen
Marokko
Mexiko
Pakistan
Polen
Russland
Spanien
Thailand
Türkei
USA
Vietnam

Wo man unsere Reiseliteratur bekommt:
Jede Buchhandlung Deutschlands, der Schweiz, Österreichs und der Benelux-Staaten kann unsere Bücher beziehen. Wer sie dort nicht findet, kann alle Bücher über unsere **Internet-Shops** bestellen.
Auf den Homepages gibt es **Informationen** zu allen Titeln:

www.reise-know-how.de oder **www.reisebuch.de**

Register

LAOS
asphaltierte Straßen
Straße im Bau
unbefestigte Straßen
(nur saisonal passierbar)
Nationalstraße
Provinzstraße
Eisenbahn
Staatsgrenze
Provinzgrenze
Grenzübergang
0
50
100
150 km
N
CHINA
VIET
LAOS
MYANMAR (BURMA)
Golf von Tonking
Südchinesisches
Simao
Mengla
Muong Sing
LUANG
Xiengkok
Luang Namtha
NAMTHA
Muong Say
BOKEO
Houay Say
Chiang Khong
Nam Tha
OUDOMSAY
Pak Beng
Mekong
PHONGSALY
Phongsaly
Hatsa
Nam Ou
Yo
Botene
Nateui
Muong Khoua
Taychang
Pak Nam Noi
Pak Mong
Dien Bien Phu
Son La
LUANG
PRABANG
Nam Seuane
Luang Prabang
Vieng Kham
Vieng Thong
Sam Neua
HOUA PHAN
Vieng Say
Phoulao
Muong Kham
Nong Het
XIENG
KHOUANG
Phone Savan
Xieng Khouang
Ebene der Tonkrüge
Phou Khoune
Sayabouri
AYABOURI
Kasi
Vang Vieng
SAYSOMBOUNE
Hin Heup
Phone Hong
Nam Ngum Res.
Nam Ngiap
BOLIKHAMSAY
Nan
Thanh Hoa
Dien Chau
Vinh

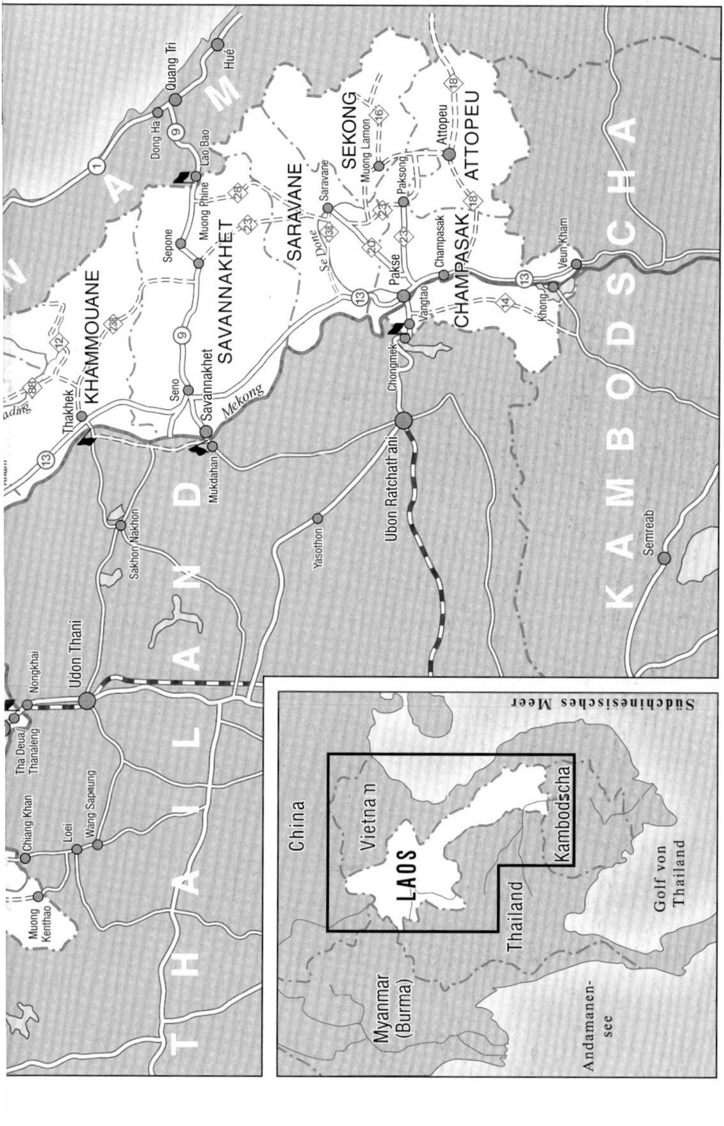
KHAMMOUANE
SAVANNAKHET
SARAVANE
SEKONG
ATTOPEU
CHAMPASAK
THAILAND
VIETNAM
KAMBODSCHA
Quang Tri
Hué
Dong Ha
Lao Bao
Muong Phine
Sepone
Thakhek
Seno
Savannakhet
Mukdahan
Mekong
Se Done
Saravane
Muong Lamon
Attopeu
Paksong
Pakse
Champasak
Vangtao
Chongmek
Khong
Veun Kham
Ubon Ratchathani
Yasothon
Sakhon Nakhon
Semreab
Udon Thani
Nongkhai
Tha Deua/Thanaleng
Chiang Khan
Loei
Wang Saphung
Muong Kenthao
Südchinesisches Meer
China
Vietnam
LAOS
Thailand
Kambodscha
Golf von Thailand
Myanmar (Burma)
Andamanensee

216la Foto: ms

Der Autor

Michael Schultze, Jahrgang 1956, studierte Politikwissenschaften mit Schwerpunkt Südostasien. Das schloss das Studium der laotischen Sprache, Geschichte, Wirtschaft und Kultur ein. 1982 reiste er zum ersten Mal in das Land am Mekong und war sofort fasziniert von Land und Leuten. Weitere, zum Teil längere Aufenthalte folgten, bis er sich schließlich nach einer Zusatzqualifizierung in Presse- und Öffentlichkeitsarbeit 1993 ganz in Laos niederließ.

Als Autor des Laos-Handbuchs von Reise Know-How (seit 1995), einer Geschichte von Laos (1993) und vieler Zeitungs- und Zeitschriftenartikel über das Land ist Michael Schultze Jahr für Jahr in nahezu allen Gegenden von Laos unterwegs. Seit 1995 arbeitet er für die deutsche Entwicklungszusammenarbeit in Laos, derzeit für die Gesellschaft für Technische Zusammenarbeit in einem Programm zur Entwicklung humaner Ressourcen für die Marktwirtschaft.